近现代文献复原复制技术

王春法　主编

马海鹏　肖贵洞　孟　硕 著

北 京 时 代 华 文 书 局

近现代文献复原复制技术

编辑委员会

序 言

王春法

中国国家博物馆馆长

  中国国家博物馆的前身是 1912 年 7 月成立的国立历史博物馆筹备处。2003 年 2 月在中国历史博物馆和中国革命博物馆的基础上合并组建成为中国国家博物馆。经过一百多年的艰难探索和开拓创新，中国国家博物馆已经发展成为代表国家珍藏民族集体记忆、保存优秀文化基因的国家最高收藏机构。在文物收藏保护、学术研究、陈列展览、社会教育、对外文化交流方面发挥着重要的平台作用。在促进中华优秀传统文化创造性转化和创新性发展，继承革命文化，弘扬社会主义先进文化，构建与主流价值观和主流意识形态相适应的中华文化物化话语表达体系，发挥国家文化客厅作用，促进中外文明交流互鉴，坚定文化自信、建设社会主义文化强国方面，负有特殊使命，发挥独特作用。特别是 2012 年 11 月 29 日习近平总书记率领十八届中央政治局常委参观"复兴之路"展览，并发出实现中华民族伟大复兴中国梦的号召。由此国家博物馆成为中国梦的启航之地。在引导人民群众增强"四个意识"、坚定"四个自信"、践行"两个维护"、弘扬社会主义核心价值观、增强文化自觉与文化自信方面的功能定位更加明确、作用更加突出。

  文物保护是中国国家博物馆工作的重要组成部分。1950 年，国立革命博物馆筹备处成立不久，即组建革命文物复制机构，开创了革命文物复制的先河。1952 年，北京历史博物馆建立文物修整室，成为国内较早应用传统修复技术进行文物保护工作的文博单位，奠定了国家博物馆文物保护修复工作的基础。20 世纪 60 年代初期，自然科学开始应用于馆藏文物的保护修复，两馆应时而变成立文物保护实验室。1991 年，中国历史博物馆设立科技部，2001 年组建文物科技保护部。2003 年，在中国革命博物馆和中国历史博物馆相关部门、科室的基础上重组中国国家博物馆文物科技保护中心。

  我馆文物保护修复工作历经几十年的探索实践培养造就了一支理论基础扎实、实践经验丰富的专业技术队伍，他们立足学术研究，筚路蓝缕，顽强奋进。在金属、陶瓷器、丝织品、古旧书画、古籍文献等文物的保护修复方面，在文物的检测分析、博物馆环境监测等领域开展了卓有成效的工作，并将实践积累和经验总结转化为科研成果，发表了很多有重要学术价值和行业参考标准的文章著作，特别是在近现代文献复原复制的理念与应用技术方面形成了比较完整的理论体系。2005 年，获得国家文物局批准的第一批具有可移动文物保护方案设计和保护修复的甲级和一级资质，成为具有良好科技背景和技术优势的文物保护专业机构。

  国家博物馆长期开展金属文物保护修复的基础理论和应用技术研究工作，承担了国家科技部"十五"科技攻关课题"金属文物的病害与防治研究"、国家科技部"十一五"科技支撑课题"大型室外铁质文物保护技术研究"，文化部科技提升课题"中国古代青铜器铸造工艺及展示研究——以司母戊鼎为例"等科研工作，取得了一系列科技成果，在行业内有较大影响。为响应国家文物局文物保护行业标准化建设的需求，主持制订了《金属文物病害与图示》《馆藏金属文物保护修复记录规范》和《可移动文物病害评估技术规程·金属质文物》等多项国家或行业标准，主持或参与编写了《博物馆青铜文物保护技术手册》《金属文物保护——全程技术方案》等专业著述，与中国文化遗产研究院合作翻译的《艺术品中的铜与青铜——腐蚀产物、颜料、保护》荣获中国文物报社 2010 年度最佳译著奖。2010 年，我馆成为国家文物局金属类文物保护重点科研基地后，相继在河北省文保中心、山东省文保中心、甘肃省博物馆建立工作站，合作开展文物保护修复工作。

这些年我馆在古旧书画、古籍文献、碑帖传拓、竹木漆器、丝纺织品等有机类馆藏文物的保护修复，以及近现代文献复制等方面也展开了一系列的工作，为"古代中国""复兴之路"等基本陈列、专题展览完成了大量的文物保护修复复制工作。在文物复制方面为我馆陈列展览、文物征集、填补馆藏缺项、进行馆际交流等工作提供有力的技术支持。同时发挥我馆的藏品与技术优势，承担了毛主席纪念堂、朱德纪念馆、邓小平故居、西藏博物馆、故宫博物院、首都博物馆等文博单位的文物保护修复复制合作项目，取得了较好的社会效益。

环境监测属于我馆一项基础性工作，主要负责藏品库房、展厅环境的日常监测，为保障文物安全稳定状态保驾护航。2011 年我馆与深圳华图公司合作开发了"库房与展厅环境温度、湿度无线监测系统工程"与"藏品库房与展厅环境温度、湿度无线监测系统" 成功上线运行，以及随后建立起来的对大气中二氧化硫、硫化氢、臭氧、一氧化氮、二氧化氮、氮氧化物、PM10 和 PM2.5 变化情况的环境检测、监测系统，为馆藏文物保藏与展示环境的文物安全提供科学依据与技术保障，起到了很好的监督指导作用，更是为全国博物馆环境监测系统的构建起到了很好的示范作用。

我馆一贯注重后备力量的培养，近年来全面推动文物修复传统技艺的有序传承。面对进入工作岗位后欠缺实践经验的年轻人，我们及时推出了以师傅带徒弟的"师承制"方式进行专业化培养，在进一步充实基础理论与保护修复理念的同时，强化操作技能与修复技艺的掌握，培养造就了一批既掌握传统技能，又能结合院校所学现代科技知识的复合型文物保护修复专业技术人才。

根据形势发展需要和国家博物馆的功能定位，2018 年，国家博物馆进行了工作格局重塑、流程再造和组织重构，在原文物科技保护部与艺术品鉴定中心科技检测室的基础上组建文保院，理顺工作体制，明确工作机制，健全规章制度，加强专业建设，使我馆文物保护工作进入一个全新的时代。按照统筹兼顾、综合平衡、突出重点、带动全局的原则，文保院分设环境监测研究所、藏品检测与分析研究所、器物修复研究所、金属器物修复研究所、书画文献修复研究所、油画修复研究所，为国家博物馆事业发展服务，为同行业技术进步提供支撑。经过深入研究探讨，国家博物馆决定在进一步优化整合资源配置，健全文物保护体制机制，完成文保院区域空间改造的基础上，立足于馆藏文物保护，集中修复反映"三种文化"的代表性物证。与此同时，国家博物馆文保院将进一步加强文献临摹复制、油画修复等重点领域建设，并与相关合作单位探讨拟定具体合作计划，加强人才交流与培养，努力在国家文物保护发展战略中体现国博特色、做出国博贡献。

习近平总书记高度重视中华优秀传统文化的创造性转化和创新性发展，突出强调弘扬传统文化、保护和利用好我国丰富文化遗产的重要性。党的十九大报告明确指出，文化自信是一个国家、一个民族发展中更基本、更深沉、更持久的力量，没有高度的文化自信，没有文化的繁荣兴盛，就没有中华民族伟大复兴。在 2016 年全国文物工作会议召开前夕，习近平总书记作出重要指示，指出"我国是世界文物大国，又处在城镇化快速发展的历史进程中，文物保护工作依然任重道远。"他强调要"全面贯彻'保护为主、抢救第一、合理利用、加强管理'的工作方针，切实加大文物保护力度，推进文物合理适度利用，使文物保护成果更多地惠及人民群众。"中国国家博物馆作为国内唯一能够完整系统反映中华优秀传统文化、革命文化和社会主义先进文化的国家最高历史文化艺术殿堂，责任重大，使命崇高。值此《近现代文献复原复制技术》出版之际，回顾我馆文物保护工作的发展历程，既是为了及时梳理总结工作的主要进展，更是为了通过深入贯彻落实好习近平总书记关于弘扬传统文化、加强文化遗产保护研究的重要指示精神，进一步明确未来国博文物保护工作的方向目标。不忘初心、方得始终。我相信，有党中央的坚强领导，有文化和旅游部与国家文物局的指导支持，在文博领域兄弟单位的配合协同下，经过国家博物馆全体干部职工特别是国博文保院专家学者的共同努力，国家博物馆的文物保护工作必定会越来越好，在中国的文保事业中占有越来越重要的地位，为增强文化自信、建设中国特色社会主义文化强国做出应有的贡献！

前 言

文物暨文献复制是收藏研究展示单位，特别是近现代档案、图书、文物等系统不可缺少的机构和环节。而复原复制更是近现代博物馆等展示单位必设的业务部门。文物复原复制一是可以弥补馆藏文物的不足，填补缺项，满足陈列展览需求。二是替代文物原件展出，避免珍贵文物在长期陈列中受到侵害，有利于文物的保护收藏。三是回赠文物捐赠单位或个人，为文物征集工作提供技术支持。四是进行馆际交流，扩大受众群体。博物馆利用复制件替代馆藏原件陈列展出，也是文物预防性保护工作的重要措施。

原中国革命博物馆创始之初，在时任文化部文物局副局长，国立革命博物馆筹备处主任王冶秋先生的倡议和指导下，1950年组织成立了复制机构，进行革命文物复制，自此开创了近现代文物文献复制的先河。1958年，全国省级博物馆也相继建立了相应的机构。后由于种种原因文物复原复制机构随着时间的推移纷纷解散，基本上没有坚持下来。唯有中国革命博物馆革命文物复制机构在风雨中不断扩展进步。至20世纪70年代已形成独立体系，成为国内革命文物复制中心，形成我国特有的专业技术，并得到中央领导人的多次赞扬。进入80年代，革命文物的提法逐渐被淡化，近现代文物的概念应运而生，并在90年代为社会普遍认同，近现代文物的复制仍然由中国革命博物馆承担。2003年2月，中国历史博物馆、中国革命博物馆合并组建中国国家博物馆之后，近现代文物复制机构划入文物科技保护中心，称"文献复制室"，负责馆藏近现代文物文献的修复复制工作，同时为馆内陈列展览、文物征集工作提供保障，并承担其他博物馆、纪念馆等兄弟单位的文物文献复制合作项目。

文献复制在国家博物馆有着近70年的历史，基本形成比较系统、完整的近现代文献复制体系。为了促进文献复制工作的发展，系统总结梳理文献复制技术，马海鹏、肖贵洞、孟硕承担了国家博物馆2011年自主科研课题《近现代文献复制技术研究》，并着手撰写《近现代文献复原复制技术》一书。通过梳理已有的传统技术，并对现代科技，特别是数字技术在文献复制中的应用进行科学分析，形成较为系统的文献复制理论。使文献复制方法、应用技术和使用材料更为科学规范，为国家博物馆近现代文献复制技术的有序传承奠定理论基础。

这本书不但可以满足文物博物馆系统近现代文物修复复制专业技术人员的需求，而且也为社会爱好者提供了一个了解博物馆专业技术工作的渠道。专业技术人员读懂后，能够掌握文献复制的基本原理和过程方法，但要做到运用自如得心应手，制作出高质量的复制件，还有相当得距离。可谓"师傅领进门，修行在个人"，还需要在掌握基础理论、基本技能的基础上，进行艰苦实践与探索，方能终成"正果"。社会爱好者可以从中汲取营养，普及知识，为近现代文物的保护收藏，扩大群众基础。同时，对于近现代史研究、鉴赏、确认、收集、保护、贮储、辨别真伪、价值确定等方面提供大量的信息与佐证材料，也为当前非物质文化遗产的确定保存与保护，从材质、工艺、形制、功能、作用发挥等方面提供有益的借鉴。

《近现代文献复原复制技术》是我们几十年革命文物与近现代文物文献复制工作的总结，也是对文物复制前辈探索实践的梳理。该书采用通俗易懂的语言，在阐述基本原理时尽量避讳深奥难懂的专业用语；为求简便明了，不列写分子式或化学反应方程式；与社会同义的语词不再解释，与社会异义的概念术语，单列一节注释；为行文方便，有时缩略语与全称并用，可能会出现一些混淆，但基本含义是贯通一致的。

本书的结构分为三层十章。

第一大层次是一至三章。主要讲述文献和复制的意义、由来、分类、构成及特征，属于知识理论性介绍，一些观点与分类方法是基于笔者对文献复制工作的认识。

第二大层次是四至七章，具体介绍手写、印刷、光化、光电等四类字迹与隐形字迹的重制方法和过程。

第三大层次，八至十章，分别就数字技术在文献复制工作中的应用，纸质复制件的着色仿旧、做残、装帧方法过程，以及复制实例进行阐述与解读。

文物保护修复复制是博物馆藏品科学管理、有效保护、合理利用的重要组成部分，也是衡量博物馆藏品管理工作品质的重要标志之一。文献复原复制是文物保护修复工作的继续与深化。我们从事近现代文献复制工作几十年，与博物馆文献保护修复复制工作的发展一起成长进步，对文献复制工作的发展所经历的每一个阶段，吸收引进的每一项新技术都充满了感情。正是因为有了这种工作情结，促使我们承担了《近现代文献复制技术研究》课题研究，并合作完成了《近现代文献复原复制技术》书稿，再现了博物馆近现代文献复原复制技术的发展脉络。书中既包含文献复制工作的理论探讨，也有对传统技术、现代科技在复制工作中应用的系统阐述。我们在撰写与编辑过程中力求将工作实践积累的经验，上升到理论的高度进行整理概括，同时也尽量使其具有一定的实用性和可操作性，成为学术性与通用技术普及相结合的著述。不仅可资同行借鉴，更能促进文献复原复制工作的交流与提高，推动博物馆、图书馆、档案馆藏品的保护与陈列展览等业务工作的开展，为文献复制技艺的发展与传承奠定理论基础，提供技术支持。

博物馆文献复制工作的发展，是几代人辛勤工作，不断积累的结果，这本书是对几十年文献复制工作的思考，也是对前辈工作经验的总结与归纳。同时，我们也希望通过这项工作使传统的文献复制技术有一个系统的理论阐述，促进博物馆近现代文献复制工作的发展进步。

目　录

第一章　绪论

第一节　近现代文献及其分类

一、近现代文物的重要组成部分

1. 近现代文物的来源及特点

　　我国近现代文物称谓是由革命文物扩充演变而来。革命文物是指，自1840年鸦片战争以来，中国人民在抵御外敌侵略、推翻旧政权、争取民族独立解放，以至社会主义革命与建设中，起过重大历史作用、有价值的遗存物。中华人民共和国建立以后，革命文物与历史文物相提并论，受到国家重视，为此专门建立了收藏革命文物的中国革命博物馆。革命文物因其政治属性比较浓重，进入20世纪80年代政治形势发生变化，革命文物的提法，被逐渐淡化，又加之漏掉了近现代一些有价值的艺术品和非政治属性的代表性物证，难以涵盖所有近现代文物概念，近现代文物在90年代被社会普遍接受、认同与使用。可以想象，近现代文物不等同于古代历史文物。一是产生时间短暂，不到200年。二是数量浩瀚，种类繁多，因而造成了难以确认，更难以科学系统分类。近现代文物要比革命文物、古代历史文物种类更加繁杂。近现代文物研究处于滥觞阶段。（图1.1）（图1.2）

2. 近现代文献——近现代文物两大类别之一

　　为检索、查询、保护、利用、修复、复制快捷方便，近现代文物工作者曾将近现代文物，按质料、功用、价值、物属、时空等角度，进行了各种各样分类，各有用场，作用明显，但始终未找到一种科学系统无重复交叉的分类，难以达到像生物界和矿物界那样，界、门、纲、目、科、属、种那般标准，总有遗漏或是交叉重复。古代历史文物也存在着类似情况，例如划分印章的归类，按质料分，金银铜铁锡等金属、各种石料、各种木材、骨角、塑料、纸板，甚至萝卜、豆腐干、砖头、肥皂等都可以制作印章；按功用分，艺术品种类更多，无法构成一小类。近现代文物的分类正在积极探索之中。

　　根据以上情况，为从实际出发，从复制角

图1.1　林则徐像

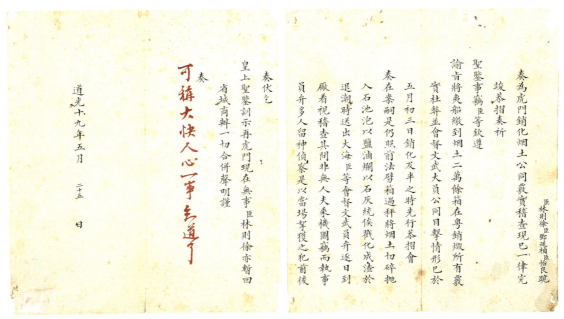

图 1.2　林则徐、邓廷桢、怡良 1839 年 7 月 5 日合奏虎门销烟完竣折（局部）。

度将近现代文物划分为两大类。一大类是文献，另一类是实物。所谓文献，指的是有文字、图案的，以纸张等平面作为载体的物品。对于文献的内涵与外延学术界有各种定义，在此不去引证和探讨。我们是从外观形象说明的，只要理解其涵义就可以了。所谓实物指的是，除文献外的一切立体器物。这样划分虽是无奈之举，但简单明了，容易被承认和接受，也能明确文献在近现代文物中的位置，又可以引导以下的划分。

3. 近现代文献的构成

近现代文献由古代文献发展而来，在载体质料与制成工艺、字迹形象样式发生了不少变化。从外观构成来讲，古代文献，特别是汉代以前，多是立体的龟甲和竹木简牍，少数缣帛，用手工直接刻画、烧灼、书写，到晋代纸张和毛笔普遍使用，宋代大量雕刻刷印。到近现代以平面纸张为主要载体，辅以胶片等平面物料。纸张种类多起来，除手工抄制纸外，大量的机制纸出现。手写工具种类多起来，印刷方式和种类繁多，又增添了感光材料和数字印刷，速度快、质量高。

二、近现代文献遗存状况

1. 源远流长，数量浩瀚

现存一般意义上的文献究竟有多少卷、多少字，恐怕没有人精确统计过，也无法统计清楚。至于具有文物品质的文献究竟有多少，也没有进行过全面的甄别鉴定。有意收藏的不算，散落在社会各行业、民间角落就不知道有多少，用源远流长、数量浩瀚概括不为过。

2. 贮存典藏的重点部门——三馆

当前有意收藏近现代文献的个人是极少数，重点收集、贮存、典藏的是图书馆、档案馆和博物馆。三馆为公开开放单位，收藏的范围和内容既各有一定侧重，也有一些交叉，其中不乏具有大量文物品质的文献，只是没有统一地进行认证。其他社会部门如：公检法、研究所、学校、工矿企业的资料室也存有不少尚未被发掘的近现代文献。

3. 无法估量的价值

通常说，文献是传递信息的主要媒介，人类智慧的结晶，精神财富的体现，是一种特殊的资产、资源，但其总体价值却无法估量。这是因为：一是资产、资源的性质不好确定，介于有形资产、资源与无形资产、资源之间，难于准确划分。二是没有评估的理论和方法。评估有形资产、资源和收益现值法、重置成本法、现行市场等方法用不上。评估无形资产、资源的方法也不适用。三是利用率偏低，缺少专门评估文献价值的机构与人才。

三、近现代文献的各种分类及其特点

1. 约定俗成的社会分类

书籍、报纸、期刊、档案、公文、文书、票证、证件、手稿墨迹、影视资料等，这种分类粗浅明显，有一定通用价值，但并不科学、系统，相互交叉，例如档案内部什么类型的文献都有。（图1.3）

2. 按外观装潢样式分类

单页式或单篇式：报纸、传单、布告、信件、借条、通知、请柬等；本册式：期刊、书籍、册页等；装帧款式：竖轴、横披、手卷、册页等。

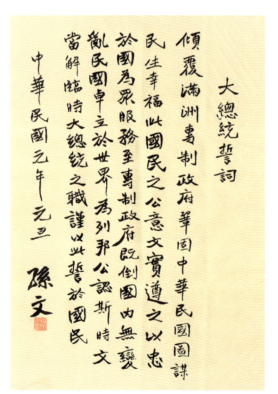

图1.3　1912年1月1日孙中山就任中华民国临时大总统，就职时宣读的誓词。

3. 按内容名称分类

（1）条据、便笺类

领借条、收条、留言、题字、请假条、路条等。此类文献基本是手写字，字体风格各异，繁简不一，一般字数较少，间或盖有公章或私章。除题字对联外，所用纸张各种各样，面积较小。

（2）笔记、记录类

札记、日记、周记、会议记录、纪要、摘记、电话记录等。基本是手写字，风格不一，纸张各异，多本册。近代以毛笔为主体，现代以钢笔、铅笔、圆珠笔为主，字迹颜色以黑蓝为主，间有红、绿、灰、紫色。

（3）信函证明类

介绍信、证明信、申请书、保证书、决心书、检查书、请柬、谢函、书信等。印刷与手写字迹混合，一般纸张较为精美。

（4）通知告示类

公告、告示、通报、公报、布告、启事、声明、海报、倡议书、大字报等公开张贴的纸质品，一般字体较大、字数较少，纸质较好，面积较大，字迹以黑色为主，下部多盖有官方印章，年月日单位落款。（图1.4）

（5）规划、计划类

规划、意见、安排、方案、设想、合同、契约、协议、预算、决算等，印刷字迹与手写字迹混合存在，格式比较庄重，份数较少。

（6）规章制度类

规程、规定、制度、细则、简章等。以印刷字迹为主，宋体字、仿宋字居多，印刷规范。

（7）新闻报道类

新闻稿、通讯稿、广播稿、黑板报稿等，手写、打印、铅印字迹较多，字迹颜色主要是黑色，一般用纸多为新闻纸、片页纸等机制纸类。

（8）报告、总结类

报告、请示、小结、简报等，多为打印字迹，字体以宋体、仿宋体为主，1956年前从右至左竖行读念，之后改为横行，行文有一定规格。

（9）指示、决定类

任命、命令、指令、指示、决议、决定、批示、批复、密码等，一般字数较少，手写、打印字迹较多，具体规格不一。

（10）书法绘画手稿

书法绘画手稿，是以个人名义或代单位书写的文稿。题词、试卷、答卷等，基本上是手写字迹，个人风格鲜明，多是行书或草体字，辨识有些困难，所用纸张多为宣纸、毛边纸与新闻纸，近代以毛笔字为主，现代以钢笔、圆珠笔字为主。

（11）书籍报刊类

杂志、期刊、书籍、小册子、各种报纸，占了文献的绝大部分。基本以铅印为主，间有石印、木刻刷印、油印，近期多为平版胶印。铅印字迹规范统一。（图1.5）

图1.4 清宣统溥仪皇帝退位诏书。1912年2月12日宣告中国两千多年封建帝制的终结。

（12）票证类

单页票证：邮票、货币、粮草票、油票、影戏票、发票、彩票、股票、参观券、饭票等。证件：工作证、出入证、党证、会员证、毕业证、结婚证、居民证、户口本、出席证、代表证，等等。

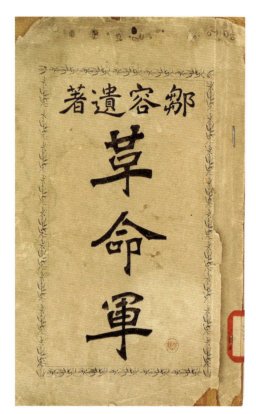

图1.5　邹容遗著，被誉为中国近代《人权宣言》的《革命军》（铅印本）。

图1.6　国民党新疆省银行发行的六十亿元纸币

图1.7　冯玉祥为第六战区司令长官的委任状

印制精致，图案清晰，纸质优良，大部分盖有发行或签发单位公章。（图1.6）（图1.7）

4. 按字迹形成原理分类

以上三种文献分类方法及类别，对于全面认识和理解近现代文献是完全必要的，但对于复制工作者来说，还远远不够。因为文献的主要表征形式是文字图案，复制实际是文字图像的重新制作，所以复制工作者必须掌握。

近现代文献上的字迹，从形成原理上来讲，可划分为五大类，若干小类、品种。俗称"某字迹件"。

（1）第一大类　手写字迹件

手写字迹是指用手直接握笔具或其他物件，蘸吸墨汁、墨水、颜料、血液等写在纸张、绢帛等媒介上形成的字迹。该类字迹五花八门，没有统一的规格和要求，颜色、形体、大小，差异很大，无法统一概述其特点，辨识起来比较困难。常用笔具有毛笔、钢笔、蘸水笔、铅笔、圆珠笔、签字笔、排刷、竹签、木棍、手指、指甲等，形成一个系列。通称为手写字迹件。

毛笔是中国传统书写工具，晋朝已发展到相当水平，近现代开始衰落。所书写的字迹不仅是表达思想的方式，而且好的字迹本身就是一种艺术品，形成了各种流派。书体有真、行、草、隶、篆五种大类，各体之中又各有风格。此类称为毛笔字件。（图1.8）

钢笔是近代才传入中国的，起初是羽毛、玻璃圆锥管、蘸水钢尖，后来发展为自来水笔。钢笔书写携带方便，但字体较小，笔道较细，颜色以蓝黑为主，间有红色、紫色等。此类称为钢笔字件。

铅笔也是舶来品，开始铅笔确实由铅棒做成，因笨重，书写困难，后来改为石墨与黏土做笔芯，根据石墨与黏土构成比例，早期分为12个等级。铅笔字迹主要是黑灰色，红蓝色常见，其他颜色少见。铅笔字迹的特点，就是能用橡皮擦掉，证据性的文献不能使用。此类称为铅笔字件。

圆珠笔与签字笔是现代普遍流行的笔具，较钢笔更为方便快捷，关键是省去了蘸吸墨水的过程，避免了不少麻烦，字迹特点类似钢笔。

指书、血书出现较少，一般是激愤时所书写。往往字体较大，字数较少，字迹风格随意性大。

（2）第二大类 印刷字迹

所谓印刷字迹，是将颜料油墨涂在印版上，然后借助压力，把印版上的颜色反转在纸张上而形成的字迹。由于印刷版材不同，印版上字体位置不同，形成平、凹、凸、漏四类印版，从而形成四类字迹。通称印刷字件。

平版字迹。顾名思义，其印版是平面的，笔道部分与非笔道部分在一个水平面上，利用水油相斥的基本原理，笔道着墨后，反转到纸张上形成字迹。平版字迹有石印、胶印、珂罗版印刷、PS版印刷等印迹。

凹版字迹。印版上字迹笔道凹下，低于印版表面，胶辊走墨后，擦去印版表面的油墨，字迹笔道内的油墨仍保留，然后铺纸加压，将油墨粘起，附在纸上，形成凹版字迹。凹版字迹的显著特点是字迹笔道高出纸面，好像隆起的田埂。笔道刚劲利落，一般精美的奖状、票证用凹版印制。

凸版字迹。印版上字迹笔道凸出，高于印版底面。走墨后，凸出的笔道粘墨，其他部分无墨，后铺纸平压，油墨粘在纸张上，形成凸版字迹。凸版字迹在印刷中占主要地位，20世纪90年代后逐步衰减。20世纪前，我国主要是木刻雕版刷印字迹，字体一般较大，多宋体字，以黑灰色为主。20世纪始，铅印为主，字体规范统一，大小规矩并有多种规格型号。有宋体、楷体、黑体、魏碑体、隶书体、仿宋体等字体，其中常用字为3、4、5号字。20世纪初期至80年代，书籍、报纸主要还是铅印（图1.9）。辅助铅印的还有腐蚀烂制铜锌版，70年代起又有尼龙版、感光树脂版等凸印版材。木刻雕版刷印逐步退出历史舞台，30年代在苏区、革命根据地还有少量承印物出现，主要是一些布告、课本、宣传画。

漏版字迹。又称孔版字迹。印版上字迹笔道是空的，印刷的颜色、油墨通过空笔道落在纸张上，形成漏版字迹。属于漏版字迹的有蜡纸铁笔刻写、打字油印、感光膜漏洞（孔）、手工速写版、光电誉影版等十几种。漏印版字迹、字形风格各异，辨别比较困难。

（3）第三大类 光电字迹

利用光导材料、光电扫描、电脑打印机、传真输送等形成字迹，其原理比较复杂、程序繁琐，但他们的基本原理都是光与电互相转化，

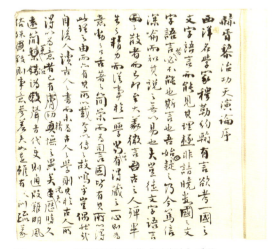

图1.8 1896年严复译赫胥黎《天演论》手稿

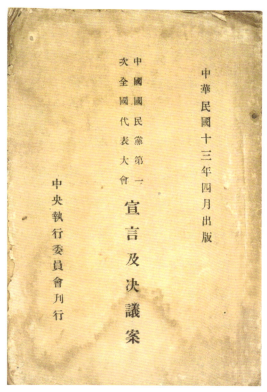

图1.9 《中国国民党第一次全国代表大会宣言及决议案》

图1.10 周恩来与南开同学常策欧、王朴山于1914年、1917年在同一背景的两次合影。

形成被动字迹，也就是不能自身形成字迹，只能反映、反射、输出别的文献字迹影像。

复印机复印字迹。其字迹形成原理是利用氧化锌、硫化镉、硒等，有机光导体材料，在高压静电场作用下，表面形成表层电荷。电荷在未见光时能吸附小微粒墨粉，见光后即失去吸附力；通过一定光学系统，将其他字迹影像反射在表面电荷上，字迹未见光时吸附小微粒，加温后小微粒熔化在纸张上形成字迹。由于光导材料不同，形成的字迹各有其特点。

光电扫描字迹。利用光的扫描将其他文献字迹，通过一定电路系统反映在固定纸张上，经过处理而形成的字迹。目前常用的有光电誊影机、光电扫描等。这种字迹比较特殊，反映的字迹多种多样，但笔道都不光洁，呈微小锯齿状。这是区分这种字迹的关键。

计算机打印字迹。20世纪80年代后，我国广泛使用电脑打印机，其原理比较复杂。自从应用计算机驱动打印，将数字直接转化为汉字之后，引起一场革命，突破了汉字印刷排版的瓶颈，告别了铅与火的年代。打印出的字迹精美绝伦，字体繁多，轻松快捷，完全适于印刷，还可做单页读用。

电传字迹。目前主要是传真机和电报打印机。传真机是通过光电扫描，将原文献字迹变成电信号，传送到制字接收机上，电信号转化成墨迹笔道形成字迹。电报打印机如同电脑原理一样，只不过控制台在异地，由异地发出信号控制打印机打出字迹。目前电报打印机多是针式打印机，字迹笔道由墨点组成，容易辨识。

（4）第四大类　光化字迹

光化字迹是指经过一系列光学变化，转化成化学反应，将字迹反映在感光材料上而形成字迹。说得简单点，就是感光材料上形成的字迹影像。感光材料是一个庞大的系统。从广义讲，凡是在光的作用下，经过化学和物理方法处理，能得到字迹影像的材料，统称感光材料。这里我们专指涂布在纸张或胶片上的感光材料。感光材料的药物有银盐和非银盐两大类，每类又有若干种。典型常见的是照片、胶卷和蓝色图纸。它们所形成的字迹，也是被动字迹，只能反映手写字迹和印刷字迹。（图 1.10）

（5）第五大类　其他综合类字迹

有些字迹，如隐形字迹、水写字迹、烧灼字迹、变色字迹、虚幻字迹等，区别于上述四大类字迹，比较少见、罕见。在近现代文献中仍然保存下来一部分，尚待破解破译。此类肉眼直接看不出来，观看时要通过仪器、光照、或涂布一定液体或熏蒸，方能显示出字迹。

第二节　近现代文献复制及其分类

一、文物复制的由来与发展演变

1. 复制的本意

复制一词，最早出现在何典何册，现时还难于查清，但社会普遍使用还是在近现代。一般《辞典》解释为"仿造原件或翻印书籍"。这与我们所说的文物暨文献复制的意思相近，又有区别。按字面理解，望文生义，就是重新制作的意思。运用到文物上，其内涵及外延发生了变化。

2. 革命文物复制的起源与发展

从哲学概念上讲，文物是不能复制的，也没有正规的文物复制行业，但实际上从事这种行为和行业的早在商代就开始了，那时叫"制赝""造假""仿制""伪造"。到宋代发展成暗行业。清代发展得已具有相当规模。民国时期出现了大量书画、青铜器赝品。新中国成立以后，这些行为和团伙被取缔。20 世纪 80 年代后期死灰复燃，又出现伪造书画、青铜、玉石器的非法行业与团体，甚至出现伪造有价证券的犯罪行为。但都没有使用复制一词。

文物复制一词，正式应用与流行，是始于革命文物的复制。1950 年 3 月经中共中央宣传部、文化部批准成立国立革命博物馆筹备处。文化部文物局副局长王冶秋先生兼任筹备处主任，7 月 29 日经政务院同意更名为中央革命博物馆筹备处。在筹办新中国第一个党史展览——中国共产党 30 周年纪念展览时，需要陈列展示大量革命文物暨文献。限于当时条件，一怕失火、丢失、被盗，二怕强光、潮湿损坏原件，三为防止糟朽文物多次移动遭到损坏，四是原件的部分内容不能公开展示等等原因。在王冶秋先生的倡议下，提出进行复制，以复制品代替原件陈列展示。遂打报告给中央办公厅，经文化部和公安部联合签署批准后，陆续调集张奎、张金科、李玉芬、蔡士瑞等书画修复、描摹拓写、传统印刷方面的专家开始建立复制机构，应用传统技术进行革命文物的保护修复复制工作。此项工作具体由张奎同志牵头办理实施，购买设备材料和组织培训有关技术人

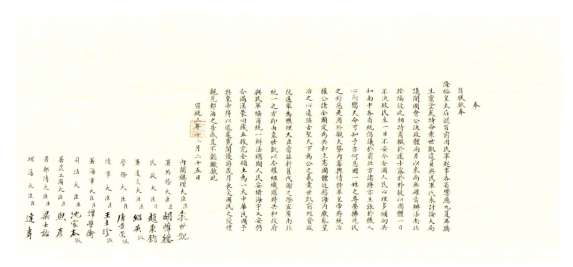

图 1.11　清宣统皇帝溥仪退位诏书复制件

员，开创了革命文物复制的先河。稍后全国各地省级博物馆纷纷效仿，组建复制机构，并派人到革命博物馆学习。但基本上没有坚持下来，非常可惜。可以说，革命博物馆是革命文物复制的中心。从此文物复制一词普遍流行与运用。1961 年革命博物馆陆续制定了文物复制、复制品对外供应等规章制度，规范文物文献复制工作。文物复制工作初步形成了以传统印刷技术、描摹复制、书画装潢、翻模铸造、裁剪缝纫等文物文献复制工作体系。特别见长纸质文物文献的修复复制工作。至 1963 年革命博物馆复制工作已经发展到相当规模，各种文献都能复制，大部分实物也能够独立完成，年复制量达 200 余种，成为博物馆不可或缺的业务机构，这一举措为保护文物和扩大宣传做出重大贡献。1964 年 7 月 23 日，文化部党组在向中宣部上报的《关于中国革命博物馆复制主席手稿、中央文件和向兄弟博物馆提供问题的请示》中做出四项规定，一、主席手稿、中央文件的复制、供应必须从严控制，必须防止复制的过多、过滥；仅限于供应博物馆、纪念馆现代革命史的陈列需要。二、复制的范围，仅限于中央批准该馆公开陈列的主席手稿和中央文件。三、复制主席手稿和中央文件，只能复制该馆在陈列中所展示出来的那一部分（如文件的封面，或手稿、文件的某一页、某一段），不得复制手稿、文件的其余部分。四、复制品一律要加上复制品标记。8 月 13 日中宣部批复同意文化部党组意见。20 世纪 70 年代中期革命博物馆的复制工作发展到高峰，年复制量最高达 740 余种。全国一些重大革命题材的展览所用的复制品大多源于革命博物馆。至 90 年代复制设备趋于老化，但革命博物馆仍然是全国近现代文物复制的中心，复制了数量可观的品种，提供给全国的博物馆、纪念馆陈列展出。（图 1.11）

二、近现代文献复制及复制品的作用与种类

1. 文献复制是文物复制的一大门类

　　文献是近现代文物的两大类之一，文献复制自然是文物复制的重要门类，当然实物复制的

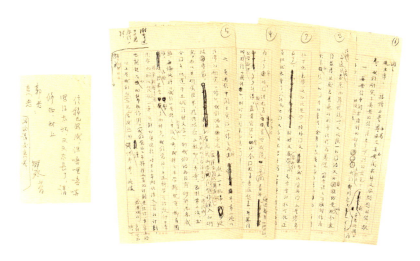

图 1.12　沈雁冰致毛主席的信复制件

门类更多。文献复制与近现代文物复制的作用相类似，是传递信息、积累资料、存贮存档、记录文字形象的重要途径，也是保存珍贵原件、扩大宣传范围与效果的主要方法之一。

文献复制是专指文献内容（文字与图形）的再现过程。通过翻拍、扫描、晒制、印刷、誊写、复印等手段、方法，重新映现出原来的文字内容，而承载文字图形内容的纸张称为复制品。

2. 资料性复制与复原复制

文献复制是求得文字内容的再现，有多种方法与途径。从需求角度出发，可分为两大种：一种是资料性复制，另一种是复原复制。

所谓资料性复制，简称资料复制，也就是档案情报图书系统所说的复制，复制品作为研究、阅读用，只要把文字图形准确地反映出来就行了。对复制品的纸张、颜色、质料、大小及文图构成次序等，都没有要求，实质上就是资料性转抄、翻印。这是区分实体复制的一大特点，实体复制是载体复制，不存在资料性复制。

所谓复原复制，是博物馆特殊需求，专供陈列、观瞻之用，就是使复制品与原文献一模一样。对复制品的要求，不但文图准确无误，而且字迹的构成方式、材质、顺序、制作工艺、笔触风格、颜色深浅等等都要一样，载体纸张、胶片的形状、颜色、折损、污染、虫蛀、质感、色感等无限逼近原文献，达到把复制品与原文献摆在一起，分不出真假的程度。这在一定程度上也可以说是载体复制。

资料复制相对快速、简单、易操作，社会各部门都设有相应的机构与人员，已形成相当规模，积累了不少经验，不需给予介绍。而复原复制，这是为区分社会上资料性复制而提出来的，复原复制要复杂得多，所用时间、经费、设备、材料、工艺与技术理论不知高多少倍。社会上不会设立这种机构。一些个体造假者没有财力购置那么多设备与材料，也不会有那么多技术人才，只能伪造些名人墨迹和简单的印刷品。只有博物馆需求复原复制品和复制机构，而且不是所有博物馆都能办到的。因此复原复制就成为一门独特专门技术。（图 1.12）

3. 文献复原复制品的衍生物

因为一般部门与个人不可能具有复原复制的能力与条件，而现实又需要，于是乎便涌冒出一些伪劣的复制品衍生物和造假组织与个人。一种常见惯用的方法，就是在复印件上涂染各种颜色与污物，使其变得黑灰、褐旧，冒充原文献及复制品。第二种是纯伪造件，历史上根本没有那种文献，凭想象、按需要编造出来。第三种是仿制件，只有某文献的文字资料和记载，而没有真正文献实体，于是移花接木，张冠李戴制造出来。第四种是篡改件，存在原文献，但其中的文字内容对之不利，便挖空心思地进行增添、删改某些文字内容，以新的内容与形式出现。第五种是残品补缺件，一些原文献已残缺不全，甚至主要内容都不存在，仅有零星文字和片纸，根据个人需要，扩大补全，以冒充复原复制品。这些复制品的衍生物，多是社会无正当职业人士所为。上述种种，根据其目的不外乎两类，一类为骗取钱财，二类为证明个人身份与地位，谋取荣誉利益。20 世纪 80 年代后期，又增添出现了造假团伙与组织，应用现代的科学技术，伙同境外违法制造现行流通的邮票、人民币、毕业证、身份证等，伪造近现代文献更是轻而易举。

第三节　复原复制的基本原则、禁忌与处境

一、文物复原复制原则规定

1. 必须是真实原文献，并分出等级

对于文物复制，国家文物局颁布过《拓印古代石刻的暂行规定》《文物复制暂行管理办法》等多种法规条例。其中 2011 年 1 月 27 日发布的《文物复制拓印管理办法》规定得更加具体。文物复制当然包括文献复制，因而《管理办法》也适用于文献复原复制。文献必须是经过确认为真实原文献、并划分出等级的，才能进行复制。强调"未依法区分等级的文物不得复制、拓印"。现实中很多博物馆的文物还没有全部划分等级，有的仅对一级品进行了划定，二、三级品还没有动。《文物保护法实施条例》对文物修复复制的审批权限进行了规定，其中一级文物的复制需由地方政府文物行政主管部门审核后报国务院文物行政主管部门批准。

2. 复制单位与个人必须有资质

进行文物复原复制工作的单位或个人，必须严格遵照文物行政部门的有关规定。《文物复制拓印管理办法》明确规定：从事文物复制、拓印单位，应当依法取得相应等级的资质证书。《文物保护法实施条例》要求：要有取得中级以上文物博物馆职称的专业技术人员和所需要的场所与设备。多年来各级文物行政主管部门举办过各种类型、各种层次的培训班，为取得复制资质做了大量铺垫工作，培养了一批文物保护修复复制人才。

3. 文献复原复制所追求的"三原"

文献复原复制除了遵循以上原则规定外，还要重点追求"三原"原则。"三原"就是原质

图 1.13　1950 年 5 月，习仲勋关于《反对官僚主义、命令主义》的报告。左为原件右为复制件。

料、原型制和原工艺工序。质料指的是载体尤以纸张最为多见，纸张的类别品种繁多，如有可能要选用当时当地出产的原类别品种的纸张。型制指的是形状、尺寸、厚薄、颜色、残损污染、老化程度等外观空间体貌，复制品要与原文献的型制一模一样。工艺工序指的是字迹形成的方式与过程，是手写的，还是印制的，或是光化光电转化成型的，是什么工艺形成的，就用什么工艺进行制作，"三原"是文献复原复制最基本的原则，不执行、不遵循、不追求这些工作理念也就不是满足博物馆陈列展览需求的复原复制了。按理说，还要加"一原"，必须由原文献制造人用原工具设备重新制作。实在是无法做到，从实际出发予以舍弃。（图 1.13）

4. 复制成品上必须加注复制件标识

　　为防止鱼目混珠、误将复制品看成原文献，复制成品上必须在明显的位置加注复制件标识。标识物上注明复制品制作单位、编码序列、编号。编码序列与编号可以根据实际情况排序，一看便知原件收藏单位、类别与名称。复制品标识一般制成印章，蘸红色印泥钤印或用遇湿不洇散的黑色墨水书写。复制标识物通常设在背面没有文字的右下角。用白或浅黄色韧性较好的纸张粘贴在复制品上，面积不超过 $4cm^2$，即使脱落或揭取后，仍有痕迹，便于识别；也可直接在复制成品上加盖或书写复制件标识。

二、文献复原复制禁忌

1. 严禁复原复制正在流通、效用期间的文献

　　当前流通、效用期间的人民币、股票、护照、身份证、房产证、毕业证、文凭、证券等凭证，可以少量复印，作为辅助证明材料，一看便知不是原文献。决不允许进行复原复制，否则就会

图 1.14　加盖复制标识的文献复制品件

触犯刑律，属于伪造行为。对于盖有公章正在有效期间的文件，也不允许复原复制，否则便有私刻公章之嫌。

2. 没有原文献不得进行复原复制

近些年来，出现了在没有原文献基础上进行的复原复制。例如利用复印件、照片、仿制品、篡改品、模拟品、复制品等再复制。这类复制品的纰漏、瑕疵相当多。那些为团体或个人利益主观臆造、任意删减或添加内容的行为，破坏了文献复原复制的严肃性，不仅误导观众，损害行业声誉，并对社会造成不良影响。

3. 禁止为私人谋利进行复原复制

复原复制文献只能对博物馆、纪念馆、档案馆等公共事业单位，而不能对社会为个人谋取私利。有些个别人因为拍卖或转让，要求复原复制，拿复制品充当原文献去欺骗、敲诈财物。遇到此类现象应当拒绝，并给予揭露和举报。当然对捐献、捐赠原文献所有者，在一定条件下，给予他们限量的复原复制品作为纪念，则在情理之中。（图 1.14）

4. 不能获取超额利润

众所周知，复原复制周期长、流程多、用料讲究、技术性强，要投入大量人力、物力、智力和财力，一般制作费用较高，收取一定成本费和加工费是必要的，但不能像某些商品一样随意定价，也不能按市场拍卖价格收取费用。

三、文献复原复制困境

1. 难以形成独立的行业与产业

图 1.15　铅字印刷使用的铅字字库

社会职业组织，古称 72 行，现今职业名录有几千种，但就是没有复原复制这一行。这是因为复原复制所涉及和包含的职业门类太多，而社会需求又极其狭窄，形不成独立的行业，只能存在于博物馆内部系统，纳入博物馆业务工作范围。其所需技艺知识非常宽泛，且基本是传统的、过时的。实际上是重复过去的一些活动。虽然可以采取先进科技，但总是难以有突破性发展，形不成产业，最多起个保护文化遗产的作用。

2. 难以寻找到原材料载体

文献的载体如：纸张、胶片等，都不是自然形成的原始材料，都是经过若干材料加工的合成物，种类繁多，性能各异，又是不断发展变化的。有的生产量有限，有的已经停产，有的变性。所以难于找到当时当地所生产的一模一样的纸张或胶片。失传的不可能再重复制作，只能找寻类似、近似的来代替，无形中也就影响到复制品的质量。

3. 工艺技术失传、设备多被淘汰

原文献都是经过特定的工艺技术与专用设备制作成的。现在许多工艺技术已经失传，有的设备被淘汰。最明显的事例，就是凸版印刷铅印工艺，已被激光照排 PS 版印刷所取代。铅字用不着了，印刷设备被遗弃，排字印刷工艺没有了用场（图 1.15）。人工制版、平版石印等工艺早已被送进博物馆，其他如：打字油印、木刻刷印等工艺也奄奄一息，日渐衰弱。如果再进行复原复制，那就得另辟蹊径，除保留原设备外，还必须应用现代科技作为新的技术支撑。

4. 人才短缺、难以培养

从事文献复原复制需要多方面的知识和技能。必须有较高的数理化知识和专业知识。而专业知识又是多门多项的。起码要熟知，近现代文字的种类、演变过程；字迹的种类、性能、形成机理与过程，纸张的种类、性质、老化状态变化；印刷的种类、流程、工艺设备；颜料油墨的构成、种类、性能、调试；各种文献的分类、名称、特点；等等。技能是无法概括的，也是多方面的，类似配色、描摹、整形、控制、调试等操作性动作。具备以上知识和技能的人不愿意从事复原复制工作。又没有专门培养具备这些知识和技能的学校和场所，从业者只能在实践中摸索，边干边学。

第四节 文献复原复制程序概要

一、流程模块图示

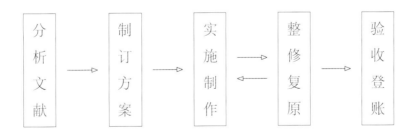

分析文献 → 制订方案 → 实施制作 ⇄ 整修复原 → 验收登账

二、研究分析原文献诸多因素

第一步研究分析是否是原文献，原文献的形成时间、地点、背景，主要文字内容是否符合

图 1.16　复制件加盖标识

当时情况，作者为谁等等。第二步鉴定区别文献载体纸张和种类、名称、性能、产地，是机制纸，还是手抄纸，现存情况、何处存在。第三步确认字迹的种类及形成原理和过程，采取何种工艺，制作工艺难易程度等情况。第四步观察实测文献的整体状况，装帧形式，残旧程度，推测流传经过储存环境。第五步估计原文献的原始份数和现存量，以及何处还可能存在。

三、制订复制方案与填写流程清单

采用何种途径方法，寻找或制作复制用纸张，谁去负责，完成的时间、地点、费用。

确定工艺流程，采用何种工艺技术制作，具体操作人。

整形复原，作残作旧运用的方法和手段，由谁完成。

确定复制份数，计算成本和费用，填写流程单据。

方案中必有以上项目与内容，具体格式可以自行确定。

四、实施制作成型与再现图文字迹

具体实施操作者接到流程单后，选材备料，整修工具与设备，然后进行操作。各种字迹制作方法与过程各不相同，繁简不一。最简单地说，手迹件要经过复印摹稿、选配纸张、矾染仿旧后，才能进行拓印、描摹；印刷件一般要经过照相、修版、晒版、制版等，才能印制；光化、光电字迹要经过扫描、照相、涂布感光剂、晒制、光照、洗印等工序，才能形成影像字迹。

五、复原整形重塑外观特征

作为复原复制来说，字迹形成了，只是完成了一半，在装帧形式上、外观颜色上、残旧程度上，与原文献还相差甚远，还需要经过一系列的工艺工序、技术手段才能达到与原文献外观一致。这也是复原复制的关键一步。一般要经过剪裁、装订、熏蒸、喷涂、染色、光线照射、试剂催化等传统技术或科技手段和过程，操作者必须具备相关科学知识和实践经验。

六、验收登记备案与加注复制品标识

验收登记是程序化过程，验收者必须懂行，有识别能力。整体计算成本后，剔除不合格的复制品，并及时进行销毁；然后将合格复制品登入账目。再一项重要职责，就是给合格复制品作标识。（图 1.16）

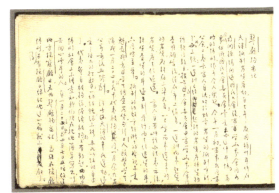

图 1.17　1920 年 6 月周恩来撰《警厅拘留记》手稿墨迹。

第五节　专用术语、俗语、行话、简称的概念限定

在近现代文献复制工作中出现的专业用语，有些与社会上常用词语存在异义，为了方便汇总这些存有异义的术语概念，下面将把专业术语首字或尾字相同的词语归纳在一起分别进行介绍。

一、关于文件、字迹、纸笔、印版、光度、影片含义限定

1. 文×·×文

　　文献，有文物价值的手稿、印刷品、胶片等资料。

　　文件，以某种形式发行的近现代公文、政策、决定等方面的文章。

　　文笔，文章用语造句的风格特征。

　　文体，文章的体裁，如小说、散文、诗歌、剧本、告示、布告、通知、书信等。

　　文物，社会遗存且具有多种价值的文献和器物。

　　文稿，文章、公文等手写、打印、复写的草稿。

　　正文，又称主文，文章、公文的主体正式文字，区别于附录、注释、引录等。

　　白文，又称阴文，是白色字迹笔道的印章印痕整体称谓。

　　朱文，又称阳文，红色字迹笔道的印章、印钤。

　　铭文，錾刻在器物、碑碣上面的文字。

　　碑文，刻在碑上或准备刻在碑上的文字；或从碑上抄录、誊写、拓印的文字。

2. ×件

　　手写件，指手工直接抄写，誊录的文稿。（图 1.17）

　　印件，通过各种印制方法印刷出来的文字稿件、书籍、报刊等。

　　复印件，用复印机复印出来的稿件。

　　复写件，用复写纸复写的文稿。

　　篡改件，篡改删节过的非原件的文字材料。

密件，需要一定保密程度的文件或信件。

证件，证明身份、经历、资格、资质等的文件。

原件，制作复制品所依据的原始文件。

3. 字××·字

字迹，落在纸张上的文字笔道、形体颜色的痕迹与征象。按字迹的形成工艺分，如手写字迹、印刷字迹、光化字迹、光电字迹等。

字形，字迹的形体与样式。

字体，字迹的笔道结构和形状，有楷体、行体、篆体、隶体、魏碑体、宋体、仿宋体、牟体、黑体、空心体等等30多种。

字号，字迹字体的大小，以铅字做标准，常用3、4、5号，实存特号、初号、1号－7号等。

镜像字，字迹在镜子中的图像，又称反字、反体字、反向字。如铅字印版、印章印文等。

楷字，又称楷书、真书，规范正形，笔画平直，刚劲有力，从东汉流行到现代，形成多种流派。

草字，又称草书，笔画相连，龙飞凤舞，难识难认，有章草、狂草、行草、今草等形体。

篆字，又称篆书，笔画粗细一致，弯曲盘环，有大篆、小篆、铁线、柳叶、玉箸、叠篆、缪篆等多种风格。

隶字，又称隶书，以"波磔"为主要特征，讲究"蚕头雁尾"，"一波三折"。

舛字，笔画有错误、差错的别字。

讳字，为避讳尊者的名字，少写笔画或别写笔画的单个字。尊者一般指皇帝、祖上、父母等。

4. ×迹

手迹，手持毛笔、钢笔、铅笔、圆珠笔等笔具写出的字迹简称，其中毛笔字迹又称墨迹。（图1.18）

印迹，印刷字迹的简称。

痕迹，笔具印版作用于纸张上形成的迹象。

血迹，专指血书上的字迹。

笔迹，手写字迹的别称，手迹中的一种，专指字迹的风格与征象。

5. 纸××·×纸

纸病，纸张上出现的各种毛病，透明点、孔眼、斑点、疙瘩、皱纹、掉毛、透印、卷曲、褶子、条痕等。

纸单位，刀、令、方、件、卷、吨、半裁、印张、开本、对开、4开、8开、16开、32开等。

纸性，厚度、紧度、尘埃度、伸缩度、拉张力、裂断、水分、白度、平滑度、耐折度、表面强度等。

纸名，近现代手工抄纸有：迁安、毛边、毛太、连史、温州皮、都安、元书、扎花、罗纹、

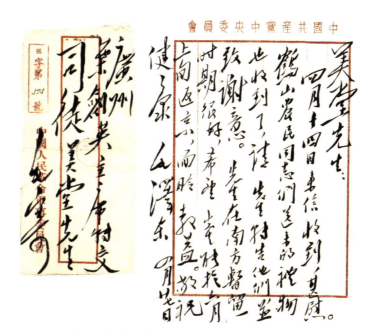

图 1.18　毛泽东致司徒美堂信

白棉、毛头、高丽、东昌、云皮、狼毒、香粉、冥纸、麻沙等 70 多种。

硫酸纸，一种用硫酸加工制作成的半透明的专用描图纸，吸墨性能良好，书写流利。

桔红纸，又叫万年红，桔红色，用氧化铅做原料涂布在纸张表面以防虫蚁蠹蚀。

碳素纸，专用凹版印刷过版纸，质地坚韧，表面光滑的纸本上涂布动物胶质、颜料、硫酸镁、甘油糖及皂类物料。

6. 笔×·×笔

笔序，书写字迹笔画先上后下、先左后右的应有约定顺序，例如"大"字，先从左至右写一横，然后从上至下写左一撇，最后从上至下写右边一捺。

笔顺，具体写每一个字的笔画顺序，不一定按笔序书写。

笔误，无意出现的字迹错误，不是由于不会、不懂、不知而引起的错字、多字、舛字。

笔痕，手写字迹因用力笔尖所产生的压力痕迹，铅笔、钢笔、圆珠笔书写常出现的现象，笔道没有颜色时称笔压、笔触。

笔道，也称笔画，字迹显示出来的点、横、竖、撇、捺、钩等。

笔势，手写字迹，特别是毛笔字迹显示出来的气势、意态。

笔锋，指毛笔字迹的锋芒，亦指笔尖在笔道中的位置。笔尖在中部叫中锋，偏向一边为偏锋，藏而不露叫藏锋，笔锋外露叫露锋。

笔花（或称枯墨、枯笔、干笔锋），毛笔字迹因缺墨而造成的花点、麻点，一般出现在大字的尾部。

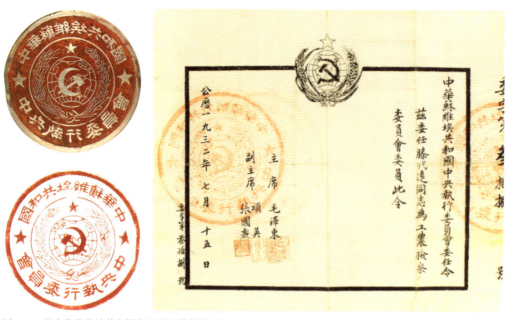

图 1.19　①中华苏维埃共和国中央执行委员会印章
　　　　　②印痕
　　　　　③中华苏维埃共和国中央执行委员会委任滕代远为工农检察委员会委员的委任状

朱笔，用红色墨迹写的批语、评判文字。皇帝的朱批、修改评论作文和稿件的批语。

代笔，代替别人书写的文稿、批语、书信。

膏笔或称膏墨，用毛笔吸墨、蘸墨后的捻笔动作。

滞笔，毛笔墨稠、钢笔不出水、铅笔断裂、圆珠笔笔球不转动写不出笔道。

败笔，笔道写得丑陋，不合章法，例如毛笔字的牛头、鼠尾、蜂腰、鹤膝、竹节、尖棱、折木、柴担、柳叶等形态。

起笔，开头书写的气势和样式。

行笔，书写过程中的状态和运行节奏。

7. 印×·×印

印本，印刷出来的书刊本册。

印痕，印章、图章盖压出来的痕迹。（图 1.19）

印花，由政府出售，规定贴在契约、凭证等上面，作为税款的一种特制印刷品，全称印花税票，类似邮票形状，多枚连贴在一起。

印鉴，为防假冒，支付款项单位留供核对的印章底样，是文献的一种特殊形式。

印泥、印色、印油，专供盖制印章的合成颜料物料。

印谱，汇集印痕的本册。

印刷体，专指铅字的形体与样式，有宋、仿宋、楷、黑、魏碑、隶字体等。

平、打、胶、铅、凸、凹、漏、丝网、油印，是平版印刷、打字印刷、胶版印刷、铅字印刷、凸版印刷、凹版印刷、漏孔版印刷、丝网印刷、蜡纸油印的简称。

影印，照相制版，照原型印制的印刷品。

缩印，照相缩小原件，然后制版印刷的印品。

叠印，分颜色分版别先后印在同一纸张上的方法。

8. 版×·×版

版本，同一篇文字内容相同的文献，因编辑、传抄、排版、装订形式不同、出版时间不同而产生的不同样本。

版材，构成印版的材料材质。

版面、版心，书刊文献页面整幅形式称为版面，包括版心、书眉、中缝、页码及边白。版心是指版面上不包括书眉、中缝和页码的图文内容部位。

版权页，书刊上印着著作者、出版、发行、版次、书号、印刷年月等的页面，一般在扉页后面。

版式，版面的规格样式。

版别，不同的印版类别。木版、平版、凸版、凹版、石版、漏版、铜锌版、胶版、铅版，是木雕刻版、平面印版、凸形印版、石质印版、漏孔印版、烂制铜锌版、橡胶印版、铅制印版的简称，有时也代表印刷物。

照相制版，利用照相原理制作出凸、平、凹、孔版等印版的总称。

誊写版，即蜡纸油印版，有两种蜡纸，一种用毛笔蘸药水在特制的纸张上书写，另一种用铁笔在誊写钢版上书写。油印刻写蜡纸的钢版也称誊写版。

9. 光×·×光

光化，光学与化学转化效应的简称。

光电，光与电转化效应的简称。

光度，光源所发光的强度。通常烛光为单位。

光能，光所具有的能量，胶片的感光就是由于光能的作用。

光谱，复色光通过三棱镜或光栅后分解成的单色光所排列的光带，日光的光谱是红、橙、黄、绿、青、蓝、紫七色。

光圈，照相机、复照仪等光学仪器的镜头中改变通光孔径的大小，调节进入光量的装置，也叫光孔、光阑。

光压，射在物体上的光对物体所产生的压力。

对光，照相时，调整焦点距离、光圈大小和曝光时间。其他光学仪，如显微镜、望远镜等在使用时调节光线也叫对光。

黑光，也称紫外线，指在电磁波谱中位于紫外光和X射线之间的磁辐射。波长约为400埃—3900埃，不能引起视觉。

冷光，荧光和磷光的统称，这种光线所含的热量极少，所以叫冷光。

图1.20　书画装裱中的砑光工艺

冷光源，由冷光制作的照明灯光设置，照射有文物价值的近现代文献要用冷光源。

激光，某些物质的原子中的粒子受电或光刺激使低能级的原子变成高能级原子，而辐射出相位、频率、方向等完全相同的光。它的特点是：亮度高、颜色纯、能量高度集中，在工业、军事、医学、探测、科研、通讯、照相检验等方面广泛应用。旧称莱塞光。

偏光，即偏振光，具有偏振现象的光。通常的光波振动的方向与光线进行的方向相垂直而且不在同一平面内，如果经过折射或反射，光振的方向限定在一个平面之内，这种光叫偏振光。照相采用偏光。

砑光，用卵形或弧形石块等碾压或摩擦皮革、纸张、布匹等使它们密实而光亮。文献修复复制装裱过程中也有砑光工艺的应用。（图1.20）

10. ×度

幅度，物体振动或摇摆能展开的宽度，这里所指的是具体文献的面积。

量度，长度、重量、容量以及功、能等各种量的测定的总代称。

亮度，发光体或反光体使人眼感觉到的明亮程度。亮度和所看到的大小、发光或反光的强度及距离有直接关系。

难度，技术或技艺方面困难的程度。

浓度，单位溶液中所含溶质的量叫作溶液的浓度，溶质含量越多浓度越大。

波美度，用波美比重计测定的度数。波美比重计是测定溶液浓度用的一种比重计，因发明者波美而得名。

湿度，空气中含水分的多少，一般用相对湿度表示，相对湿度是空气中实际所含水蒸气的压强和同温度下饱和水蒸气压强的百分比。

黏度，液体或半流体流动难易的程度，越难流动的物质黏度越大，如胶水、凡士林都是黏度较大的物质。

11. 影×·×影

影像，亦称影相，文献通过光学装置、电子装置等呈现出来的形象。

影写本，照原文稿摹写出来的本册，标点、格式、字迹形象完全相同。如果是照相制版印刷的就是影印本。

影屏或称银屏，呈现、映视物体文献虚拟影像的光学屏帐，如：镜面、显像管、荧光屏、电影银幕等。

本影，照相制取感光片时，文献中字迹整体面积所有的影像，不是文献整体的影像，这与

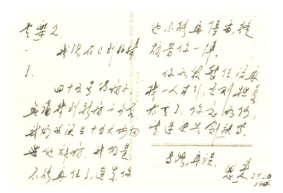

图 1.21　1922 年周恩来在柏林寄给陈书乐的明信片

光学概念解释不同。光学概念本影的解释是，不透明体遮住光源时，如果光源是比较大的发光体，所产生的影子就有两部分，完全暗的部分叫本影，半明半暗的部分叫半影。

投影，文献字迹形象经过镜头投放在磨砂玻璃屏幕的影像。

红外线摄影，利用物体辐射或反射的红外线，将影像记录在能感受红外线的感光片上的摄影方法，应用拍照失色的文献字迹。

12. 片×·×片

片基，感光片和透明薄膜的基体材料，如：纸张、玻璃、硝酸基纤维、醋酸基纤维、尼龙等。

片面，感光片正面的影像字迹。

片幅，感光片、照相纸的一幅面积规格，如 120、135、英时、圈筒等。

底片，也称底版，指能够派生出新感光片，作为母版留存的片基，用过的或没有拍照过的统称为底版底片。

镜像片，指字迹及排列顺序与正常读念书写方向相反的感光片，如同从背面观看，印章的印文就是反向的，铅字的铅印版也是反向的。

名片，也称名刺，印有姓名、职位、电话、地址等个人信息的小型精致纸片，文献中除邮票、印花之外的最小单幅印刷品。

感光片，涂布感光剂能够映现字迹影像的胶片、胶卷、相纸。

负片，经曝光、显影、定影等处理的胶片、胶卷、相纸，字迹笔道是白色、无色透明的，其他部位是黑蓝或棕红色不透明的感光片，也可称为阴图片。

黑白片，相对彩色而言，感光片上以黑白间有灰色的胶片、胶卷、相纸。

明信片，写信用的硬纸片，片上有具体的文字内容，不用装信封，文献的一种形式。（图 1.21）

全色片，感光乳剂中加有全色增感剂的感光片，其光谱感光范围可从紫外光到全部可见光。

正片，与负片相反，字迹笔道与颜色同原文献完全一致的感光片，也称为阳图片、幻灯片、反转片。（图 1.22）

图 1.22　20 世纪六七十年代，用于中小学交通安全宣传的胶片幻灯片。

滤色片，也叫滤色镜、滤色器，对色光具有吸收、反射和透过作用的染有颜色的玻璃片或胶片，有红、绿、蓝三原色滤色片和黄、品红、青三增色滤片，照相制版分色必用器材。

二、关于文献纸张表象的用语

老化，本是有机物体优良性能由好变坏过程的一个专业名词，定义比较抽象，不易理解。具体说到文献纸张的老化，就是纸张受光、湿、热、氧等自然外力作用引起内部结构变化，所表现出来的外观特征，发黄、变色、变脆、粉化等等症状。

自然损坏，纸张在无明显外力作用下，纸张形态、体态的老化程度，外观没有什么明显征象，主要是内部结构发生变化。

残破，纸张在外力作用下，所产生的断裂、破洞、折痕、缺口、霉烂等残缺破损。

陈旧，老化程度的代称，时间较长，本体衰败明显。

霉坏，霉菌所引起的发霉、腐烂、败坏的样子。

虫蛀，蠹虫咬噬的孔洞痕迹，蠹虫有多种，咬噬的孔洞形状大小各不相同。

机械损伤，由机械外力剪、砸、折、烧、压、撕等引起的各种形状。

污染，由不应有的液体、气体、颜色作用，所引起的脏迹，包括强酸、碱以及霉菌色素的作用等。（图 1.23）

三、有关光化、光电通常用语

无机物，无机化合物的简称，一般指除碳元素以外的各种元素组成的化合物。

木质素，也称木素、木质，一种高分子芳香族聚合物。大量存在于植物木质化组织细胞壁内，填充纤维素的间隙，增加机械强度。机制纸中含有大量木质素。

有机物，有机化合物的简称，含碳化合物或碳氢化合物及其衍生物的总称。

重氮盐，以芳香族为主体的重氮化合物，重氮化合物是指符合 $R-N_2-X$ 通式的有机化合物。

充电，一般是指给电容器和电池输入电能，复印机和激光打印机充电，指的是给以光导体静电高压，使之感应带电。

传真机，指的是传真电报机和书写传真机，传真电报机又称真迹电报机，书写传真机又称电话传真机，两者都是利用光电转化原理在纸张上形成字迹。

针式打印机，指的是直接执行打印字迹的是针状金属物，即打印针，打印针接触打印色带，使颜色脱落在纸张上形成字迹，这种形式的打印机就是针式打印机。

卤化物，氟、氯、溴、碘卤族元素化合物的总称，都能与银结合形成感光物质。（图1.24）

银盐，由金属银离子和酸根离子所组成的化合物，主要代表物是卤化银和硝酸银。

喷墨打印机，利用各种能量（热、机械、电等）将墨水挤压出打印头喷嘴，落在纸上形成墨点，由墨点组成字迹，设有这种装置的打印机，就是喷墨打印机。

聚合物，由单体聚合成的分子量较高的化合物。分子量高达数千乃至数百万以上的，称"高聚物"或"高分子化合物"。

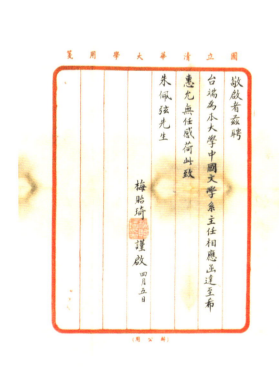

图1.23 清华大学校长梅贻琦聘请朱自清为中国文学系主任的聘书

图1.24 1949年10月2日，毛泽东题写的"庆祝中华人民共和国诞生"半身签名照。

第二章　近现代文献字迹形成原理与表征

第一节　手写字迹的成因、种类、特点、演变

一、毛笔字迹的形态、结构、成分

1. 毛笔的种类、结构

　　毛笔是中国发明的传统书写工具，据考证始于新石器晚期，经秦代蒙恬改良，形成现代的样式，种类繁多，用途各异。从用途分，有写字笔和绘画笔。按笔头长度分，有小楷、中楷、大楷、提斗、屏笔、抓笔、马鬃尾等，分别书写大小不同的字体。毛笔的构造比较简单，就是笔杆和笔毛头。笔杆主要由挺直的竹木杆制成，笔毛头就比较复杂一些了，由狼、羊、兔、鼠、牛、狗、鸡、猪、马尾等动物毛发加植物纤维及胶料，精加工而制成。根据各种毛发不同配比和胶料多少，形成软、中、硬三种硬度，且吸墨性不同的毛笔，书写各种形体的字迹。除绘画外，书写用毛笔逐渐被钢笔、圆珠笔所取代，使用者逐渐减少，这主要是因为使用起来比较麻烦，也不容易书写美观。

2. 毛笔汉字的形体、种类

　　毛笔的问世为汉字的发展开辟了途径，使汉字不仅成为文字符号，而且形成纷繁艺术体系和门类。从形体上分，毛笔汉字可分为真、行、草、隶、篆五大类，每类之中又有若干风格和流派。真，即正楷字，一笔一画，俊茂可见；每笔每画都有讲究，点（侧）横（勒）竖（弩）撇（掠）捺（磔）钩（趯）提（策）折（啄）是为"永字八法"。楷书名家辈出，最著名的欧阳询、柳公权、颜真卿等，是正楷字的楷模。行，是楷书的流动写法，起笔如楷，运笔如草，在不失原有字形、字义的情况下，对楷书的某些部位或笔画有意地进行恰当的简略，点画应接，笔断气连，主笔沉着，连笔轻细。草，为快速书写而创造的形体，相传舜时所创，史游《急就章》为典型，龙飞凤舞，袅娜多姿，行如流水，一气呵成，不受约束，然而并非随意涂鸦，也有一定章法和流派。有章草、行草和狂草之分，艺术品位甚高，一般不易辨识。隶书，笔画平直，横笔蚕头雁尾，相传由秦篆简化而来，易辨易识，端庄美观，有秦隶、汉隶、唐隶等种类。篆字，有大篆小篆之分，大篆专指籀书，小篆即秦篆，相传由李斯所创，形体匀圆齐整，笔道平直圆润。篆字在近现代文献中少见，主要用于图章文字。介于正楷与草字之间的行书字，作为通常书写之用，在近现代文献中经常出现。

3. 毛笔字迹成分构成

　　毛笔字迹笔道主要由颜料和胶料（连接剂、固色剂）构成，主要是黑灰色，间或红色、蓝色，少量绿紫色等。黑灰色液体颜料，有三种方式取得。一种是由墨块加水研磨，第二种是墨汁，碳墨加胶熬制，第三种是墨盒墨，墨汁沁入丝棉装入盒内。书写时蘸吸墨液，在纸上书写，

墨色的深浅根据墨灰度不同而定（图 2.1）。炭黑由三种物料制得，松烟、油烟和漆烟。松烟由松树枝干燃烧取烟灰，字迹笔道浅淡而少光亮。油烟由燃烧桐油而得烟灰，字迹笔道黑而少光。漆烟由燃烧生漆而得烟灰，字迹笔道黑又亮。

二、钢笔及其字迹形象特点

1. 钢笔简史与种类

1809 年英国颁发的贮水笔专利证书，标志着钢笔的诞生，100 多年来已经成为世界最主要的书写工具。进入 20 世纪 80 年代使用逐渐减少，有被圆珠笔、签字笔取代之势。这里所说的钢笔指的是自来水笔。按通常说，还应该包括蘸水笔和玻璃管圆头蘸水笔，以及后来绘图用的鸭嘴笔，因为它们的笔尖都是直挺尖状的，并使用染料性墨水。

我国何年何月传入并使用钢笔，目前还考察不确切。从一些档案材料看，五四时期就有人在使用钢笔。1917 年李大钊就用钢笔给李泰棻写过一封信。钢笔大量普遍使用在抗战初期，普遍广泛使用，取代毛笔，恐怕是在新中国成立以后。钢笔之所以能取代毛笔，是因为钢笔小巧玲珑，携带方便，不用携带墨水、砚台，也不用专门练习就可以书写。取代毛笔，不等于淘汰毛笔，毛笔在有些工作岗位或部门仍然在使用。

2. 钢笔与蘸水笔的构成与书写原理

大家都熟悉钢笔的结构。自来水笔的构成比较复杂，有十几个零部件。最主要是书写系统笔尖，笔尖由特制金属合金制成，制作工艺要求精致，笔尖有明尖与暗尖之分，书写时墨水由笔尖中缝慢慢流出，形成字迹笔道。其次是储墨水系统笔囊及其附件，由橡胶、塑胶制成，书写时顺流而下。再次是支撑和保护系统笔杆、笔帽等。蘸水笔构造比较简单，一个笔尖加一个支撑杆，笔尖有一中缝，书写时蘸吸墨水后，墨水顺中缝而下。早期的蘸水笔是用禽类羽毛做的，后来才改为钢质笔尖。20 世纪 50 年代曾流行玻璃管状的蘸水笔，笔尖呈圆锥枣核状，书写时蘸吸墨水，墨水顺凹槽流下。其成本低廉，风行一时，书写了不少文献，后因易折易断，玻璃伤人，被淘汰。绘图笔专为绘制图纸所用，构造简单而精致，笔头主要由两个钢片组成，书写时墨水

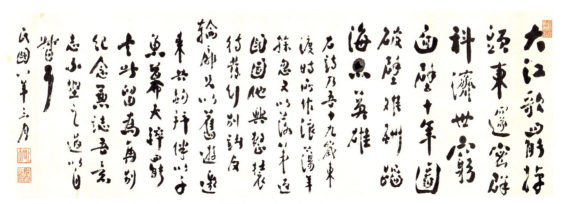

图 2.1　1919 年 3 月周恩来为张鸿浩题诗"大江歌罢掉头东"毛笔字迹

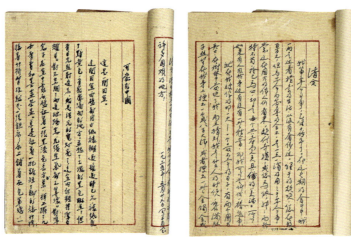

图 2.2   方志敏烈士《清贫》《可爱的中国》钢笔字迹手稿。

从两片形成的笔尖缝隙中流出。

3. 钢笔字迹的成分和特点

钢笔字迹笔道是由墨水组成的。墨水的成分是染料加防腐剂、显示剂、防沉淀剂、防涸剂、连接剂和净水。染料一般是水溶性染料，蓝色为磺酸钠盐类，红色为一品红，紫色为甲基紫。防腐剂一般用石碳酸。防沉淀剂，早期多用硫酸。防涸剂用鞣酸。连接剂用树胶。所用染料与辅料也在变化，所呈现出来的字迹形象是不同的，留下了历史痕迹。

钢笔字迹特点明显，一看便知。字迹颜色，多蓝、黑色，间有红色，其他颜色较少见，一是易扩散涸烘，遇水便会扩散四溢，笔道不清；二是易褪色，光照时间一长，便会减色，颜色失艳。字形字体，钢笔字尚未形成同毛笔字那样的固定形体与笔体，曾有人试图效仿毛笔字真、草、隶、篆等体，难以推广和普及，所以大都是随意体，根据个人特点所写，字体一般较小。笔道、笔顺、笔痕，笔道细而均匀，最粗不过 2mm，最细不小于 0.3mm；蘸水笔用力书写时，中间会出现空隙，少见笔花，笔触不显；笔顺还能反映出来，用放大镜观看时，叠压交叉处有痕迹；若用力在薄纸上书写，纸张背面会凸显出笔道压痕。（图 2.2）

三、铅笔及其字迹特点

1. 铅笔制作简况

14 世纪欧洲有类似铅笔的笔具出现，荷兰画家曾使用棒状炭性物在纸上作画。1565 年德国人有用铅笔的记载。1726 年德国纽伦堡出现家庭铅笔作坊。1808 年德国办起 18 人的铅笔厂。1890 年发泼尔铅笔手工作坊拥有 2200 名职工，1900 年出现特种铅笔，能在皮革、纸张、金属、织物、玻璃陶瓷上书写作画。第二次世界大战后，铅笔工业得到巨大发展。

我国铅笔工业起步较晚。1932 年九龙成立大华铅笔厂，随后出现中国铅笔公司和上海华文铅笔厂。1934 年上海建立中国国货铅笔厂。1936 年至 1940 年成立上海长城铅笔厂、上海铅笔厂、天津明月铅笔厂。新中国成立以后，1956年轻工业部组织生产了一系列铅笔，成为铅笔的输出国。

2. 铅笔的用途种类与等级

铅笔开始确实是用金属铅棒制成，因此而得名。铅棒重而难握，写出的字迹灰暗不清。后改为炭棒，炭棒易断，写出的字迹难以修改。1565年改为石墨与黏土相结合，制出各种笔具。铅笔的名字已经习惯，沿用至今。

铅笔种类较多，用途较广，可用于皮革、玻璃、金属、织物等物体上书写。用于纸张上书写的铅笔，形成一大系列，构造基本相同，由笔芯和笔杆组成。按笔芯来说有彩色与黑灰色两大类，彩色又有6、12、24、36等多种颜色组合，黑灰色也有二十多个等级。笔杆主要由木质构成，也就是固定式；由金属、塑料构成的，俗称活动铅笔或自动铅笔。

严格地讲黑灰色才是真正意义的铅笔，在文献上出现字迹最多，红色、蓝色较为常见，其他颜色的彩色铅笔多用于绘画。黑灰色笔芯由石墨与黏土组成。石墨是碳的结晶体，为柔软鳞状物，具有润滑性，在纸上一画即可留下痕迹，但不能直接用于书写，必须加一定量黏土，将其固定成条状物。黏上是一种研磨极细的胶质物料。根据两者不同配比，构成了不同黑灰色阶的铅笔系列。从软至硬依次是 EE、EB、6B、5B、4B、3B、2B、B、HB、F、H、2H、3H、4H、5H、6H、7H、8H、9H等二十多个硬度等级。书写常用HB、F，3H以上适于复写，2B以下适用于绘画。红蓝及其他彩笔笔芯也有类似等级，但没有严格区分，形成的字迹数量较少。

3. 铅笔字迹特点

黑灰色铅笔字迹的最大特点之一，是能够涂改，用橡皮能擦掉，这是其他任何字迹都办不到的，所以不能用铅笔字迹作凭据文字。特点之二，字迹笔道能发出金属光泽，能使卤化银感光，笔道虚而不实，用高倍放大镜观察，可以看出由许多小鳞片组成。特点之三，从形体上看，还没有形成真、草、隶、篆等体，也没有形成流派，大都是随意体字，工整规范字少，只有小学生练字时，写出笔道清晰的铅笔字。特点之四，笔道一般较细。刚削过的铅笔写出的字，笔道起头细，以后逐渐变粗一些，最粗不过2mm。特点之五，用2H硬度以上铅笔写字，笔道处下凹，笔痕明显，纸张的背面也有笔道压痕凸显，用手可以触摸到。特点之六，笔道颜色随时间而变淡变浅，进而消失，在强光照射下，五六天笔道颜色就会褪掉，用红外摄影可以反映出原字迹影像。（图2.3）

四、圆珠笔及其字迹

1. 圆珠笔的发明与传入

谁是圆珠笔的发明者，传说不一。一种说法是1888年10月30日由美国约翰·丁芳德发明，因漏洞严重，没有实用价值而搁浅。1938年匈牙利拉迪斯洛·比罗制出一支实用圆珠笔。另一说法是，发明者是苏联罗何塞·拉迪斯芳1942年在阿根廷出售，1948年把专利卖给派克公司，制成商品，广泛销售。此后成为世界最通用的书写工具。其他说法，不再赘述。

我国何时传入并使用圆珠笔，目前还尚未搞清楚，但可以肯定的是在1948年成为商品销售。

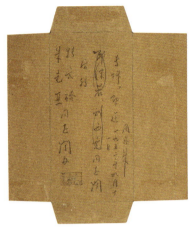

图 2.3 　《周恩来致张文裕并转朱光亚的信》铅笔字迹手迹。

图 2.4 　出席第 22 届国际数学家大会的知名数学家从瑞士寄给陈景润的圆珠笔字迹明信片

现在见到的最早的圆珠笔字迹，是 1949 年新政协签到簿上，薄一波同志的签名，系由红色圆珠笔书写，现已走油跑色。普遍使用圆珠笔，大概是 1958 年，上海成立圆珠笔厂，国产圆珠笔问世、销售。20 世纪 80 年代始，使用更广泛，成为手工书写的重要工具，大有取代钢笔之势。学生与办公人员基本上用圆珠笔。

2. 圆珠笔的构造原理与墨油成分

英文圆珠笔的名称是"ballpen"，意译是球笔，顾名思义，笔尖不是尖状的，而是一个小钢球，直径 0.2mm 左右。书写时靠小钢球的转动，将笔杆内的颜色油带出来落在纸张上，而形成字迹笔道。这一点与其他笔具都不同，独具特点。圆珠笔的构成极其简单（小钢球与墨油两个主要部分），携带与使用方便、价格低廉，因而广受欢迎。然而小钢球和墨油的制作科技含量相当高。小钢球必须标准正体圆，误差不能大于 0.02mm，光洁度达 9 度。圆珠笔笔尖是由球珠和球座体组成，目前碳化钨球珠应用最为广泛，国内具有较好的生产基础，2016 年 9 月球座体技术实验也取得了突破，从而使这项核心技术由瑞士、日本等少数国家垄断的局面成为历史。墨油由油溶性颜料加润滑剂、防腐剂、防涸剂、防干剂和溶剂组成，以保证颜料顺畅平滑流出。颜料有蓝、黑、紫等色。国产圆珠笔开始以紫蓝色为主，后变为深蓝色，最近普遍为黑色。

3. 圆珠笔字迹特点、识别

笔道，起笔圆钝，不像其他笔迹。转向折笔处呈圆钝状，笔道粗细一致。最粗不过 0.7mm，最细 0.1mm。行笔过程中偶尔有漏油现象。目前圆珠笔字迹，还没有形成自己独特的形体与笔体，一般都是随意体，没有一定章法。笔道颜色变化，圆珠笔字迹不能随意涂改，即使用消字灵和涂改液涂改，也难以清除干净，很容易留下改动的痕迹。刚写出的字笔道深，有一定光泽，时间一长就会变淡，遇到粗糙纸张，油迹容易扩散，使笔道变粗。笔道痕迹，在薄纸上很容易显现出来，尤其是在纸张的背面。（图2.4）

五、血书与指墨字迹

1. 血书与指墨字迹的共同点

血书与指墨字迹，都是手指直接蘸、吸鲜血或墨液写在纸张或其他物质上的字迹，不用任何笔具，属于徒手字迹。文字内容简单，字迹大，字数少。起头浓重，逐渐变浅。字体没有一定章法，为随意书写。因此类文献字迹罕见，不多做介绍。

2. 血书字迹的独特性

血书是心情激愤时所作，血液来自书写者。血液是鲜红的，有明显的血腥味道。刚写时很容易用水溶解，时间一长会变暗，隆起凝固状明显，笔道周边有折皱出现，用水难以溶掉。（图2.5）

3. 指墨字迹评点

指墨字迹往往是玩味欣赏品，与血书不同的是，书写时一般心情愉悦，缺少激昂情绪。所以写出的字迹飘逸多姿，笔道细长，线道构图多，艺术性浓重。

六、复写字迹的成因与征象

1. 复写字迹的形成与复写纸

众所周知，复写字迹是在两层纸中间，夹垫特制的复写纸，用铅笔、钢笔、圆珠笔等尖钝物，在上层纸上书写，将复写纸上的颜色压印在底层纸上，而构成字迹。

复写纸是近代发明和普遍使用的，在扩大增多书写份数和留底作证上，起了很大作用。在现今数字化传递信息情况下，仍被用于票据制取。复写纸的纸基是薄而透明、坚韧富有弹性的

图2.5 1908年8月，著名教育家徐特立怒斥清廷误国的断指血书。

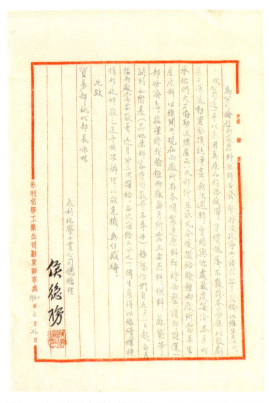

图2.6　侯德榜致贸易部姚依林代部长的复写字迹签名信

专用纸。纸面上涂布色素，蜡质和油质。色素占13%，决定复写纸的颜色，主要是油溶性颜料，如油溶蓝、紫、红、酞菁等。蜡质占50%，起保护托色作用，防止不应当的脱色。油质占37%，保持湿润，在行笔的压力下使颜料脱落在纸张上，形成字迹笔道。

2. 复写字迹的基本特点

笔道虚而不实，不管用哪种方法书写，用高倍放大镜观察，都可看到字迹笔道由不规则的小云片组成。笔道细柔，起笔一般较重，收笔末端呈细鼠尾状。笔体不规则，字较小，大都是随意体，类似行草，工整规范的字较少见。如果用圆珠笔拓写，笔道浓重，笔痕圆头，并有一定深度。用铅笔拓写，笔痕较浅，笔道挺直。用钢笔拓写，钢笔尖中部的缝隙往往显露出来。字迹颜色决定于复写纸的新旧程度与质量。质量好的新复写纸拓写出来的颜色鲜艳浓重，旧复写纸及脱色纸拓写出来的颜色淡而轻。字迹颜色放置一段时间即褪色，有的若干年后会完全消失。（图2.6）

第二节　印刷字迹类别与征象

一、凸版字迹的形成、种类与特点

1. 凸版字迹的主要种类与特点

印刷术是我国古代四大发明之一。印刷是从凸版刷印开始的，宋代雕刻木版刷印发展到成熟阶段，随后出现泥、铜、瓷、木等各种活字。至近代西方铅印及平版印刷传入，逐步被取代，但仍然保留至今，少量印制一些书籍、文稿与画作。可以说木刻刷印和铅印是近现代印刷的主要印制品种。20世纪90年代开始萎缩。

凸版字迹的共同特点是，字体规整，字种分明，颜色以黑灰为主，间有红、蓝等色，清晰可辨，印压痕迹明显，遇水不易洇散。

2. 木刻雕版字迹的成因、构成及特点

木刻雕版刷印是在枣、梨等细腻木板上，用刻刀雕刻凸起的反向阳文字形，在其上刷涂颜料液体后，铺纸用棕刷加压。笔道上的颜料粘在纸张上，而形成字迹。颜料液体由水溶性炭黑加胶料等防涸剂、连接剂组成。

木刻雕版字迹，一般字体较大，大于目前流行的二号宋体字，宋体字占大多数，横平竖直，横细竖粗，一笔一画，折角撇捺直角硬拐，圆钝角较少，便于雕刻。笔画边缘有明显的压印痕迹，墨色较重一些。笔道颜色没有光亮，在不同种类的纸张上效果不同；都是薄纸刷印，背面会出现字迹印痕。（图2.7）

3. 铅印技术及铅印字迹

铅印本是活字印刷中的一种，自近代传入我国后，快速发展，成为凸版印刷的主要承印方式，近代形成庞大完整的体系。其印刷速度快，质量高，印制了大量的文献资料。铅印字迹，是由铅字排成印版，固定在印刷机上，涂布油墨，放入纸张加压。油墨受压反粘吸在纸张上，形成字迹。字迹的特点是由铅字和油墨的组成、性能、规格决定的。简单介绍一下，有利于说清字迹的特点。

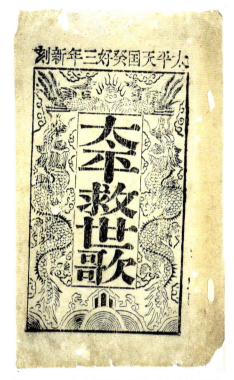

图2.7　1853年太平天国刊印的《太平救世歌》木刻雕版印迹。

铅字是由铅、锡、锑合金用字模铸造的，高23mm的正方形字面体身，有几十种规格。字体大小计算单位有两种，一种是号数制，另一种是点数制（又称镑），我们一般采用号数制，分为：特号、初号、小初号、普通1号－7号等，常用3、4、5号字。字体有宋体、仿宋、长宋、黑体、楷体、牟体、美术体、魏碑、隶字、篆字、标准体等。

油墨由油溶性颜料（有机、无机等色料）、连接剂（动物油、植物油、环氧树脂）和附加剂（填充、干燥、润湿剂）构成。油墨有几十个品种，各种性能不完全相同。铅印选用黏度较小、着色力强、流动性小的油墨。黑色油墨的使用最普遍。

铅印字迹特点明显，形体丰富多彩，规范统一。字体规范、多样，每行平直，整齐划一，一看便知字体种类。字迹颜色通篇一致，墨色均匀鲜艳，有油质感，不怕水浸，水浸后不涸不散；笔道边缘有印痕，笔道微凹，背面有凸出感，笔道重叠处不会出现滋墨现象，但笔道会变粗一些，分辨不出笔顺与笔锋。较厚一点的纸都是双面印字，较薄的纸一般是单面印字，铅印字迹牢固耐久，消字灵、褪色剂、强氧化剂等无法去掉墨迹。（图2.8）

4. 特制凸版字迹的品种与特点

铅字凸印版是由定型的字模翻铸成的单体铅字拼凑而成的，一些特殊字体、字形肯定没有铅字，然而又常常需要印制某种字体字形，如手写字迹。这就需要特制一些凸印版，拼入整体铅字凸印版之中。通常凸印版有雕刻印版、腐蚀铜锌版和固体感光树脂版印版。

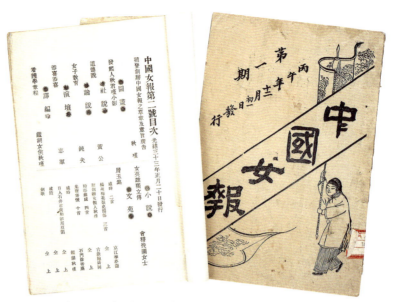

图 2.8 1907 年 1 月，秋瑾在上海创办的铅印本《中国女报》。

雕刻印版，就是用细腻质硬的木料或其他有弹性的固体材料，在表面上雕刻凸出的字样，如同印章一样。腐蚀烂制铜锌版，就是经过照相制取字样胶片影像，再晒制涂有感光剂薄膜的铜锌板上，然后进行液体腐蚀，腐蚀掉非笔道，空白的部分。使字体笔道凸显出来，形成印版。固体感光树脂印版，就是经过照相取得字样的阴图胶片影像后反晒于感光树脂版，再经过曝光、液体浸泡洗刷，溶去未感光部分使字体笔道凸出而形成印版。

三种印版一般都拼入铅字印版之中，偶尔也单独成一块印版，经过走墨、铺纸加压，墨迹粘在纸张上，形成凸版印刷字迹。这种特制凸版字迹，同铅字印版字迹相同，本身具有的特点，就是字体不规范，随意体占主要位置，个人风格明显。（图 2.9）

二、平版字迹的形成原理、种类与特色

1. 平版字迹的形成与共同特点

所谓平版指的是笔道部分与非笔道空白部分同处于一个相对平面，与其他凸、凹、漏版不同。在印版上，笔道部分由亲油的硬质胶类物质构成，能够吸取油墨，排斥水分；而非笔道的空白部分，亲和水分、排斥油墨。因此，印制时油墨辊滚动走墨，笔道就会粘吸上油墨，非笔道部分不吸墨，将纸张铺在印版上加压，油墨脱落粘吸在纸张上形成字迹。这是平版形成字迹的基本原理，利用这种原理制取字迹的有石印、胶印、珂罗版和铅锌版直印等版种。

平版中的各种字迹都具各自特征，它们共同的特点也比较显著。字迹笔道的颜色，不那么鲜艳浓郁，给人一种扩散感觉，因为在走水过程中总有极少量水分与油墨乳化。字迹笔道平展一致，没有印痕，油墨虽然转印在纸张上面，也存在一定厚度，但显现不出来。字迹笔道周围，用显微镜观察，可以看到细微的水迹扩散，笔道并不利落。在空白非笔道部分，有时还会出现细微的浅色墨点，这是滋墨造成的现象。

2. 石印成字与字迹特点

所谓石印，就是用石头印制的，印版是一种特制的人造石。石印方法是 1798 年由逊纳菲尔德发明的，盛行于 19 世纪，20 世纪 50 年代衰落。19 世纪末传入我国，盛行于 20 世纪上半叶，印制了大量文献，50 年代逐渐被淘汰。

石印方法和过程说来也简单，但具体操作起来是相当麻烦，需要高技术要求，没有几年硬功夫是无法实施的。先将特制油脂性墨块研磨成墨液，用毛笔或其他笔具蘸吸墨液，在特制的药纸上书写或描摹各种字形。其后就是把药纸上的字迹，反向转移脱落在石头印版上，或者直接在石印版上用药液书写反向字（镜像字）。再经过一番技术处理，制成印版，就可以上墨、铺纸、加压印制文献复制件。

石印字迹特点明显。字体较大，多是毛笔手写字，常用魏碑体，是笔道粗细变化不大的字体，有一些蝇头小楷，印制效果不好。笔道墨迹较厚，肉眼有时也能识别出来。不能印制有过渡层次细腻的图文。字迹遇水不会晕涸扩散，但空白非笔道部分往往有水印质感，这是因为纸张直接遇到水汽形成的。（图 2.10）

3. 胶印字迹的形成及其特点

胶印是平印中的一种，因使用大幅快速印刷机，备受印刷界欢迎，成为现代印刷的主流，逐步取代铅印。之所以叫胶印，是因为经过橡胶皮转印。概括地说，先由照相或直接打印出

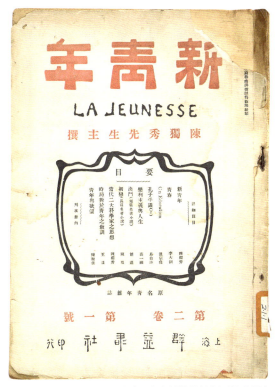

图 2.9 1915 年 9 月，陈独秀、李大钊等编辑创刊的凸版套印本《新青年》。

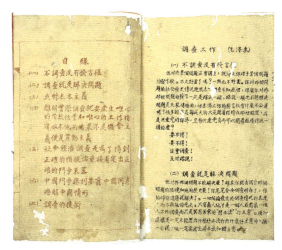

图 2.10 1930 年 8 月，中共闽西特委印制的毛泽东著《调查工作》石印本。

载有各种文字图案的胶片，再由胶片晒制铅锌印版（现通行 PS 版）。印版在印刷机上着墨之后，将文字图案印在特制的橡胶皮布上，铺纸加压，橡胶皮布上的文字图案转印到纸张上面形成字迹。

胶印字迹特点和形成原因。字迹笔道周边没有水印痕迹，因为纸张没有和印版上的水分直接接触。字迹笔道颜色浓淡一致，干净清洁，虽不鲜艳，但均匀平展，赏心悦目，没有笔道印压痕迹，这是因橡胶皮布弹性所致。字迹形体多种多样，但都是两次被动成字，无法构成自身

特点和字体字形。有时在空白部分有人的毛发、指纹或细微砂点印痕，这是在晒版时胶片不洁净造成的。（图2.11）

4. 珂罗版字迹的形成及其特点

对珂罗版印刷，公众比较陌生，有必要简单介绍一下。珂罗版是 Collotype 的音译，起源于希腊文（kolla），意思是胶质印刷。就是利用铬酸盐与胶质混合，经过日光照射发生固化现象，固化体可以蘸吸油墨。这一机理与现象，1870年被德国摄影师约·阿尔伯托用于照相制版印刷。1876年传入我国，上海有正书局首先采用珂罗版印刷，以后印制名人手迹和书画作品渐显魅力。能将手迹的一切特点都表现出来，可以乱真，致使不少收藏者上当受骗。

这是源于珂罗版特殊用材和繁杂细致精确的工艺过程。珂罗版印版是厚10mm—15mm的玻璃板为版基，玻璃的性能要求相当高，通常用比利时特制玻璃。玻璃板上涂布铬酸盐与胶质的混合感光层。感光层的成分、比例、性能要求相当严格。然后拍摄逼真、细微、合格的文稿阴图胶片影像，蒙盖在玻璃版面上晒版。经过一系列工艺过程制成玻璃印版。最后用特制的油墨进行铺纸印刷。

由于操作技术要求高，劳动强度大，印刷速度极慢，印刷数量少等原因，没有人再喜欢从事这一行工作，逐渐被淘汰、遗弃、取代。现在我国仅存一两家能进行珂罗版印刷，也岌岌可危。如果不进行文化遗产保护，恐怕就要灭绝了。

简单一句话，珂罗版字迹最大特点，就是逼真。在不加网目的情况下，能将文字笔道的色彩光度、深浅变化、过渡层次、笔锋、笔压、笔序等都反映出来，与原字迹分毫不差。这是其他印刷方式做不到的。如有可能，用其复制近现代名人墨迹，是比较理想的选择。（图2.12）

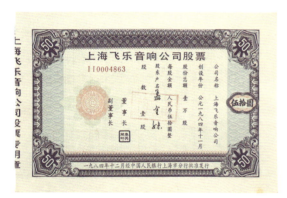

图2.11　1984年11月，上海飞乐音响公司首次公开发行的伍拾元胶印版股票。

图2.12　1938年，鲁迅赠给毛泽东的珂罗版印制《凯绥·珂勒惠支版画选集》。

三、凹版字迹种类略举及其特征

1. 凹版字迹的概念及粗略分类

从印版方式分，凹版字迹可分为雕刻拓片和凹版印刷字迹。雕刻拓片的字迹笔道是无色的，不着墨的，非笔道空白部分是黑色或其他颜色的，俗称阴字；而凹版印刷字迹如同其字迹一样，都是笔道着色，非笔道部分没有颜色，俗称阳字。但印版的样式都是相同的，都是笔道下凹，低于印版平面。尽管字迹表现样式完全相反，因而归于凹版字迹一类，这样分是笔者所为，有利于复制工作者理解和操作。

2. 雕刻拓片字迹的形成与特征

雕刻拓片字迹，俗称拓片。拓片起源于古代录取石碑文字，是我国的一项重大发明，为石碑文字的传承起了关键作用，其后拓展至墓志铭及一些器物上铭文图饰的传拓，以独特的形式流传下来，形成帖学、拓学。具体操作过程和技法，又是一门技术与艺术。

之所以冠名雕刻拓片字迹，是因为必须有手工雕刻的凹下笔道的版面，才能制取拓片。制取过程并不复杂，但操作起来需要高超的技艺。如果在版面上直接着墨，铺纸加压印制，印制出来的拓片，就是阴文镜像字，无法阅读。聪明的先人们采取了先铺纸在版面上，而后潮湿使之牢固吸附于版面。再用特制棕刷，整体捶打，将纸张捶陷在凹下的笔道内。待纸张将干未干时用拓包上墨，笔道凹陷下去的地方，纸张着不上墨色，而保持纸张本色（白色）；非笔道部分统统着墨成黑色，干燥后揭下来，就制成了拓片。

拓片字迹，最独特的是，字迹笔道是无色的，是由褶皱的纸张构成的。非笔道部分是通体有色的，一般是黑色。这样形成了黑白分明的阴文字迹拓片。字体都比较大，正楷体居多，亦有少量篆、隶、草字，近代以来宋体入碑，伴有宋体字迹拓片的出现。（图 2.13）

3. 凹版印刷的字迹形成与特点

凹版印刷字迹的形成比较复杂和费事，前期制版过程不说，仅简单说一下印制步骤。第一步在凹版版面上整体走墨，笔道内充满了油墨，非笔道部分也着油墨。第二步用特殊工具刮去非笔道部分的油墨，必须擦拭干净，并且不可触及凹陷笔道内的油墨。第三步铺纸加压，笔道内的油墨被粘压在纸张上，而形成字迹。（图 2.14）

图 2.13　1913 年，孙中山亲笔为参加惠州起义牺牲的山田良政撰写的碑文拓片。

图 2.14　1948 年，中国人民银行印制的壹百元纸币票样。

凹版印刷字迹，最大特点是笔道微微隆出纸面，像垄埂一样，用手抚摸有凹凸的感觉，肉眼也可以识别出来。另一个特点是，一般都是配合其他印迹，印制比较精良的证券，很少单独形成一个篇幅，字数较少，往往用于防伪印刷。典型的字迹样子，就是人民币100元上“中国人民银行”6个魏碑与汉隶交界融合的魏隶字。

四、漏版字迹的品种与形态

1. 钢版刻写油印字迹的形成与字样

提到钢版刻写油印，50岁以上的人都熟悉。几乎每个单位都有油印设备与人员，社会上也专门有誊印社。对于快速传递信息文件资料起到很大作用。钢版刻写油印相当简便与快速。拿一张蜡纸铺在特制钢版上，用尖锥形铁笔，在蜡纸上书写刻画，去掉了粘在笔道上的蜡质，笔道上有能过油墨的孔隙。然后将蜡纸固定在油印机上走墨印刷成字迹。从刻画完蜡纸时间算，不用5分钟就能印出文件，简捷快速，盛行于20世纪20年代至80年代。至于油印技术何人发明，何时传入我国，众说不一，难以考察出确切的人名和年代。现在能看到的早期油印件是清朝晚期的《京报》。

油印工具相当简单，主要是铁笔、钢版、蜡纸和油印机。铁笔是一只钢制尖状物。钢版是特制的带有各种纹路与图案的钢板块。蜡纸是浸过蜡质的一种薄纸。

铁笔钢版油印字迹特点明显，一看便知。笔道粗细一致，都是线状体。仔细观察笔道都是由规则的小细点组成，小细点的形状和大小是由钢版上网点决定的。笔道周边往往有油渍痕迹，这是由于油墨中的油质扩散造成的。（图2.15）

2. 毛笔书写蜡纸油印字迹

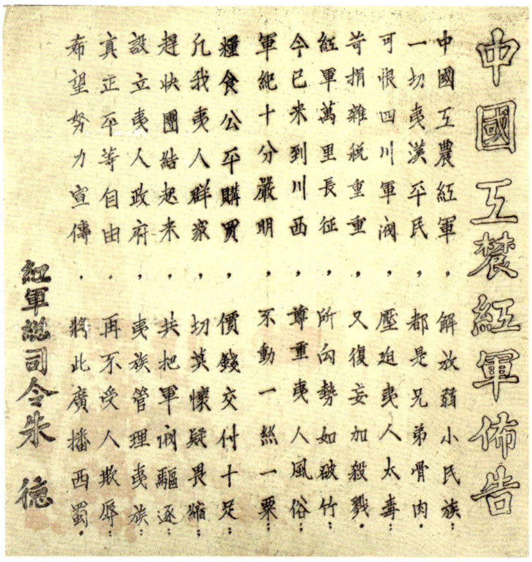
中國工農紅軍佈告
中國工農紅軍，解放弱小民族；
一切夷漢平民，都是兄弟骨肉；
可恨四川軍閥，壓迫夷人太毒；
苛捐雜稅重重，又復妄加殺戮；
紅軍萬里長征，所向勢如破竹；
今已來到川西，尊重夷人風俗；
軍紀十分嚴明，不動一絲一粟；
糧食公平購買，價錢交付十足；
凡我夷人群衆，切莫懷疑畏縮；
趕快團結起來，共把軍閥驅逐；
設立夷人政府，夷族管理夷族；
真正平等自由，再不受人欺辱；
希望努力宣傳，將此廣播西蜀。
紅軍總司令朱德

图2.15 1935年5月，中央红军先遣队进入凉山彝族区，采用钢版刻写油印的《中国工农红军布告》。

与钢版刻写油印字迹同期流行的还有一种毛笔书写蜡纸油印字迹，不过运用范围狭窄，寿命短促，20世纪40年代就匿迹了。现存最多最早的字迹是各大学档案室和早期成立的档案馆。

毛笔书写蜡纸油印字迹的形成，主要是由特制的蜡纸决定的。蜡纸的具体成分结构，现在还搞不清楚。据推测是一种能被酸、碱溶掉的物料。因为书写时要用毛笔蘸吸一种溶液，溶液溶掉笔道内物料，笔道造成孔点，从而成为漏孔版。

毛笔书写蜡纸油印字迹，既有油印字迹的特点，又独具自身特点。字体风格是毛笔书写状态的，一般是行书字体，偶尔出现楷体。因

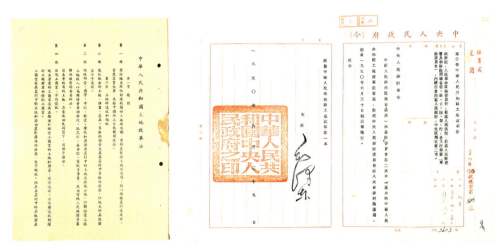

图 2.16 1950 年 6 月 29 日，中央人民政府颁布《土地改革法》发文稿为轻钢字打印字迹。

为其他字体不适用毛笔蘸吸液体书写。笔道没有深浅变化，可有不同形状的斑块，这是由于所蘸液体溶化程度不够造成的。

3. 打字机油印字迹

中文打字机何人发明，何时正式运用，也有不同的说法与记载。祁暄、周厚坤、舒震东等人都曾报道过发明中文打字机。《林语堂传》中说，是林语堂 1947 年发明的，现在还无法确切考证。大约在 20 世纪 50 年代大陆普遍使用的是上海产的双鸽牌打字机，这种打字机进入 90 年代逐步退出历史舞台，被电脑打印机取代。

打字机除能一次打印复写多份资料外，主要用于打蜡纸印版，用于油印文献。打字机字盘内储有三千多常用轻钢字，轻钢字是规范统一的 4 号、3 号仿宋字。轻钢字敲击蜡纸，蜡纸上笔道部分被砸压，形成能通过油墨的空隙，经油印形成字迹。

打字机油印字迹规整一致，字体大小一般是 4 号或 3 号仿宋字，挺拔直立，笔道粗细一致，秀美端庄。1956 年前是繁体 4 号仿宋字，一般竖排打印。1956 年后改为 4 号简体仿宋字，横排打印。1963 年增加 3 号仿宋字。（图 2.16）

4. 誊影机油印字迹与特点

20 世纪 70 年代传入基司得耶誊影机，我国随后仿制。誊影机能很快地制出供油印的塑胶印版。其原理是，通过光电扫描将原文献字迹信号传入控制系统，控制系统指令将笔道部分击穿，从而形成笔道漏空版，即可油印。字迹的最大特点是笔道由细条纹组成。

5. 熔化版油印字迹

20 世纪 50 年代，日本发明一种快速制取油印版的机器，随后传入我国，印制了一些文献。其原理是利用瞬间高温，熔掉油印版的字迹笔道部分，使笔道部分成为漏空孔隙，能通过油墨。经油印即形成字迹。其字迹特点是，油印痕迹浓重，什么字体、字形都有，笔道清晰利落的很少，多是臃肿舞爪的。相对来讲，此字迹较为少见，不多介绍。

6. 剪裁、刻划、烧灼漏版字迹

通过剪裁、刻划、烧灼等方法制取漏版，然后经过油印、刷印、喷涂成字迹。这类文献现存还有一些，文字内容简单，价值不大，不予介绍。

第三节　光化影像字迹的形成及其形态

一、光能致使感光材料上出现字迹影像

1. 光化反应及作用

简单地说，众多物质在可见光或不可见光照射下，吸收光能而产生化学反应，也称光化作用。这个理论被普遍广泛地在自然界和人类社会中应用，效益无法估量。自然界中绿色植物在光合作用下，吸收二氧化碳，释放出氧气，世人皆知。人类社会中应用的事例不胜枚举，其中一个小例子，就是利用光作用，在感光材料上出现字迹影像，传递文献信息。

2. 感光材料受光作用出现字迹影像

感光材料，一般指的是，在纸张、胶片、玻璃、金属、陶瓷等固体载体材料上，涂布能受光作用产生化学反应的涂层，就是感光材料。这里特指照相纸、晒图纸、感光胶片胶卷等薄型平面专用的材料。

通过一系列光学系统，将原型字迹的影像，反射在照相纸、胶片胶卷、晒图纸等感光材料上。由于各部位受光程度不同，而引起不同的化学反应（笔道部分与非笔道部分受光量相差很大）。在载体材料上形成字迹潜影，再经一番技术处理，就能显现出原字迹影像，实际是影像字迹。为方便起见，有时简称字迹。

二、感光材料的分类和影像字迹的共同特征

1. 照相纸、胶卷、晒图纸按感光剂的分类

感光材料是一个庞大系统，种类繁多，性能各异，用途不同。照相纸、胶卷、晒图纸等平面载体材料也多种多样，有不同的分法和类别。按感光涂层主要感光剂来分，有银盐和非银盐两大系统。银盐感光系统内又有常规卤化银体系、非常规潜影体系、彩色体系、扩散转印体系等十几个体系。更多非银盐感光系统中有无机体系、热印体系、光致变色体系、重氮体系、聚合体系、有机成色漂白体系等等。

2. 影像字迹的共同特征

从字体上看，影像字迹共同特征，都是二次间接成字，是印迹和手迹字体的反映。字迹笔道完全处于一个绝对平面之内，笔道含在涂层之中。有时可能显出凸凹现象，那是由光线反射和观察角度不同造成，都是单面字迹。字迹形成过程，一般要经过曝光、显影和定影。显、定影要在水溶液中浸泡冲洗，所以字迹不怕水浸泡，遇湿不至洇化扩散。由于字迹笔道系由化学

物质构成，如果相应的药物去作用，字迹可以急速变化，褪色变色以至消失。例如用赤血盐等冲刷相纸上的字迹，就会褪色、变黄。

三、银盐感光材料及所形成的字迹

1. 银盐感光材料成分、结构与性能

银盐感光材料是以卤化银为主的感光物质体系，根据卤族元素氟氯溴碘等与银结合的不同配比，构成一系列感光材料。按载体分，有黑白胶卷、胶片，黑白相纸、文献纸等。黑白胶卷胶片又有正片、负片、反转片之分。黑白相纸又分为印相纸和放大纸，各有 0 — 4 号五个等级。按感光速度分，有几十个等级。

胶卷、胶片的基本结构，大致分为：保护层、乳剂层、结合膜、片基（载体）、防光罩层或抗静电涂层。

黑白相纸和放大纸的基本结构，大致是：保护层、乳剂层、钡底层、纸基（载体）。

乳剂层系由主剂卤化银、明胶、增感剂、稳定剂、防雾剂等组成。明胶充当悬浮剂，其功能及机理，目前还没有探求清楚。乳剂层有这样的特性：吸收一定光能，形成潜影，再经显影、定影处理，能还原成银。银成细微末状时，呈现不透明黑色；没有吸收光的笔道部分，显影药不起作用，能被定影液溶解掉。当字迹的影像映射在卤化银乳剂层上，见光部分与不见光部分发生明显变化，而形成新影像字迹。

2. 新影像字迹形成操作过程

曝光，也称露光，通过照相机镜头、光学仪器，将原字迹影像反射在感光乳剂层上。

显影，显影的作用是，将曝光后形成潜影的卤化银，还原成可见黑色银。显影的过程机理比较复杂，目前尚无公认的解释。

定影，定影的目的是，用药物溶解掉未见光的卤化银，露出载体的底层，字迹笔道明显地区分开来。

冲洗，定影后要经过充分水洗，洗掉残存药物。

3. 银盐影像字迹征象

相纸一般有一层亮光，大都是阳图字。如果曝光适度，显影合适，能够反映出原笔迹的笔顺、笔花、笔触。胶片、胶卷一般是阴图字，作为放大、印相用，字体小而密。笔道密集与集中处，如果曝光过度，显影超时，可出现滋洇现象。毛笔、钢笔、铅笔等手迹和凸印、平印、漏印等印迹，在相纸上的征象各不相同，都有其特色。

四、主要非银盐字迹的形成与特色

1. 重氮盐感光材料

非银盐感光材料种类繁多，前面提到有无机、热印、光致变色、重氮、聚合、有机成色等几大体系，而每大体系中又含有若干种，如无机体系中就有铁化合物、铜化合物、重铬酸盐、卤化铅、硫属化合物、汞化物等。这些众多的感光材料，应用于社会各行各业各领域制取了大量的文献字迹。其中常见的、众所熟知的、接触最广的是重氮盐感光材料所形成的字迹。重氮盐是非银盐感光材料中常用材料。

重氮盐感光材料，是利用重氮化合物作为感光剂的主要成分，涂布在纸或胶片上。重氮化合物的通式可以表示为 $R - N_2 - X$，其中 R 表示芳香基或酯肪基，N_2 是氮，X 表示酸根或羟基。重氮盐感光材料配制时，由于成分比例不同，而形成棕色、红色、黄色、蓝色、紫色和黑色等色，常见的是蓝黑色。用纸做载体时，称为重氮型晒图纸，一般用于原版直接晒印。用胶片做载体时，称为重氮胶片，主要用于反射照相用，一般缩小，又称微泡法胶片。

2. 重氮盐形成字迹简略过程

重氮盐字迹的载体有两种，一种是不透明的（晒）图纸，俗称蓝图，另一种透明的胶片，称为微泡片。两种的字迹形成过程和方式，不完全相同。

蓝图纸有阴图、阳图型两种形式，阴图型的较多，都是在纸张表面涂布重氮盐感光层，用阴型或用阳型的透明、半透明的原文稿进行强光照射，而后显影、定影、水洗、干燥。阴图型的蓝图是用半透明的硫酸纸书写黑色字迹作为原文稿，蒙在重氮盐感光层上，最后形成白色字迹笔道，非字迹笔道部分大面积是蓝色的。阳图型的蓝图，是用阴图原文稿蒙在重氮盐感光层上晒版的，最后的结果，笔道是蓝色的，非笔道部分大面积是白色的。

微泡型胶片重氮盐感光字迹的形成，通常是用照相方法，如同银盐感光字迹形成过程。只不过形成机理和所用药物不同。

3. 重氮盐字迹载体表面征状

蓝图型图纸字迹特征。仔细闻有一股特殊的味道，这是重氮盐组成的字迹笔道或底色物质造成的。无论阴图或阳图上都有脏物，冲洗不净的颜色、云翳。字体大都是仿宋体，横平竖直，粗细一致，拐捺撇角明显，好辨认。但时间一长，笔道就会褪色变模糊，或虚而不实。

微泡型胶片重氮盐感光字迹特征。胶片一般呈淡蓝色，有一定弹性，字迹笔道是较重的蓝色，与胶片颜色有明显区别。字体多种多样，以宋体铅字居多，手迹体的层次、笔序反映不出来。

第四节　光电效应字迹的形成及其特征

一、利用光导材料制取的字迹

1. 复印机字迹形成基本原理

有些物质如氧化锌、硫化镉、硒等光导材料，有这样特性：在高压静电作用下，表面能产生静电荷，静电荷能保留一段时间，并吸附一些微小的颗粒，但一见光便失去电性，不能再吸附微小颗粒。复印机就是根据光导材料这一特性制造的。通过一套光学系统转换，将文献字迹反映在带电的光导材料表面。见光部分即非笔道部分失去电性，不见光的字迹笔道部分仍保留电性，能吸附微小墨粉颗粒，使之聚集成字迹笔道，从而形成字迹影像。

2. 复印机形成字迹过程

　　①感应带电。光导体材料在无光或暗红条件下，在高压静电场通过，表面感应充满电荷。②曝光。通过光学仪器，将字迹影像反映在带电荷的光导材料表面，形成字迹潜影。③显影。用粉末或液体颜料，通过各种方式接触曝光过的光导材料表面。笔道部分吸附上粉末颜料。④转印。因为是在光导材料上形成的字迹，光导材料不能承运承载字迹，还要设法转移到普通纸上，才能正常运用。⑤定影。一般是通过加热定影，将转印在普通纸上的字迹笔道固化定位，显影用的粉末是低熔点塑胶材料。

3. 复印机字迹共同特征

　　由于使用的光导材料和显影方式不同，各种复印字迹有各自特点。它们共同特征是：①没有自己的字种，都是其他字迹字相，什么字迹都会出现。②字迹笔道由于是粉末微粒熔化聚集成的，高出纸张平面，手触或肉眼都能感觉到隆起，笔道像苍蝇腿一般，周边有小刺毛。③除彩色复印外，字迹笔道基本上是黑灰色的，有时有亮光。④纸张基本上是有一定规格的70g或80g专用复印纸，纸面洁白，纸质较好。

二、利用光电转化控制触头形成的字迹

1. 打印机字迹形成的基本原理

　　打印字迹是电脑打印机逐点打印出来的。打印机内的触头（细钢针、喷墨细管和激光束），直接或隔色带触打出细微小点，由细微小点组成字迹笔道。而触头的开关闭合是由光电扫描转化的电信号控制的。见光的部位没有电流通过，触头闭合，没有动作，不喷墨。无光部位即字迹笔迹笔道部分，触头开启，喷墨或撞击色带，笔道部位着色，形成字迹。

2. 打印机的种类

　　打印机的种类较多，有各种各样的分法。按用途分，有办公用打印机、商用打印机、专用打印机和大幅面打印机。按印字方式分，有击打式打印机与非击打式打印机。按原理分，有针式打印机、喷墨式（内分为液态和固态两种）打印机、激光式打印机，还有热转换（内分热升华、固体喷蜡、热蜡、微干处理型）打印机。使用最普遍的是针式、喷墨式和激光三种机型，其触头即打印头是触发式的。针式的打印头是钢针，撞击色带、将色料击落在纸张上。喷墨式的打印头是墨管，将墨粉、墨液喷在纸张上。激光式的打印头是激光束，激光束射在感光鼓滚筒上，滚筒字迹笔道载有电荷，能吸附墨粉，形成字迹笔道，再转移到纸张上。

3. 打印机字迹特征

　　打印机是电脑输出设备，是高科技产品之一，各项指标和参数精确度极高，也有一个发展

过程，由粗糙向精细发展。刚开始打印出来的字迹，尤其是针式打印机打出的字迹，有明显的点阵痕迹，字迹笔道由小点组成。这是打印字迹独有的特征和特点，与其他字迹不同。随着技术提高，小点逐渐缩小，点与点空隙无限小。当墨粉不足或出现故障时，用高倍放大镜，还能观察到笔道呈锯齿状或空白点。

第五节　隐形字迹的类型与表征

一、隐形字迹及其类型

1. 隐形字迹是传递机密信息的特殊方式

除手写字迹、印刷字迹、光化转变字迹和光电转化字迹四大类可直观字迹外，还有一大类直接看不到字迹形象和不知文字内容的隐形字迹。所谓隐形字迹指的是，在正常发行、发放、传递的书籍、报刊、文件、书信、电报、布告等文献中，将字迹密写在纸面上，或隐藏在可见字迹之间，接受者根据事先约定的规则和程序，经过技术处理就能显现出来和识别出来字迹。是传递机密信息的特殊方式和文献字迹的特殊形式。

隐形字迹可以手写、印刷和光电转化、光化转变，字迹笔道颜色复杂多变，笔道构成成分无法概括分类，所用密写药水难以准确推断。

2. 隐形字迹三大类型

密写型，就是用不显色的药水、药液，用蘸水笔书写在书刊、信件、手稿等可见文字间的空隙或背面，接受者用特定药物擦拭、熏染、水浸等方法，就可显示字迹。

破解型，就是在显现文字内容其间，利用暗语、隔字读、拆字、倒序读、藏头、缩尾、拼音、偏旁取义等方法，将真实文字内容隐藏在报刊、书籍文字之中。接受者必须按照约定方法去破解，方能了解其中文字内容。

密码型，主要指的是密码电报，利用阿拉伯数码、罗马字码，按一定规律组成文字，规律、规定本身就是机密。没有密码本是难以读懂的。

二、密写型字迹形成原理与特征

密写型字迹形成原理非常简单，就是利用两种物料化学反应，产生一种显色的物质。具体地说，就是用一种无色溶液书写，然后用另一种物料去显现。常用书写溶液有牛奶、淀粉、五倍子、重铬酸铵、硫酸钡、亚硝酸盐等。常用显现药液有碘酒、酒精、唾液、尿液、盐、糖、白醋，或者熏蒸、光照、烘烤、水浸等。

密写隐形字迹，没有显现出字迹之前，一般没有明显特征，表面就是普通的书信、书籍、报刊。显现出字迹之后，手写字迹形象、个体较大，字数较少，颜色较浅，笔道臃肿。

三、破解型隐形字迹特征和例证

在公开发行、发放报刊上，或张贴在街头上，以广告、招贴、启事、租房、寻友、贺词、寿语、婚宴请帖等形式的文字中出现。运用各种文字技巧，将真实文字藏于其中，文字的表面内容与实际相传的信息，风马牛不相及，接收人一看便知晓，其他人浑然无知，其中不少缩语、隐语、暗号、谐音、黑话等。

举例：在《国民日报》1927 年的一篇副刊上曾登了一首歪诗"皓日当空照，盗汗衣衫潮。吾实腹中饥，街头漏面桥。"表面内容一看便知，真实内容是会见的时间与地点。摘取前三句的头两个字和最后一句，连起来就破解了。

"皓日"是"韵目代日"的"19"，就是"19 日"。"盗汗"是谐音"到汉口"。"吾实"是"午时"谐音。"街头漏面桥"是"接头六渡桥"，"漏"是武汉人"六"的读音，连起来就是"19 日到汉口午时 12 点接头六渡桥"。

四、密码型隐形字迹特征

密码型隐形字迹，实际是显形字迹，与明码电报特征完全相同。誊录、打印在专用格式的纸张或普通常用纸张上，都是些阿拉伯数码、符号，用毛笔、铅笔、钢笔书写，或（外文）打字机打印。所不同的是，明码电报的数码，专业工作者一看就知道是什么意思，非专业工作者一查数码本也能解读。而密码型隐形字迹，不要说外行看不懂，即使专业工作者不掌握其规律和约定，同样不知道，其真实含义隐藏在数码之中。研究破译密码是专业技术学问，不是复制工作者的职责，不必深究，只要了解密码型隐形字迹的外观特征就可以了。

第三章　文献形成的主要材料、设备工艺

第一节　字迹载体材料的种类与性能

一、通用纸张的种类、构成与性能

1. 纸张的种类与品名

造纸是我国四大发明之一。纸张已发展成为我们日常生活中须臾离不开的东西，用途极广，种类繁多，有印刷纸、书写纸、包装纸、工业用纸、特殊用纸、卫生用纸、医药用纸等几十个种类。作为文献字迹载体用的主要是：印刷纸类和书写纸类。这两类纸张中又有若干品种规格。常见的印刷纸类中有新闻纸、胶印纸、字典纸、凸版纸、地图纸、招贴纸、铜版纸、道林纸等70余种；书写纸类中有书写纸、报纸、宣纸、毛边纸、粉连纸、毛太纸、太史连纸、片页纸等30多种。

印刷纸类和书写纸类从制取方法不同又分为两大类，一类手抄纸，另一类为机制纸。手抄纸即土造纸，我国传统的造纸方法，主要是用人工操作造的纸，有着悠久的历史，技术娴熟精良，形成了独具风格和特色。宣纸、毛边纸、连史纸等销售国内外市场，享有盛誉。但造纸生产周期长，劳动强度大，工具设备简单，生产规模与产量有限。又因为仅适用于书写，不适于机器印刷，因而逐步萎缩。机制纸即完全通过机器设备造出来的纸，人工只是操作机器，不与材料、成品直接接触，生产周期短，速度快，质量高，是土法造纸无法比拟的。我国的机器造纸起步较晚，目前还处于相对落后地位，纸张的种类与质量，以及生产速度与成本，与先进工业国相比，还存在一定差距。解放以前印刷用纸大部分是进口的，印制了大量文献。

2. 纸张的构成成分

纸张是由植物纤维、填料、胶料、色料等成分构成的。

植物纤维。用于造纸的植物纤维有：茎干类：稻草、麦秸、芦苇、竹子、甘蔗渣等；木材类：松、杉、杨、桦木等；韧皮类：亚麻、大麻、桑皮等；籽毛类：旧棉花、棉短绒、破布、线绳、破网等。另外，还有破旧废纸类，书报、刊物等。

填料。纸张中所用的填料种类繁多，一般常用白土、滑石粉、碳酸钙和硫酸钡等。加入的填料要求颗粒细腻均匀，色相洁白，无杂质，覆遮能力强，折光率大，化学性能稳定不易变质。加入的目的，是为了填充植物纤维之间的空隙和孔眼，减少纸张的透明度和伸缩性，提高白度，节约纤维原料，降低成本。

胶料。常用的胶料有松香、硫酸铝、明矾、淀粉和干酪素等。加入的目的是为连结和填塞植物纤维与填料，减少纸张的吸水能力，改善光洁度，防止表面起毛。如果胶料不当，因纤维吸水性较大，书写时就会出现洇化扩散现象，字迹模糊不清。印制时，字迹变形，套印不准。

色料。用色料的目的是为改变纸张的颜色，常用色料为有机和无机颜料，如群青、品蓝等。

造纸就是把纤维、填料、胶料、色料按一定比例混合，经过制浆和抄纸整理而成。其主要工序为：打浆、加填（料）、染色、施胶、调料、除砂、筛选、抄纸、烘干、整理等。

3. 应掌握的纸张和基本性能

纸张的外观质量、厚度、紧度、平滑度、施胶度、抗张强度及裂断长、耐折度、撕裂度、表面强度、伸缩性、白度、光泽度、挺度等有关纸张的物理性能、化学性能，以及测试方式与仪器，都有专门的研究，也有不少专著和论文介绍，作为文献复制工作者应当掌握，不再赘述。除此还应当重点了解和掌握三点：一是纸张与油墨、颜料的亲和能力；二是纸张受压受热后纵横的膨胀系数；三是纸张润湿后的透明度。这三点都是在复制工作中遇到的，社会上没有专门研究文章介绍。各种纸张情况不同，难于总结出规律性结论，只有在实践中摸索。

4. 常用于文献的手工抄纸举例

宣纸。始于唐代，产在安徽泾县，唐朝泾县隶属于宣州府，又因在宣城集镇交易而得名。质地柔韧，洁白平滑，细腻匀整，色泽耐久。是一种吸墨性好，不易起褶皱，长期保存而不变的高级纸，有千年寿纸之称。宣纸按用料配比的不同分为：棉料、净皮、特净三类，按纸张厚薄又有扎花、绵连、单宣、重单、夹宣二层、三层等等之分。规格有四尺、六尺、八尺、丈二、丈六、丈八等。宣纸按加工方法分类，一般可分为生宣、熟宣、半生半熟宣三种。此外还有几十种不同品种加工宣纸如：洒金纸、蜡笺纸、玉版宣、虎皮宣等。宣纸非常适宜毛笔书写或书画装裱等。

毛边纸。原产福建龙岩、连城等县，现产江西、福建等省。质地细嫩，微带淡黄色，柔韧，吸水性强，带有竹帘印纹。用于印制或书写，容易干燥，字迹经久不变。较厚的毛边纸又叫玉扣纸，是一种价格低廉的书写用纸。近现代文献中这种纸占了大部分。

连史纸。原产福建邵武、光泽和江西铅山等县。将嫩竹经碱煮、漂白加工而成。纸质薄且均匀洁白，用做高级印刷品、碑帖、信笺、扇面料。初名连四，后叫连泗，又称连史。相传福建连姓兄弟二人，精工造纸，因排行老三、老四而得名。纸质较厚者称为海月纸。

元书纸。原由浙江富阳生产，用竹浆制成，呈淡黄色，质量稍差，纸面粗糙，吸水性强，吸水后失去拉力。尺寸一般较小，一般作为练习书写毛笔字用。红军长征途中的借条与通知、命令等多是这种纸。

毛太纸。又叫仿宋纸，原产福建，由草浆和竹浆制成，纸色发暗无光泽，纸面稍粗厚而绵软，常作高级书画的衬纸，也用于制鞭炮。

红辛纸。又叫桑皮纸，俗称高丽纸，以桑皮为料，产于河北迁安县。纸质强韧，色灰、半透明，多用于冬季糊窗，防风性能好。

东昌纸。质地粗糙，略带灰色，韧性较强，吸水性好，纸面带有暗纹，常作衬纸和吸潮纸。

马莲纸。20 世纪 30 年代，陕北地区出产的马莲草为主要原料的土抄纸，纸质坚韧耐久，纸面有不少的小硬疙瘩。延安时期一些书籍、文件就是用马莲纸制印的。

图 3.1　创刊于 1918 年 12 月 22 日的《每周评论》。共出版 37 期。

草纸。又名黄草纸，质地粗劣，拉力差，纸面毛糙，幅面较小，手工纸中最次一种。用石灰沤烂麦草手抄而成。过去曾作厕纸用，有时也用来誊抄一些文献。各地均生产。

棉纸。即绵纸，纸质绵软，薄而有力，举纸透光观察，可见纤维发亮，类似白纱巾，由桑皮精制而成。

藤纸和竹纸。两种纸已基本失传。近现代文献中用这两种纸的还不少。

5. 文献常用机制纸

新闻纸。又叫报纸，质地粗糙，薄厚匀整，纸面平匀，有时呈淡绿色，吸水性强。纸幅面积大，有卷筒与张页两种规格。适用于印制报刊与书籍。因纸中木质素含量较高，又是酸性纸，此纸不易长期保存，一年左右即可泛黄变脆。革命文献中《红色中华》《湘江评论》《觉悟》《每周评论》等大都是这种纸印制的，现已黄脆，有的甚至已成烟叶状，一触即碎。（图 3.1）

书写纸。又称凸版纸，书写流利，耐水性好，是机制纸中较好的一种，纸质洁白光滑，拉力也较好。除用于书写外，常用印制书籍。

胶版纸。纸质洁白平滑，均匀结实耐拉耐折，伸缩性小，是一种高级印刷用纸，可用于印制较细致的图片。一般画报常用这种纸。

道林纸。是英文"Dowling"的音译名称，胶版纸中的一种，纸质坚硬结实，耐拉耐折，纸面略糙一些，无光泽。

片页纸。纸质一面平滑带光，另一面粗糙，薄而半透明状，纸性较脆，也易变黄变脆。因常裁成八开纸页出售而得名。通常用于书写、手工续纸印刷。

有光纸。一种薄型纸，白色有光，洁净半透明，可以染成各种有色纸。白色纸多用于打字复写纸，或描拓各种文字图样。

簿记纸。又叫账目纸，是一种记账专用纸，一度停产，最近又恢复生产。纸质坚实，薄厚适宜，吸水性好，书写流利，最大特点是纸内有暗纹图案，举纸对光一照即可显现。

票证专用纸。各种货币、股票、支票、证券、护照等专门制作的纸张。纸质优良，细腻挺实，耐折抗皱，可以长期保存。

二、影像字迹载体胶卷、胶片与相纸

感光材料有两大功能：其一是影像字迹的载体，承载文字信息。其二是媒介功能，通过感光材料可以制成各种印版进行印刷。胶卷、胶片和相纸就是影像字迹的直接承载材料，品种、规格、性能多种多样。通常用的胶卷有普通135、120、127和缩微型，胶片有4、6、8英寸。片基最早是硝酸制成的，而后改为醋酸基型。现在多是塑胶尼龙型。感光指数最快五百分之一秒。颜色为黑白转向彩色。相纸也有多种规格，有专用文献相纸，反差大，纸质薄。

三、带有特殊图案的加工纸

1. 熟矾纸

宣纸与同类型纸分熟与生纸，生纸是指制作出来就直接书写，一般容易晕洇扩散，字迹笔道走形变肥，为使笔道墨迹不洇散或少洇散，在其表面刷涂一定比例的骨胶与明矾调兑的胶矾水、干燥之后就成了熟纸。俗称生宣、熟宣由此得名，和其他同类加工纸统称为熟矾纸。

2. 洒金、洒银纸

在纸张的表面布有金与银薄片，根据薄片的大小，分为泥金（银）、雪金（银）和冷金（银）三种。泥金（银）是极细的小碎末。雪金（银）如同雪片大小的薄片。冷金（银）是黄豆大小散碎薄片，间距较大。开始为真金与白银捶成极薄的碎片，敷洒粘贴在纸面上，后来改为较为廉价的金属替代。

3. 虎皮宣纸

宣纸质地淡黄色，中间布有若干个圆状斑白块。整体看起来如同老虎皮一样，因此得名。以后扩展到淡绿、淡红等颜色。用做底色，非常雅观。

4. 磁青纸

是用花青等颜料染制的一种暗蓝黑色毛边纸或宣纸，肃穆深沉，多作为线装书皮用纸，或用于书写哀丧文字。

5. 烫金（银）纸

纸面上有金色或其他颜色闪光发亮的文字图案。文字图案是经过烫印、擦涂、描摹或其他方法粘贴上的金属薄膜或熔化的塑料物料。精美雅致，多作为请柬、证书等精制印刷品上的重要文字。因以金色、银色为多，故称这一类的纸张为烫金纸。

6. 粉蜡笺纸

通过染色、施胶、填粉、施蜡、托裱、洒金、挣平、水印、描绘等多道工艺，对原抄纸再加工而成。纸面上多印或手绘有各种淡色简洁的文字图案，图案多为花草鱼虫、山水人物。

7. 暗纹纸

纸面上呈现无色文字图案，用光一照更清晰，一般作信纸使用。机制纸为无色压印制成，手工纸为抄制而成。近似于防伪水印。

8. 复写纸

一种涂有蜡质、颜料供复写或打字用的纸，常用蓝、红、黑三种颜色。

第二节　字迹形成的设备与仪器工具

一、手写字迹的工具

手写字迹形成比较简单，不需要设备，只要有纸，有笔具和桌椅就可以了。笔具多种多样，桌椅也有不同构造与样式，都必须要适合书写使用。重新复制起来，相对比较麻烦，要一定条件与设备，留在第四章介绍。

二、印刷字迹形成的主要设备、仪器工具

1. 印刷机的种类与性能简介

形成文献字迹的印刷机种类繁多，性能各异，样式不同，又有多种不同的分法。为明确概念，从印版与字迹的关系分，有平版、凸版、凹版、漏版四类印刷机。

平版印刷最早始于石印机，完全靠人力摇动操作，有四开与对开两种规格，印版是人造石板。（图3.2）20世纪初经过改进加装电动机半自动进行珂罗版印制。随后印版改为锌铅皮，锌铅皮再加入橡胶布作为中介转印物，从而制造一系列胶印机。胶印机靠电力作动力，印刷速度快、质量高。常用有对开胶印机。

凸版型的木刻雕版不需要印刷机，只要有上墨工具与压印器具就行了。凸版铅字印刷主要用铅字印刷机。铅字印刷机有平压平、圆压平、圆压圆三种方式，版面有八开、四开、对开几种。国内用途最广最普遍的是八开圆盘机与对开圆压平铅印机。（图3.3）

凹版印刷机起步较晚，也比较复杂，操作要求比较高，用量较少，印刷方式有平面与轮转，按使用纸张分为单页与卷筒两种。

计算机、感光树脂版制版机等新技术与传统印刷设备相结合，使铅字印刷机可以做到一机多用。将用于树脂版印版的透明胶片墨稿，根据需要经过电脑处理，做到阴图稿与阳图稿相互转换，从而晒制凸印或凹印两种印版用于文献复制。（图3.4）

漏印印刷机器，俗称油印机，使用相当广泛，几乎每个大单位都有。后来增加手摇速印机。20世纪60年代丝网印刷机又前进一大步。（图3.5）

2. 印刷主要辅助设备

在印刷成字过程中，除了印刷机立体设备外，还需制版设备和剪裁装订设备。制版设备主

图 3.2 石印机

要是照相机、烤版机、晒版机、腐蚀机。剪裁设备主要是裁纸刀和装订机。

照相机。专指制版照相机，也称复照仪，是照相机中一大品种，是平、凸、凹版印刷中必备设备，漏印过程中也经常运用。主要用来摄制文字图案形象的阴阳图底片。制版照相机种类型号繁多，通常按摄影底片的面积来分，有八开、四开、对开、全张四种。样式有立式、卧式、吊式三种。

烤晒版机。烤版和晒版机有的联体，也有

图 3.3 四开圆盘铅字印刷机

图 3.4 固体感光树脂版制版机

图 3.5 手推式油印机

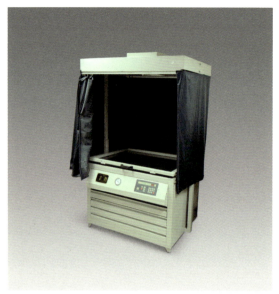

图 3.6　晒版机　　　　　　　　　　　　　　图 3.7　切纸机

单体。主要作用就是涂布感光药液，然后将其烤干，最后将底片蒙于烤干的感光药层上，进行曝光晒制。光源分为日光型、人工强光型（高压氙灯、碳精灯、碘镓灯等）和激光型。（图 3.6）

　　裁剪装订机。印刷成字单页后，必须经过剪裁或装订，才能成为正式文献。裁剪、装订方式多种多样，过程繁简不一。人人皆知，无需介绍。（图 3.7）

　　铸字机。凸版铅字印刷的必要设备。通过铸字机能够铸造出多种规格的铅字。铸字机型号也有若干种，也有一定发展过程。但是随着数字印刷技术的普及，铸字机的应用已经成为历史。

3. 印刷主要专用仪器工具

　　印刷成字过程中，所用仪器、仪表和工具不下百种，社会通用的不用说，专用仪表工具有：腐蚀棒、调墨盘、网点镜、记录仪、密度计、压力计、黏度计、色标、测光表、尺垫、控时器、打孔机等 50 多种。

三、光化字迹形成过程中所用主要设备

1. 录取影像设备

　　银盐或非银盐感光材料成字，除了直接描图晒版外，都需要摄取录制设备，一般都采用照相的方式。设备名称号型各式各样，摄影仪、复照仪、翻拍机、录制机、记录仪等有各种叫法。结构比较复杂精细，主要以光学系统为主体。普遍用于航天、航海、测绘、医药医疗、交通、档案等部门，没有通用的统一规格型号，无法枚举。

2. 显像系统设备

　　无论纸张、胶片、胶卷，或塑料、金属等感光材料，刚录制的字迹形象，都是不可见的潜影。显像设备就是将字迹潜影，变为肉眼可见的字迹影像。所用设备相对简单一些，目前还没有统

一通用型号，名称也不统一。

3. 固定字迹影像设备

显现出现的字迹影像，随时变化还不稳定，需要一定设备与药物将其固定。方式方法和设备药物都不统一，没有典型的通用设备。

四、光电字迹形成过程所用主要设备

1. 复印机

复印机现在已成为社会广泛采用的文字复制设备。操作简单快捷，成为传递文字信息的最重要设备。结构复杂精致，有专门的行业进行维修保护。

2. 打印机

打印机是电脑输出设备之一，其作用是将计算机的最终运算结果或中间结果以人所能识别的数字、字母、符号和图形等形式，依照规定的格式打印在纸上。打印机的种类繁多，款式多样，最常用的有针式打印机、喷墨打印机和激光打印机。都有专业书籍介绍其原理、分类、性能。

3. 其他光电成字设备

电报接收机、真迹电报机、传真机、电传机、誊录机等，都是通过光电转化，控制触头、触点着色，制造字迹的机器设备。

第三节　形成字迹所消耗的主要器材

一、凸版印刷印版组成材料

1. 雕刻刷印木板

刷印用的印版，是由高质量的木板，经描稿、翻拓、雕刻工艺而制成的。所采用的木板必须平展细腻，纵横纹路与年轮不显著，吸湿度适宜，膨胀系数低，不易变形干裂，木性柔韧，有一定弹性和强度，易于雕刻。能达到这种标准的木料并不多，通常用梨木、枣木。（图 3.8）

2. 成规模系列的合金铅字与铜锌版

名叫铅字，实质是合金，铅占 60% — 70%，锑占 11% — 25%，锡占 2% — 9%，其他金属占 2% — 5%。合金要求熔点低、熔后流动性好，凝固时收缩极小，黏附油墨能力强，有一定弹力和韧性。铅字都是标准的长方体，各

图 3.8　复制用"太平天国殿前丞相掌理安徽油盐事物"木质雕刻印版。

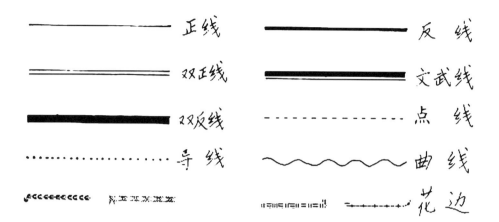

图 3.9　铅字印刷中常用的几种书边线与花边图样

种型号有统一的高度、宽度。

　　与铅字配套的还有铅空和铅线。铅空低于铅字，没有凸起的着墨字体笔道，起填充固定作用。按各种型号字体分为全角、对开、六开、八开、十二开、双连等规格。铅线又称水线，是特制各种花边图线、正线、反线、点线。（图 3.9）

3. 合成有机高分子凸印版材

　　一些高分子合成材料，如树脂类的尼龙（聚酰胺），符合凸版要求的条件，制版过程简单，成本低廉。最近 30 年常作凸印版材，有液体、固体和柔性三类感光树脂版。

二、字迹显色剂、颜料油墨

1. 油墨的组成、种类、性能

　　油墨是颜料和油脂的合成物，印刷字迹的显色剂，字迹构成的物质。具体说油墨由色料、连接料、填充料组成，各种物料都有若干种，简单列举如下：

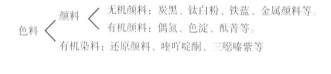

色料
　颜料
　　无机颜料：炭黑、钛白粉、铁蓝、金属颜料等。
　　有机颜料：偶氮、色淀、酞菁等。
　有机染料：还原颜料、喹吖啶酮、三嗪嗪紫等

连接料
　油
　　植物油：桐油、豆油、蓖麻油等。
　　矿物油：汽油、煤油、润滑油等。
　树脂
　　天然树脂：松香、沥青、橡胶等。
　　合成树脂：聚酰胺、酚醛、环氧等。
　有机溶剂：脂肪烃、芳烃、醇、酮、酯等。
　辅助材料：蜡、铝皂。

填充料主要是氢氧化铝，胶质碳酸钙和硫酸钡等。

油墨是一个大品类，有多种分类方法。如按颜色分有十几种颜色。按干燥方式分有渗透干燥型、挥发干燥型、辐射固化型。这种分法都有一定道理和实用性，但不便于记忆。最容易区分和记忆的是按用途分，用于什么版面，分为平印、凸印、凹印、漏印（孔版）和柔性版油墨。因为油墨的专用性很强，平版油墨其他印版不能用，平版油墨也不通用，还有胶印、石印、珂罗版等不同的油墨。油墨的成分配比、黏稠度、流动性、渗透性、干燥速度、弹性、触变性等性能是各自不同的。（图3.10）

与油墨配套使用的还有一些辅助材料，如增色剂、增光剂、固色剂、调黏度的调墨油、去除油墨的起色腐蚀棒等。

2. 笔具、复印机、打印机所用颜料、墨粉

书写笔具所用颜料、墨水。笔具主要是毛笔、钢笔和圆珠笔。毛笔所用颜料前面曾提过取自研磨、墨汁和墨盒。无论哪一种形式，黑色的都是炭黑、胶质加水，其他颜色也是颜料加胶质和水。钢笔所使用各种颜色墨水，要求相对高一些，先后也有不同变化，质量在提高。分为鞣酸型蓝黑墨水、染料型墨水和颜料型墨水三大类。基本构成为色料＋胶料＋防沉淀剂＋防腐剂＋助剂。色料是各种颜料、染料。胶料常用阿拉伯树胶。防沉淀剂用纯硫酸。防腐剂用石碳酸。助剂有多种，没食子酸、甘油、砒霜等。圆珠笔所用颜料墨水、墨油更加复杂多样。按构成为色料＋防干剂＋助溶剂＋防腐剂＋润滑剂＋防渗剂＋溶剂＋若干添加剂。具体配方繁杂精细，难以详细介绍。

复印机、打印机用墨粉墨水。墨粉由色料＋低熔点树脂＋助剂。黑色墨粉一般用四氧化三铁，彩色墨粉用酞菁染料。低熔点树脂常用酚醛树脂。助剂多种多样，用品较多，各自不同。墨水主要用于喷墨打印，在黏度、酸度、电导率、气味、湿度、色度、牢固度等诸多方面要求相当高。具体配方尚未普遍公开，各种喷墨打印机适用的墨水也不相同。

三、媒介感光材料

1. 制版照相专用玻璃板和胶片

媒介感光材料专指制版照相用的底片（版基为玻璃、胶片或其他透明物质）和凹版印刷用的碳素纸。它们与胶卷、照片不同的是，虽然也有字迹影像，但构不成文献主体，不便于阅读和查看，只起媒介作用，通过它们制成印版，才能印刷文献。广泛用于制版印刷，在复制过程中也必定要使用，单独提出作介绍。

底片也有一个发展变化过程。20世纪50

图3.10 文献复制中常用的几种油墨

年代普遍使用的湿版照相技术。就是在一块白玻璃上，在暗室内涂布感光液，经过曝光、显影和定影，制出阴图玻璃底片，供制取印版用。因其在液体中操作，故称湿版照相。湿版照相难度相当大，配制和涂布感光液要求相当准确、细致，要用几十种药物，其中定影要用剧毒氰化钠，最短也要 45 分钟才能制得一块，又是色盲片，所以逐步被干片所取代。干片也是玻璃板作版基，上面已涂布好干燥的感光层。操作者只要拿去直接曝光、显影和定影就可以了，较比湿版方便快捷了许多。而对于制取印版来讲，还是不方便，玻璃板裁剪困难，经常出纰漏。20 世纪 60 年代开始，制版软片应运而生，我国开始了引进、研制、发行。现在已发展成系列产品，广泛用于印刷界和其他行业，名称统一为制版软片。

制版软片的片基是三醋酸纤维素、涤纶和聚碳酯片薄膜，上涂有乳剂层和辅助层。乳剂层主要由卤化银、明胶和增感剂、防灰雾剂、坚膜剂、活性剂混合组成。辅助层为防卷曲、防静电、防光晕、防磨等物质构成。制版软片有多种型号与性能。按感光性能分有全色、正色、色盲、红外片等片种。按反差系数分，软性、中性、硬性、特硬几个等级。文献复制适用特硬全色片。又有多种不同规格的包装，普遍使用的是每盒 50 张 49cm×59cm 的对开软片。

2. 凹版印刷专用碳素纸

碳素纸又称碳精纸，纸面涂布一层由动物胶、色素、糖、硫酸铁、甘油及皂类混合薄膜。用重铬酸盐敏化之后，有很强的感光性能。经与载有字迹影像的胶片结合晒版后，碳素纸便获取了字迹影像。然后将碳素纸蒙在凹版滚筒上，简单处理一下，碳素纸上的字迹影像转移到滚筒上，揭下碳素纸，就可以进行腐蚀，凹版印刷版便告完成。碳素纸只起一个过版作用。

四、漏印所用丝网材料

1. 丝网的用途

平印、凸印、凹印的印版都是实实在在的实体金属板块、石板和橡胶玻璃等，而漏印的印版是镂空的网状编织物即丝网。丝网直接可以充当印版，还可以充当蜡纸的支持体。丝网印版构造简单，只要把丝网平展地固定在边框上，就成了印版本体。在丝网下铺垫蜡纸，或直接涂布感光胶层、晒版、腐蚀就可刷印。操作方便，成本低廉，丝网可以重复使用多次，还可在曲面、异体型器物上刷印文字图案。20 世纪 70 年代前，普遍采用铁笔刻写蜡纸，或打字蜡纸，丝网手推墨辊油印，之后逐步改用丝网机器印刷。

2. 丝网性能与种类

丝网是经纬线交叉形成的有空隙的丝状编织物。最初普遍采用蚕丝，经扩展到尼龙丝、涤纶丝、不锈钢丝、镀镍涤纶丝、防静丝等面料，形成一系列规格产品。丝网性能体现在两个方面：一是丝束细粗与搭接方式；二是丝网孔隙的大小与形状。孔隙即孔目，也就是每平方厘米孔眼数目，通常用每英时有多少线表示。孔目越多，就越细腻，漏下的墨油也越少。国际国内对丝网的型号、规格及物理性能有统一的标准。

第三章　文献形成的主要材料、设备工艺

五、装潢装帧材料

1. 蚕丝绫、绢、锦

　　绫、绢、锦、缎多产于浙江湖州。中堂、挂屏、对联、镜心、册页、手卷等一些传统文献装帧形式，通常要用蚕丝纺织物作装饰衬托材料。蚕丝纺织物由桑蚕和柞蚕吐丝经缫丝、纺织等一系列复杂过程而制成。其性能优良、绚丽多彩、精细绝伦，有绫、罗、绸、缎、锦、葛、绡、绨、绒等品种。常用绫、绢和锦作为文献的装饰衬托用品。绫是一种斜纹状的、有各种暗纹图案的、薄纱织品，有素广纹和花广纹等种类。绢是一种平纹、经纬线交叉搭配、薄而坚韧的织物，有天香绢、迎春绢等。锦是织有彩色的大花纹饰面料，质地较厚，有宋锦、云锦、蜀锦等。绫、绢、锦要经过染制和托裱才能用于文献装潢。（图 3.11）

2. 装订缝纫连接材料

　　一些书籍、刊物、小册子等形式的文献，需要订缝连接才能将多张多页的纸张集合在一起。常用绳、带、布、金属丝和纸捻。众所熟悉，绳、带、布和金属丝，不用细说，对纸捻恐怕比较陌生。没有成品出售，属于自制小品。纸捻系用坚韧的皮纸和棉纸做原材料，裁剪成长 15cm 左右，宽 2cm — 3.5cm 的细条，在距长边两端约 5.5cm 左右相对应的位置，切去四个直角，使之成为菱形，再沿长边分三或四次对折，折叠成 3mm — 5mm 宽的长条，然后将两端捻合成锥状，即做成纸捻。使用时，将两端锥状穿过文献纸张，两端搭合在一起，便能将多张纸固定在一起。操作简单便利，又不会生锈腐蚀文献。

六、常用黏合剂与药品

1. 黏合剂的种类与性能

　　黏合剂是社会通用的物品，种类繁多，用途极广，性能各异。主要是黏合固体物质，文献制作与复制不可少的物品。按来源可以分为天然黏合剂和合成黏合剂。天然黏合剂中有，淀粉类的淀粉、糊精。蛋白类的骨胶、鱼胶、虫胶。天然树脂类的松香、木质素、树胶、单宁。天然橡胶类的胶乳、橡胶液。沥青类的沥青。动物的血液如猪血。合成黏合剂有合成树脂、合成

图 3.11　复制装裱用绫、绢、锦等材料。

071

橡胶和复合型三大类,每大类又有若干种。如热塑性的有聚醋酸乙烯、聚乙烯醇、聚氯乙烯等9类,热固性的有脲醛树脂、环氧树脂、聚酰亚胺等8类。

用于文献粘接,常用天然淀粉糨糊和合成聚乙烯醇(PVA)。糨糊是众所周知的最易取、最低廉、最简单的黏合剂,用途也最广,黏度并不大,并且水溶可逆,作为装裱文献完全够用了。一般是小麦面粉去筋,然后用开水冲拌或用水熬煮。可以调制任何浓度。缺点是易腐,存放时间短,在配制时可加入些防腐剂。聚乙烯醇是一种白色絮状或粉末状的高分子化合物,能溶于水,热溶后为无色透明的黏稠液体。使用操作也比较简单,用毛刷刷涂可以牢固地粘接双页纸、书背布、封面、内衬等。

2. 有毒有危害的药物和化工产品

据不完全统计,字迹形成的过程中各个环节所运用的药物和化工产品达200多种,其中有毒、易燃、易爆、对人身有害的危害物有几类,简单列几类。

有毒化工产品,氰化物中的氰化钾、氰化钠、赤血盐等,用于照相制版定影、减薄、漂白液、晒蓝图。其毒性人所共知,能溶解金属化合物,对人体脏器与血液也有非常大的破坏作用。

强腐蚀剂,硫酸、硝酸、盐酸、强碱(氢氧化钠等),用于腐蚀铜锌版、洗涤版面、去污染等用。使用时必须小心谨慎,防止与皮肤直接接触。

易燃、易爆物,汽油、苯、甲醇、乙醚、氯仿等沸点低,见明火即燃即爆,在印刷过程中广泛使用。

致癌物,对苯二酚、对二甲苯等苯类和亚硝酸钠,是三类致癌物中的两大类,用于预涂感光版重氮过程中。

其他有害化工产品,有些药物虽然没有明显的危害,但对人身影响还是很大的。氨水的刺鼻味道,冰醋酸、人造樟脑的挥发气味也伤人的神经,环氧乙烷对人体脏器、眼睛也有刺激破坏作用,藤黄及油墨等颜料接触上就不容易清除掉,硝酸银溶液与人体皮肤接触就会形成蓝黑色烧灼斑,百洗不掉。

第四节 文献暨字迹形成所涉及的工艺

一、书写是手写字迹形成的唯一途径

所谓工艺,通常指的是形成物品的方法、技术和途径。顾名思义,手写字迹是人持笔具(除血书、指墨不用笔具)书写出来的,书写是手写字迹的唯一途径。书写是需要一定笔功技艺和理论基础的。毛笔书写已形成完美的书法艺术和诸多流派,是一种高品位的工艺,涌现出理论著作和著名人物。至于手写字迹复制,那就要描摹书写工艺了。描摹不同于临摹,不能创新、不能随意发挥,只能按照原字迹的形影笔画风格书写,达到精、气、神、形与原字迹完全相同,

难度可想而知。古代已形成晌拓、双勾等技法，现在看来已经不完全适用了。近现代手写字迹的种类比古代多了许多，笔体、字型已增加了十几种。描摹技艺正在发展扩充之中。

二、印刷字迹形成所需工艺种类

1. 平印字迹形成工艺

制版照相是综合型连锁工艺，需要采光、打光、曝光等工艺，还需要显影、定影、冲洗、干燥等过程方法，阴阳图相互翻制也包括其中。晒制印版也是必不可少的专有工艺，晒版要先涂布感光层、干燥、晒制冲洗、固版等过程，然后进行腐蚀才能制成印版。打样印制是形成印迹的最后结果，要调墨、上墨、开动机器、续纸、印制。以上是平印字迹中胶印的一般工艺，石印、珂罗版中的工艺还要多。

2. 凸印字迹形成工艺

铅字凸印工艺中，一是铸字，铸字是铅字主要形成的专有工艺。雕刻是次要手段。二是拣、排字，也是铅字凸印中必要的专用工艺技术。拣字就是从字架中找出所用的单个铅字。排字也就是排版，将不同个体铅字排列成序。三是照相烂版，铅字凸印的辅助手段，将铅字中没有的文字形象，烂版腐蚀成凸印版。四是上机印制，将印版固定在机器上，上墨给纸印刷。（图 3.12）

木板雕刻印版刷印工艺，完全是手工操作完成。书写描字是第一道工艺。第二道工艺翻拓印版，就是将描写好的字样反转印拓显示在木板上。第三道工艺雕刻制印版，用刻刀剔掉非笔道部分，制成印版。第四道着墨铺纸刷印，用棕刷刷压纸面，印版上笔道墨色反粘在纸张上形成字迹。

3. 凹印字迹形成工艺

凹印版机器印刷字迹形成工艺规范。一是要照相制取软片，俗称照制，与平版、凸版照相制片不完全相同，有特殊要求。二是修版，也叫修片，技法独特。三是用碳素纸过版，这是独有的工艺过程。四是腐蚀制印版。五是最后上机印制。

石碑拓片，完全手工操作，起码要两道大工艺。第一，上纸拓压，将纸张充满充实于凹下去的笔道之内，整体纸张与石碑外露面符实。第二，扑墨着色，用特制的拓包着墨后，在平面上拓压，使纸张平面着色，技艺手法要求较高。

4. 漏印字迹形成工艺

打字蜡纸漏印，要先用打字机打字，轻钢　图 3.12　用铅字复排印版字的字迹将蜡纸打透，行成漏字印版；而后进行油印。钢版刻写油印，先要刻写蜡纸，后才能油印。其他漏印字迹，都先要用各种工艺制版后，再去油印。

三、光化字迹形成工艺细说不清

光化字迹主要是感光材料上形成的字迹。感光材料种类繁多，各有各自专用工艺。精密度极高，说不清需要多少种工艺，也没有必要说清楚。运用者只要知道由感光材料形成字迹的工艺就可以了。说来也简单，一要露光，也就是曝光、晒制。二是显现，就是显影，显影的方法、技艺较多。三要固定字迹影像，即定影，定影也有不少方法。感光材料制取工艺有专门著作介绍，有兴趣者可作进一步了解。

四、光电字迹形成工艺相对比较简单

光电字迹是复印机、打印机、喷绘机等机器直接制取出来的，最初并不需要人工直接进行工艺操作，只要人工发布指令。发布指令也算工艺的话，那就是操作机器，调墨续纸，编码打字输入。随着数字技术在文献复制工作中应用的不断深入，复印机墨色浓淡的调整，背景淡化等功能的运用，以及打印机、喷绘机印前对不透明度、对比度、饱和度等打印效果的各种设置，使得光电字迹的形成工艺也就不那么简单了。

五、塑造文献复制品外观特征所需工艺

字迹影像重塑在单页纸张或胶片等新载体上，还没有形成严格意义上的文献，还需要剪裁、装订和装裱等工艺过程，才能形成各种形式的文献。剪裁说来简单，实际也是综合性工艺，剪裁到符合理想的样式与规格，没有一定技法和经验是做不到的。装订更是一门大工艺名称，仅书籍就有线装、平装、精装、胶装、骑马钉装、包背装、露背装、旋风装、蝴蝶装、推篷装、五镶装、金镶玉装等几十种装帧方法。装裱也是我国传统技艺中的一枝奇葩，具体有托、镶、覆、砑、装等工序工艺。

第四章　手写字迹的描摹复制

第一节　手写字迹描摹复制通论

一、手写字迹描摹由来与变化

为什么叫描摹？不叫临摹？按复原复制原则，原文献字迹是如何形成的，就用原方法复制。手写字迹是人工书写的，就得人工手写复制。如何手写得与原文献字迹大小形象一模一样，让人分辨不出来。照原文献字迹描写比较容易做到，但描摹不是单纯、随意描写，还要揣摩书写意境，所以叫描摹。而临摹是看着原帖、原字迹，自己琢磨着书写，字体的大小和笔画搭配不受限制，是一种读帖欣赏、学习摹写的行为。其实描摹早就存在了，如一些古人假造名人墨迹，就是采用摘字拓写描摹，只不过没有公开提出来，是一种隐蔽、保密极少数人的行为，不会有什么发展。真正作为一门技艺，成为职务行为，还是在新中国成立之后，进行革命史陈列，为满足陈列展览需要，从档案文献、烈士遗物手迹复制开始的。手写字迹用印刷方法复制的效果不佳，不能给人亲切感、逼真感，进而改为描摹方法。前面谈到工艺方法时，曾说到描摹不同临摹，不能创新、不能随意发挥，只能按照原字迹形影笔画风格书写，达到精、气、神完全一致，确实存在难度，是一项枯燥而深湛、痛苦而美妙的工艺、技艺。现在只有少数人从事这项工作，尚未形成队伍。随着文化大发展、大繁荣将有更多的人，自觉不自觉参与到其中来。

二、手写字迹描摹程序图解

根据复原复制原则和流程图，派生出手迹描摹程序图与步骤：

三分辨──→三选三定──→具体操作←──→整修复原──→验收登账

1. 三分辨

分辨就是分析研究解读文献内涵。分辨一：是哪类、哪种纸张，何年何地出产。分辨二：是哪种手迹，用什么笔具所写，用哪种颜料。分辨三：何人所写，何年何月所写，写时的心境与情绪，以及书写的目的。

2. 三选三定

三选三定就是制订实施复制方案。一是选择纸张，确定纸张品种，是寻找还是制作加工，到什么地方去找，谁去找或制作。二是选用笔具和颜料，确定何处取材。三是选择参与者，确定领衔描摹技师。

3. 描摹操作

描摹复制的通用方法与步骤是，用冷光源复印机印出来的原文献复印件铺在拷贝透视工作台上。然后选择处理过的纸张盖在复印件之上。开启透视工作台灯光，字迹影像透射在复制用纸上。手持选择的笔具，按字迹影像笔画顺序描写。描摹技法所用笔具是不同的。将原文献竖立在透视工作台上，随时观看。遇到复制用纸粗糙不易着墨，或洇化扩散、透射不过来时，要事先进行纸张处理。具体描摹看似简单，真正描摹得逼真是极不容易的。

4. 整修复原

整修复原就是将描摹好字迹的纸张，进行整修、作残作旧，做成与原文献外观一样的形式。这一步是复制品整体与原文献像不像的关键。字迹描摹得再逼真，如果纸张外观的形状、颜色、脏旧残破，纸张的毛病等方面不相像，有差异，复制品就露假，很容易被人识别出来。整修复原是专门技艺，这门技艺还有待进一步总结拓展。

5. 验收登账做复制品标识

复制品完成后，要经过有关人士评估、编号、分类登入账目。主要的是做好复制品标识。评估复制品等级、质量高低、计算成本。每种复制品不是一件，往往在 5 件以上，名称又不易准确统一。为防止重复和混乱，以编号为区分和代称，再登入各种账目。最后必须做复制品标识，标识的种类与材料、样式没有统一规定，要求牢固、不易被毁、遇湿不洇散、不脱落，面积小而易识别，又不影响陈列观瞻。一般采用坚韧而柔薄的小纸片，用可逆黏合剂粘贴在文献背面右下角没有文字的地方，其上写有编号与制作单位等。这是所有文献复制品必须有的复制标识。

三、描摹环境、设备、条件

描摹是颇费心力的工作，必须设置专门的描摹室。室外环境要无高压电、无大的震动源、无风沙袭击、无雷击火源等危险因素存在。室内要求安静、无噪音、无震动，通风设备良好，温湿度适宜。有用作洗墨、调色的洗漱水池，有安全防盗的文件柜。最好选用向阳宽敞的房间。这不仅是为描摹工作着想，关键是为保护文物的安全，描摹时必须摆放、观看原文献。

除有一个良好的室内室外环境，描摹不再需要大设备，除了笔具、纸、颜料、砚台等简单材料和小型器具外，仅需要一台透视工作台和特制小笔床。透视工作台有描图桌、透视台、绘制台、拷贝台等多种叫法，其实就是一个宽大的办公桌。台面上是一块足够大的磨砂玻璃，其下装置各种照明灯具，能够发射光亮，能穿透出纸张上的字迹影像。拷贝工作台对光源有特殊要求，一是要冷光源，含有害射线较少，以防伤害文献和人眼，二是亮度大、穿透力强，均匀可调，三是电压较低，安全可靠，不易爆裂，便于清洁。目前有一款用于古籍修复的拷贝工作台，使用 LED 光源，并且可以将桌面分为若干个区域控制灯光的开启或关闭。每个区域的光照强弱亮度可以分别进行调试，非常适用于文献描摹复制（图4.1）。小笔床，俗称手托、笔托、托腕，类似古代文人使用的臂搁，有托起手腕的作用，以防描摹时腕部蹭墨。制作方法也非常简单，材料与尺寸根据需要而定。只需将一个长条板状物，固定在两端条块物体上就可以了。（图4.2）

图 4.1　LED 光源拷贝工作台　　　　　　　　　图 4.2　笔床

四、描摹者应具备的素质

描摹者的文化素质和道德品质必须达到一定水准，无需再赘述，在具体专业技术上，必须具备以下几点。

1. 对近现代史重大事件和主要人物有较深的了解

现存的近现代文献大多是出自社会上有影响的重要人物手笔，内容记录的是各种事件和人物的活动。熟悉重大历史事件和著名人物才能深刻理解认知解读文献内涵。

2. 掌握近现代文献源流和变化规律

文献种类繁多源远流长，也有一个发展过程和变化规律。掌握了规律，就可以高屋建瓴地拓宽视野，高角度识别认知文献。

3. 要有一定的书写功力

不管使用哪种笔具都能握稳，运用自如。点、提、撇、捺、折、钩、横、竖都能熟练应用。下笔有准，行笔有力，停笔利落，并能掌握笔触的变化与起伏。

4. 能识别基本笔体

描摹者看到原文献，要能识别出字体的源流和特点。属于哪种笔体，哪一流派，有什么特点，在什么心境下书写的，用什么笔具写成的。

5. 有选择原材料及调配颜色的能力

复制用纸相当重要，有的旧纸现在已经绝迹了，要选择用何种纸，如何加工染制。如果原文献纸张与字迹颜色都发生了变化，没有现成的颜色，就需要描摹者自己去调配、染制。

6. 要有书法爱好与兴趣

这一点虽不是技术和能力，也相当重要。其他能力都具备，但不喜好书法、缺少兴趣的人

图 4.3 纸张轧平机

也干不好文献描摹复制工作。

五、疑难问题的解决方略

在描摹过程中，肯定会出现一些疑难问题，这里提供一些解决的简单方法。

1. 复制用纸纸面不着墨不上色

有些纸张由于表面毛糙或过度光滑或有涂层，描摹不上颜色和墨迹。这需要根据实际情况进行特殊处理。对于毛头、元书、东昌、竹纸、草纸，甚至粗宣纸，表面毛糙的纸张，描摹前要用纸张压平机辊碾轧平（图 4.3），压倒压实表面细毛纤维，剔除沙粒疙瘩。或用光滑质密的鹅卵石等，对描摹用纸依次轧压，使之表面光洁。或刷涂一层稀释的淀粉水、胶矾水。对于表面含有油质、蜡质斥水的有光纸、防水纸，描摹前可用棉花蘸吸滑石粉或扑粉在其面上擦涂。如果擦涂不上粉，可以稍微湿润一下，再擦涂。还可以在煤油、酒精内浸泡一下，拎出晾干，再进行描摹。若字数不多且字迹墨色没有太大的层次变化，可先用笔尖在肥皂上搓一搓，然后再蘸墨描摹，同样能克服蜡质纸面光滑不上墨的问题。

2. 描摹晕润笔道颜色滋发扩散

一些生宣纸、毛边纸等手工抄制纸，往往刚落笔写字，字迹笔道颜色就滋发扩散，晕润一片，字迹难辨。对于这类纸张，除染色加胶料之外，还可以在晾干后再刷涂有一定浓度的糊精水、胶矾水或豆浆水等，快速烘干压平。再描摹就不会洇散了。

3. 双面字迹文献的描摹

描摹字迹一般只能单面描摹，双面字迹的描摹非常困难。因为复制品用纸，字迹双影重叠无法辨识。有一些文献是用道林纸、凸版纸等机制纸双面书写的，如日记、手稿、誓词等。遇到复制描摹这些双面字的文献，就要想办法。办法很多，最简单易行的方法是，找寻软质半透明同种薄纸，单页描摹字迹后，两张纸再裱合在一起。当然这其中还会遇到不少麻烦。因为是独有技术，具体实践起来也不容易。描摹双面字文献也可用投影方法，就是将第二面字迹影像，通过光学系统投射在复制用纸的第二面，然后照字迹影像正面描摹。但具体操作比较麻烦，还要照相并运用光学镜头多次反射，而且字迹笔道更易变形走样。

4. 透视不过来的厚纸描摹

在透视工作台上字迹能够透视过来的文献比较容易解决，采用复印件做铺垫底衬，照复印字迹描摹是没有问题的。而对过厚的透视不过来的复制件用纸，就得想办法。经验做法有两种：一是先用同种半透明薄纸，描摹出字迹之后，托裱多层纸张，达到原文献厚度。二是在原复制用纸上，擦涂一些易挥发的煤油、纯酒精，达到一定透明度后再去描摹。还有其他方法，但操作起来比较麻烦。

5. 描摹出错后的涂改

无论何人、何时描摹总不免出现舛误、错字、错写、多笔、污染、脏迹。有时功亏一篑，有时功败垂成，舍弃描摹品实在可惜。想办法涂改，才是正确途径。方法很多，脏、误的情况也不尽相同，简单提几条。如果用铅笔描摹的笔误，那比较好办，用橡皮擦拭就可以去掉，不过要注意擦拭的力度。如果是用钢笔与圆珠笔书写出现的错误，可以用消字灵、涂改液或专门配置的药水去掉（具体配方很多，可参考有关资料）。如果用研墨或墨汁描摹的毛笔字出现多笔、错笔、污迹，那就比较难办，目前还没有有效的去除墨迹良方，因为能使其中主要炭烟完全溶解的物质还没有找到。不过也有一些笨拙的方法，可以根据实际情况小试一下。一是用刀尖剔刮，但需掌握一定力度，以防刮破纸张。二是用橡皮膏、黏性胶纸胶带粘揭，粘揭时要有一定技巧，多探索、试验。三是挖补，将污点、错笔这块面积纸整体挖下去，然后用同种纸补粘上。至于油迹、蜡质污染污迹，可用汽油等溶剂，或者用电烙铁铺垫干净棉纸烫熨吸附，使污染物挥发或熔化分解。

6. 颜料、墨汁变质变色、有异味

一些颜料、墨汁，甚至其字迹，时间一长也容易变质变味，甚至变臭。在配置颜料、墨汁时可以加入苯甲酸钠一类防腐剂。已变质变味的颜料、墨水最好废弃，非用不可，放入一些杀菌剂、除臭剂（具体配方参考《化工材料》）。

7. 笔具滞墨或下水太快

各种笔具滞墨的原因与征状是不同的。毛笔书写常因研磨的墨液较稠、墨汁浓度过大（胶质多）引起，简单稀释一下就能奏效。钢笔墨水不畅多因墨水挥发所致，渣子堵塞了虹吸管与笔尖、笔舌。用刮脸刀片轻轻刮拭笔尖中缝可以解决。如果下水太快太多，是由于储水系统温度过高，大于室内温度，或因钢笔质量太差，内部笔舌通道破损，只好更换有关部件。圆珠笔滞油是常有的事，多是放置时间过长，溶剂挥发，溶质凝固。可以通过加温试一试，不行就废弃，好在成本低廉。

8. 眼睛疲劳发花

描摹者开始描摹，时间一长就会疲倦、流泪、模糊，这是正常现象。这是由于不习惯、不适应，或透视工作台灯光亮度过亮或过暗造成的。只要描摹时，不死盯，做一些眼部闭合活动，时间稍长看一下绿色植物，并调整透视台灯光亮度，过度疲劳时用一点眼药水，可以缓解。

9. 字迹走形形体不像

这是一个复制的技术、技艺问题，难以用几句话说清楚，留待以后再具体介绍。

10. 其他个别难题

以上9点是描摹时普遍出现的通病。描摹过程中，还会遇到一些个别问题。有些个别问题，目前还没有办法解决，因涉及到高端科技问题，例如，字迹化学成分快速识别机理，目前尚不清楚，期待描摹工作者的探讨与研究。

第二节　毛笔字迹的描摹复制

一、充分的描摹前准备

1. 探清字迹源流种类和书写者境况

　　描摹前要剖析原文献，也就是要探清原字迹源流种类和书写者境况，以便掌握原文献字迹精髓。要做到这一点是不容易的。首先要具体分辨出是真、行、草、隶、篆哪一大类中的哪一种流派。大类比较好分，流派难辨。楷书中颜真卿、柳公权、欧阳询的字迹比较好辨认，虞世南、褚遂良等人就不好辨清了。行书中苏轼、黄庭坚、董其昌、邓石如、何绍基、舒同、启功等人的字体，多人熟悉，比较好确认。刘墉、林则徐等人的字体就不好确认了。草字有章草、狂草和今草之分，只知道代表人物孙过庭、张旭、怀素、李北海等古人，近现代人于右任、毛泽东比较著名，草字难识难辨。隶字有秦隶、汉隶和今隶之分，字体好认，难于判定哪一流派，碑帖遗留不少，近现代人用于作书不多。篆字有大、小、古文等体，不好辨识流派。近现代人用篆字书写文献的不多。辨清字体的源流种类是困难的，更何况近现代人随意书写得多，不按章法和规矩。不过各种书体都有一定适用性、约定性，也有一定可寻规则。例如又黑又亮的馆阁体，都是正楷字，呈文奏折必须用馆阁体。书信一般用行书字，少数正楷字。日记和稿件也多是行书。书写格式和行文风格也有特点和变化规律。如1956年前基本上是竖写，之后逐渐改为横写。这些虽不能直接帮助确认源流、种类，但可以从中得到启迪。

　　其次，要断定出原书写者的身份、经历、文化素养、书写时间、书写的环境与心境等情况。这些情况直接影响字迹的形象特点。一般说来，从字迹规范、规矩、章法与书写熟练程度，可以分辨出书写者文化素养、年龄等情况。从纸面字迹的布局、格式、工整程度，可以看出书写时的环境和书写者心境情绪。当环境幽静、心境平和时，写出的字，比较清晰、洁净，尽管有些连笔错字，也是比较清润的。当兴奋、愤怒、绝望、激昂情绪不稳时，写出的字就是另一种征象，潦草、文不断句、涂鸦、笔道横竖交叉等等。描摹者只要认真揣摩，从多方面是可以分析出原书写者的境况。

2. 纸张和笔具的确认与选择

　　如何确认纸张的种类名称，确实是件难办的事情。因为近现代纸张的种类名称太多，没有留下标准纸样，也没有明确划分定名标准。纸张的构成、性能、名称在不断地发展变化。即使同一时期、不同地区出产的同一种纸，物理和化学性能参数相差很多。一个造纸厂家不同时间生产的同一种纸，也变化不小。再加上一些变性纸、改良纸。所以谁也无法准确地确认某纸的名称种类。只能大致地从纸张的外观颜色、质感、平洁度、厚度、重量、透明度、帘子纹疏密程度、拉力强度、吸湿度等方面去考察测试，说出大概的各种类别。在第三章中所罗列的一些常用纸，也只是文字述说，没有纸样，仅起提示作用。

更难办麻烦的是选用同样纸张，时过境迁，许多纸张已经停产了。描摹者和厂家不可能再去制造某种纸张，只能选用现存的一些旧纸。从哪儿选呢？先去售纸商店，尤其被淘汰的旧文化用品店铺。找不到的话再去原造纸厂家，看库存底子，或许有希望。没有希望，就去废品收购站、旧书店，从废旧书刊中找旧书的扉页、衬纸、后封页等空白页。图书馆、档案馆也可以去一下，看有旧存纸张没有。实在没有办法，就得用近似纸张加工替代。

笔具的确认和选用相对简单点，就是大字用大笔，小字用小笔。第三章介绍了一些毛笔的种类与性能。从选用笔具的角度来讲还不够。毛笔除了大小之分外，从使用性能来讲还有很多区别。如构成成分的不同造成了软、中、硬三种挺度，写出的字迹笔道是不同的。选用毛笔不单要符合原书写者的用笔，关键要适合描摹者的用笔习惯特点。这要描摹者自己凭经验去挑选。

3. 复印和调整墨色

复印比较简单，就是用冷光源复印机复印原文献，制得一张复印件。复印件做摹底。复印件不够大时，要进行拼接。拼凑要求平展，字迹图形无叠压重合。

毛笔字迹墨色，除用朱砂写的红字和用染料墨水写的彩色字迹外，用研墨、墨汁和墨盒墨书写的黑色和灰色各有几十个等级。这些可以用灰雾测试仪、测光表、比色仪等仪器仪表查验出来，还可以分析出染色配比。但操作起来比较麻烦，有一定专业性。描摹者不可能掌握和运用这些仪器，只能凭经验通过研磨墨块或调整墨汁的浓度，采取试小条进行比对的方法，来调配、调整墨色。

粗略地将文献毛笔字迹墨色分为正黑、次黑和淡色三个大级别。正黑级，黑又亮的大字，用漆烟墨、油烟墨墨块或现售浓墨汁稀释。加水在砚台内研磨，研磨到蘸墨不掉为度，为防止润化扩散，可加白芨水、桃胶水。亮而黑的小字，可用油烟墨块，墨汁稍加水研磨。次黑级，调用松烟墨块，加水研磨，浓度以纸条蘸之不下泄为止。淡色级，选用松烟墨块研磨，可采用茶水或酒精水溶液。研磨应选用石质细腻且足够大的砚台。研磨前刷洗干净，不能有陈旧墨渍。加水和其他液体的墨要当天用完或以完成一篇文稿为度。顺时针轻力研磨，每分钟五六十圈。随时用小纸条试色。研磨完毕，静止半小时后再使用。墨块用蜡纸或油纸封闭，以防干裂。

其他毛笔字迹颜色的调配如，朱砂红字，可选用朱砂墨块研磨。找不到朱砂墨块，可用猪血加填充料代替。彩色墨写的，选用彩色墨块研磨。没有彩色墨块，可以用广告色加国画色调配。用染料配置的墨水，就不用研磨了，可以选用绘制幻灯片的彩色透明墨水、透明水色，或参考钢笔墨水的调制方法调配。

二、描摹程序与技法

1. 静思默祷进入角色

将透视工作台玻璃擦拭干净，铺上复印件，再将复制用纸蒙于其上，固定压实。把文献原件平放或悬挂在透视工作台的支架上。启动、调整透视灯光亮度，以清晰透视出字迹影像为度。调整座椅高度，双腿并拢坐下，然后静思默祷，恢复到原书写者的心境状态，就像演员进入角

图 4.4　膏墨试笔试纸试墨

色一样，要达到无我境界。琢磨如何用笔，如何书写，以及要达到的效果，字迹形象悬浮在脑海之中，意在笔前。

2. 膏墨试笔验色检纸

膏墨指的是用毛笔蘸上墨液在砚台上搽搽，使笔尖毛顺畅、含墨量适度。膏墨试笔就是在复制用纸的边缘上（一般复制用纸要大于原文献用纸许多）无字的空白地方描画若干字。这是描摹字迹的重要一环，目的明确，一看选用的毛笔合适与否，吸墨能力与弹性硬度是否能满足要求，二验看墨色的深浅浓度，三检纸张的着色能力和其他性能。不合适要及时调整、调配。膏墨试笔对执笔法要求不高，只要握住笔杆就行了，一般是拇指与食指、中指握笔杆。（图 4.4）

3. 规范执笔笔位合度

经过膏墨试笔，墨色与纸张合适后，就可执笔描摹了。规范执笔和执笔位置对描摹字迹相当重要，因为毛笔执笔法和位置都是约定俗成的习惯性动作，原有字迹都是用这种方法书写成的。现今描摹复制也得沿用以前的方法。

对于执笔法，先人们有多种研究论著，形成多种流派，解释也不尽相同，比较深奥难懂。我们将其简单化为握笔指法和握笔位置。握笔指法就是五指并用，各负其责。拇指在笔杆左侧，食指与中指并拢在右侧，与拇指相对。无名指与中指在笔杆下方托住笔杆。拇指主要起横向向右的推动作用，也就是横笔。食指与中指主要起下行作用，负责竖写笔道。无名指与小指除了起托动作用外，负责左行、转向、提笔。五指相互配合，协调一致。唐人陆希声曾将这种执笔法概括为：擫、押、钩、格、抵五字法。握笔位置简称笔位，指的是手指与笔尖的距离。对此先人们还没有明确规定与要求，一般是写大字距笔尖稍远一点，写小字可近一些，也因人手指的长短与力量、习惯而定，描摹时要考虑到这一点。

4. 运笔稳妥行笔合辙

运笔指的是，每种具体笔画的运行顺序，包括起笔、行笔、收笔。汉字的笔画古人进行多种归类，最著名的是永字八法：侧、勒、趯、策、掠、啄、磔、弩，并且有具体解释，难以理解与记忆。近现代将汉字笔画简单地分为，点、横、竖、撇、捺、钩 6 种具体形象。每种笔画都是有一定规律和书写顺序。点，有不同朝向，书写方法不尽相同，向左行笔的点，起笔从右至左，然后反折向下，再向左收笔。横，起笔向左，反转左下，再向右行，转弯又向右。竖，起笔向上，左转下行，反转向右收笔。撇，起笔向左，然后左下斜行，反转向左。捺，起笔向上，后左下向右斜下转笔，再反转向右。钩，起笔斜行往下，至左底右转后下行，再绕圈后，向上提笔。过去通称运行之折法。描摹时要遵守这个顺序。当然也要根据具体情况，不可拘泥此顺序，灵活掌握，稳妥运笔。

行笔指的是，书写过程中的状态和运行节奏。书写每个字的笔画有先后顺序，笔序约定俗成"先上后下，先左后右"。众所熟悉，是符合书写规律和人体生理机能习惯的。好比车辙一样，行笔在车辙之内，要合辙，不合辙就会露假，描摹不逼真。（图 4.5）（图 4.6）

5. 达到形似神通的小技法

描摹者终究不是原书写者，即使原书写者写出的两个同一字，也不会丝毫不差，笔道的形状、粗细、长短，笔画的搭配、距离、角度等总会有细微的差别，所以要求如照片或影印字迹那样刻板、机械一致是不现实的。复原复制的原则要求之一，就是无限趋近原文献。无限趋近的不仅是外形，更重要的是字迹的精气神要贯通一致，也就是形似神通，一看就像原书写者所写。以下一些小技法，可以帮助达到形似神通。

双勾法。字迹形体比较大，笔画比较粗的适于双勾法。先用细尖狼毫小楷，按字体边缘勾画出断续的细线。字迹的总体轮廓出来之后，再在双勾内填墨书写。古人称为响拓，是因为当时没有电力照明，更没有透视拷贝工作台，只能靠中午太阳光照亮进行工作。

微点法。当遇到原字迹笔画较多，也就是笔道由数不清的微小点构成。细致小点有一定规则，形状、大小一致时，特别是一些飞白大字时，可用细小毛锥（狼毫）点描。点描比较费时费工，但效果较为理想。如果细微小点面积过大，点描无法完成，可采用珂罗版印刷方法，非细微小点笔道仍用手工墨写，效果更好。

干蹭法。枯笔较多，干笔锋呈条状虚笔时，可将毛笔蘸饱墨，在废纸上擦去浮墨，待毛笔近于干枯时，按笔道墨迹干蹭。

洇烘法。描摹有洇化扩散痕迹的笔道，可先将笔道主体描摹下来，然后用干净羊毫笔蘸水，在笔道边缘描画，直至墨道扩散到理想程度。

图 4.5 毛笔字迹的描摹复制

图 4.6 1924 年 9 月 20 日，孙中山责令陈青云旅长速放部下强掠民妇事的亲笔信函。上为原件下为复制件。

三、描摹注意事宜

1. 灵活掌握描摹顺序

1956 年前的文献，特别是毛笔字文献，书写读念顺序，基本都是从上至下、从右至左的竖行，极少横行，因为不符合书写规律。1956 年后统一改为从上至下、从左至右的横向书写读念顺序。如果仍然按从右至左的顺序描摹，势必带来不少麻烦。一是手腕肘部遮挡已描摹过的字迹，不便及时观看。二是腕部极容易蹭脏右边描摹过的字迹。为避免蹭脏和书写方便，可以灵活掌握从左边开始，从上至下逐行向右描摹。

2. 新研磨墨液不要马上就用，陈旧宿墨不应当再使用

新研磨的墨液，水与墨还没有充分融合，碳分子与水分子的结合剂胶质还没有完全发挥作用，书写行笔时很容易发涩滞笔或流墨等现象。最好在灯下静止照射半小时醒一醒再使用。陈墨指的是已研磨好使用并超过 24 小时的旧墨液。使用陈墨写出的字迹很容易洇烘，也容易滞笔、跑墨。对于使用剩余的旧墨，应当及时清理冲洗干净，以免干结后会伤及砚台。

3. 毛笔的使用与保护

凡用过毛笔的人都知道，描摹适用于中锋，笔头要大于原书写者用的毛笔笔头。忌用侧锋、小笔写大字。侧锋、边锋字显得偏颇无力，小笔写出的大字软而疲。新笔不宜全部泡开，泡开三分之二就足够了，随着书写次数增多会逐步放开。毛笔用毕，应冲去墨渍，洗涤干净，笔头朝下悬挂晾干。暂时不用的毛笔应置于樟脑盒内以防生虫发霉。

4. 防止墨渍粘连复印件

描摹榜书等大字粗笔道时，用墨较多，墨渍常常渗透到下面的复印件上，与复制用纸粘连在一起，而撕破复制件。为防止此类现象发生，可在复制用纸下边垫铺一张平展的玻璃纸，或者在复印件上擦涂一层滑石粉，还可以用吸附性能较好的手工纸在笔道上轻轻吸撤墨渍，不过要小心笔道滋洇，为保险起见，先在复制用纸笔道上撒些滑石粉之类的细粉。没有采取上述方法而粘连在一起，千万不要强拉硬拽，以免功亏一篑。可用干净的脱脂棉蘸少许清水或纯酒精，在复制用纸笔道上粘连部位轻轻地丑一丑，待笔道润湿后，再轻轻慢慢地揭下。

5. 运用笔托悬腕和防止手腕蹭脏

什么是笔托，前面已做简单介绍，笔托是托起手腕的专用工具。原文献的字迹是悬腕写的，现在描摹起来，腕力不一定稳，为稳妥书写描摹，将手腕压在笔托上就能奏效，只要适当调整笔托的高度就行了。除此之外，笔托还有另一个作用，就是描摹一般竖行字迹时往往会蹭压已描摹过的字迹，用笔托可将腕部托起，手腕就蹭不着墨了。

四、值得深入探讨研究的问题

1. 如何对待前人的笔病

所谓笔病，指的是前人具体书写过程中，出现的不合规范、低劣的病态笔道形象，俗称败笔。

只有毛笔字迹存在，如牛头、蜂腰、鼠尾、鹤膝、竹节、尖棱、折木、柴担等16种形态，一听名称，便可想象出笔道的形象。起笔牛头状，中段像马蜂的腰部，或像仙鹤的膝盖，下垂部像耗子尾巴，横笔一段像一截竹子、菱角的棱状、新断的木头、挑柴的扁担。这些病态状败笔常常出现在先人文献之中。按复原复制原则，应当按原样描摹。如果刻板地丝毫不变地照样描摹，势必损害原书者的声誉名望，也影响描摹者的信誉。因为很容易露假显瑕，一看就知道是低劣的复制品。如果进行美化、掩盖，则违反了复原复制原则，失去了真实性，又有欺骗之嫌。特别是一些著名人物、领导人的毛笔题词、题字，真不知道如何对待，没有良策可循。有待描摹者和爱好者进一步研究探讨。

2. 文献原件字迹描痕严重时如何处理

描痕严重也是笔病的另一种变化形式。为掩盖自身笔道欠缺，才重描加黑的。不过笔道外观形象没有什么舛态，只是每个笔道上重叠墨层较多较厚，远处看分辨不出来，近看或光照就明显地显现出来。照相制版印制出来的字迹无法显现，也比较容易处理。手工用笔描摹可就麻烦了，照不照原样也重描？如同对待前人的笔病一样，处于两难境地。重描是书法的大忌，是书写者一种低水平的表现。如果按原样多次重新加描，极难达到原效果，错上加错。如果一笔下来，倒也容易，没有了重描痕迹，后果隐患更加严重，复制品很容易变为原文献，原文献变成复制品，到时连描摹者也分辨不清。即使原文献有标识，有的也没有办法辨别，极易造成混淆。这个难处，还是请后续描摹者寻求两全其美的办法吧。

3. 照猫画虎还是给予订正

有些毛笔字迹，云谲波诡、龙飞凤舞，谁也认不清是什么字，特别是草书字。在行楷字中，有时虽然笔画清晰可辨，但缺胳膊少腿，偏旁与正体搭配不当，既不是字，也不是自创字，像西夏文字一样。还有些形同义不同、音同字不同的明显错别字。描摹时，是照猫画虎，还是给予订正，实在无法决定。照猫画虎，稍不留神，就会出现可笑的错误，也会使参观者产生误解。给予订正吧！又不知道是什么字，有些可能是暗记暗号，只有书写者与接收者知道。难办呢！

4. 纸病的医治难度更大

近现代文献用纸的瑕疵相当多，说起来有上百种之多。常遇到的有透明点、孔眼、窟窿、沙粒、疙瘩、斑点、褶皱、条痕、草梗、发毛等20多种。原书写者谁也不会顾及这些，拿起纸笔来就写。可描摹复制者可就犯愁了。非字迹部位的纸病好办一些，在整修复原时可以加工。若纸病就在字迹的下面该怎么办，如有个窟窿，补填上字迹就会失真，不补填就会露白点、缺笔断道。有时想补填又不知道具体笔道形象。这虽是造纸技术问题，解决难度更大，特别是榜书、擘窠书等大字。

5. 涉密、隐私或有伤害他人的文字

这不仅是毛笔字迹存在的问题，其他手写字迹都存在，只不过毛笔字迹明显一些，不容易清除掉。有些文字内容涉及机密、隐私、会侵犯他人利益，复制品一旦公开展出，会引起一些纠纷、

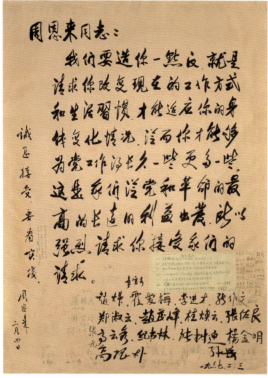

图 4.7　1967 年 2 月 3 日，周恩来总理身边工作人员为提醒他注意休息，张贴在总理办公室门上的意见书；这是一件毛笔、钢笔、铅笔等多种字迹构成的复制件。

图 4.8　常用的几种钢笔字迹摹写笔具

讨债和事端。通常情况下，是由交派复制工作的主管人员解决，用不着描摹者去思考。而在有些情况下，主管人没有发觉、发现，或者只是简单地交代处理一下，而如何处理并没有说。这时候就落在描摹者肩上了。从技术上讲，描摹者可以采取一些方法例如，删节、移行、移位、挖补、虫蛀、遮挡等措施。这就违反了复原复制原则，有篡改之嫌。另一方面又会暴露出新的问题和破绽，带来新麻烦。（图 4.7）

第三节　钢笔字迹的描摹复制

一、笔具和复制用纸的选择与认定

1. 钢笔字迹描摹的关键

钢笔是羽毛蘸水笔、自来水笔、钢尖蘸水笔、玻璃管蘸水笔、钢管绘图笔、鸭嘴绘图笔等吸取墨水笔的代称（图 4.8）。用它们写出的字迹统称钢笔字迹。钢笔字迹除了颜色多样外，在形体、字种、字体大小，笔道粗细变化，书法理论等诸多方面，都比毛笔字迹简单。因此具体描摹起来，也相应简单。关键在于准确选择笔具和调配墨水颜色。描摹者不可能自制笔具，而墨水颜色可以自己调制。

2. 从笔道形象、颜色变化和压痕判断原用笔具

先区分自来水笔和蘸水笔字迹。简单地说，用蘸水笔写字，写十几个到几十个字后，笔尖上的墨水用光了，就得重新再蘸一次。因此，隔几十个字后，字体的颜色开始由浓重逐渐变浅变淡，以至无色。而用自来水笔写出来的字迹，就很少有这种现象，书写几千字始终是一个颜色。

其次细分蘸水笔属哪一种。普通钢尖蘸水笔写出的笔道粗细一致，很少有鼠尾现象。仔细观察可以从纸张背面看到凸起的笔压痕迹，甚至有划破、划透纸张的现象。早期宽头钢尖弹力小，写出的宽笔道中间有空隙细缝。玻璃管圆锥形蘸水笔写出的笔道粗细一致，没有中缝空隙。羽毛笔、芦苇笔写出的笔道粗细一致，没有中缝空隙。羽毛笔、芦苇笔写出的字没有压痕，笔道颜色浓度不一致，经常出现掉水现象，字迹中间有墨点污迹。

再区分自来水笔内的钢尖、铱金尖、金尖、暗尖，明尖等。钢尖属于次等自来水笔，写出的字迹笔道给人一种硬挺的感觉，笔道圆润程度较差。铱金尖和金尖属于高档自来水笔，构造严密，笔尖部圆润细腻，下水均匀一致，字迹笔道显得光滑一致，用显微镜观察，笔道颜色深浅没有变化。自来水笔内的几种笔具写出的字迹是不同的各有其特点和征象。只是没有恰当的语言来描述。需要描摹者实践体会和悉心观察。

3. 通过色标比对认定颜色标号

钢笔字迹的颜色多种多样，有些颜色是无法用语言表述准确的，即使一个红色，也有深红、浅红、品红、豇豆红等几十种之分。为下一步调制墨水打基础，可以采用色标比对法，认定颜色标号。在纺织印染、油漆等行业均有各种色标样品、图册。收集的几百种颜色标号、品级和配比，不妨借用。

二、钢笔用墨水的组成与调配

1. 墨水的成分与使用

关于墨水曾有多部专著介绍，毋庸赘述，只简单地说一下墨水的组成成分。墨水是由染料、胶料、防沉淀剂、防腐剂和助溶剂等组成的。染料是指各种水溶性染料，是墨水的主剂。胶料是阿拉伯树胶，起黏合、防涸散作用。防沉淀剂一般用纯硫酸。防腐剂常用石碳酸。助溶剂用没食子酸较多。

墨水的主要颜色是蓝、黑两色，近现代普遍使用的有些变化。20 世纪初期至 40 年代，以黑色为主，蓝色为辅，在大一些的城市使用进口和上海产的墨水。苏区、解放区使用的自制染料墨水，除黑色、蓝色外，还有甲紫、矾绿、棕红等颜色。50 年代至 70 年代以纯蓝艳色墨水占主体，少量蓝黑色，红色有所增加。80 年代纯蓝色减少，蓝黑墨水占领整个市场，中期黑色碳素墨水多起来。90 年代至今黑色普遍流行。

2. 常见颜色的墨水调配

描摹用墨水量不会大，只要 500cc 墨液也就够了。最好使用蒸馏水，温度控制在 20℃—50℃之间。玻璃器皿要刷洗干净。

蓝黑墨水的配制。鞣酸 11g、没食子酸 3g、纯硫酸 1.5cc、石碳酸 0.5g、硫酸亚铁 1.5g、树胶 5g、蓝黑染料 2.5g、水 500cc。配制时分别将鞣酸、没食子酸、硫酸亚铁溶解在 50cc 水中，然后将三种溶液混合在一起，再加入石碳酸、纯硫酸和蓝黑染料等，最后加入 380cc 蒸馏水冲淡。滤去未溶解的杂质，静放 24 小时即可使用。如果出现涸烘，加入 1.5g 桃胶。

红墨水的配制。一品红 2g、树胶 5g、酒精 10cc、水 100cc。配制时，首先把树胶放在水中溶解，加热至沸腾。再将已溶解在酒精中的一品红溶液，慢慢地倒入其中，不断搅动，使其尽量均匀。

待冷却后，即可使用。

紫墨水的配制。甲基紫染料 2g、树胶 3g、酒精 2cc、水 100cc。配制时，将甲基紫染料溶解在水中，然后加入已经溶解的树胶液。最后加入酒精，过滤即成紫色。

黄墨水的配制。苦味酸 10g、树胶 2g、水 100cc。配制时，先将树胶稍加热溶解，然后慢慢加入苦味酸，搅拌均匀，凉后过滤。

绿墨水的配制。铜绿 4g、吐酒石 2g、水 100cc。配制时，把三种原料混合，加热至沸，搅拌均匀，凉后即成绿色墨水。

上述辑录的是几种常见颜色墨水的配制，但不见得完全符合文献字迹的颜色。因为一些颜色发生了变化，变成说不清的颜色。各种墨水配制的方剂多得很，描摹者可根据实际情况进行调配，还可以去购买绘制幻灯片用的彩色透明墨水进行调制。

三、描摹过程中遇到的几种情况

1. 纸张被划破

这是由于笔尖太尖太涩、有毛刺或用力过猛所致。可以用油石磨一下笔尖，使之圆润光滑，或者在细砂纸上慢慢书写一些字。

2. 钢笔不出水

这是由于笔尖中缝被墨渍堵塞，可用低温水清洗笔尖，或用刮脸刀片在中缝划几下，剔去墨渍即可使墨水顺畅流出。

3. 突然掉大墨滴污染纸面

这是由于蘸水笔蘸吸水太多所致。蘸完墨水，在干纸上膏一膏笔尖上的墨水，可避免掉水。还有是由于自来水笔储水皮囊受热压力过大造成。一是少吸一些墨水，二是将储水皮囊捂一捂，恢复皮囊的弹性。对大墨滴，可用吸墨器或粉笔吸附，底色可用漂白剂清除。

4. 描摹出的多余或错笔道

可以用出售的消字灵、涂改液清除，也可以自制漂白剂。漂白剂的配方很多，最方便、最简单的方法是，先用高锰酸钾溶液氧化多余笔道，涂抹处呈棕色，然后再用草酸溶液还原清除棕色痕迹，纸面干后多余或错笔等笔误墨迹即可消除。

5. 笔道洇烘

笔道洇烘的原因有两个，一是手抄宣纸和毛边纸纸表面粗糙有细微毛刺或孔隙。可以用压辊压一压，或者涂刷一层桃胶水，就能防止。二是墨水防扩散力太弱，在墨水中加入一些桃胶就不会再扩散。

6. 双面钢笔字迹的描摹

纸张双面有钢笔字迹的文献是比较多的，如日记、信件、会议记录等。遇到此类文献可参照通用方法进行描摹。（图 4.9）

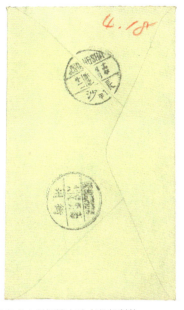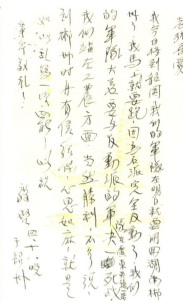

图 4.9　1927 年 4 月，陈毅安烈士致未婚妻李志强钢笔字迹书信复制件。

第四节　铅笔字迹的描摹复制

一、铅笔字迹的色密度等级

铅笔区别于毛笔、钢笔、圆珠笔等手写笔具，不用吸取任何颜料墨水，靠磨损消耗自身物料，涂在纸张表面而形成字迹。在人们的印象中，铅笔是种类少、构造简单、价格低廉用途狭窄的干性笔具，一年级小学生都能熟练使用。复制描摹起来，自然是不费吹灰之力，轻而易举的事情。这种认识有一定道理，但不全面，缺乏深入了解。其实铅笔的种类并不少，字迹色彩多样，用途广泛，规格等级相当多。

在绪论中，曾作了简单介绍。通常将铅笔分为，石墨铅笔、彩色铅笔、特种铅笔、全塑铅笔和混合型铅笔五大类。每类之中又有若干种，普遍用于社会各行业。例如化妆用的眉笔，玻璃陶瓷用的彩色笔，航天用的符号笔等。又例如主要用于书写的石墨铅笔，虽然以黑灰色为主，然而黑灰色却有二十多个等级。红蓝铅笔也十几个颜色差别。彩色铅笔颜色之多更不用提了。这些等级和颜色差别概括为色密度。色密度指的是，单位面积内微尘细末的数量和色彩亮度，用显微镜可以观察出来。目前还不能准确量化，还不能用数字表示出来，只能通过色彩亮度比对加以区别。

要想铅笔字迹描摹真实，就得认清看准原文献铅笔字迹的色密度，以便确定使用哪种硬度等级的铅笔进行描摹。认清看准的比对方法也很简单，就是将 6B—10H 铅笔画出来的图谱，逐条与原文献铅笔字迹笔道比对，选择一支最相近的就是了。红蓝铅笔字迹也通过这种方法认清看准。当然比对也需要一定经验。有时由于纸张与铅笔生产批号的不同，很难找出理想的铅笔，那么要采取措施改变一下。例如以前曾出现一种变色铅笔，写时是黑色，后变为蓝色，或由蓝色变灰色。时间一长又会发生变化，很难找出相同颜色的铅笔。

二、铅笔笔尖角度调整与腕力运用

描摹铅笔字迹过程中，铅笔笔尖逐渐被磨损，变短变粗，尤其是 2B 以上的笔尖，写不到 50 个字，笔道就会变粗。因此要根据原文献字迹的起伏变化进行调整。调治的方法很简单，就是用铅笔刀削制，或者在砂纸上摩擦，削磨到适当的尖度。若笔杆过短，无法握住时，可用套管夹住笔杆再描摹，以免浪费。

在描摹过程中，随时调整腕力，保持笔尖与纸面要有一定的压力，使笔迹压痕与原文献字迹趋于一致。

三、选用高质量橡皮擦涂不宜过力

铅笔字迹另一个显著特点，就是用橡皮可以随时擦涂掉，其他任何字迹都不行。钢笔、圆珠笔字迹只能通过药液溶解，毛笔字迹和印刷字迹是无法清除干净的。目前出产的橡皮良莠不齐、质量差异很大。要选用弹性较强、黏附力大、细腻的橡皮。擦涂着力于笔道上，且用力不宜过猛过大，以防搓薄、搓破纸张。擦涂完碳素铅笔与红蓝铅笔字迹，要在其上轻轻掸涂一层滑石粉，以遮盖擦不净的痕迹。笔压痕迹用骨刀轻砑压平。擦不干净，盖不住笔道痕迹时，可用胶纸粘揭。

四、笔道颜色补救措施

有些铅笔字迹颜色，特别是变色铅笔一类的字迹颜色，无法准确描述，极难找到相近颜色的铅笔。描摹者不可能，也没有能力制作和调配铅笔芯的颜色，然而又得描摹出来。在这种情况下，可以采取一些补救的措施，以达到相近的颜色。补救的方法很多，主要根据实际情况灵活运用，无法一一介绍。通常用的方法有调配各种有色溶液，通过刷涂有色染料、烘烤、烟熏等方法制作复写纸，进行复写描摹，但事先要经过多次试验。（图 4.10）（图 4.11）

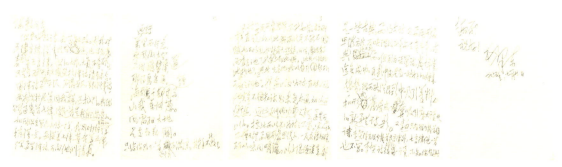

图 4.10　1965 年 7 月，毛泽东致陈毅铅笔字迹书信复制件。

第五节　圆珠笔字迹的描摹复制

一、描摹圆珠笔字迹墨水应当自制

1. 圆珠笔墨水组成成分

圆珠笔字迹的颜色，是由内含墨水决定的。自发明圆珠笔以来，墨水的性能、颜色、构成成分发生巨大变化，出现了统计不清的各种配方，但基本原理构成是相同的。主剂（着色剂染料）+ 溶剂 + 防渗剂 + 保持剂 + 润滑剂 + 表面活性剂 + 添加剂。具体用料千差万别，用量与配比不同。根据溶剂不同，划分为水性、油性和中性三大类别。根据主剂着色染料不同，分为各种颜色的墨水。普通用的是蓝、黑、红三色。三色之中又有多种区别。其他颜色在不同领域行业运用。

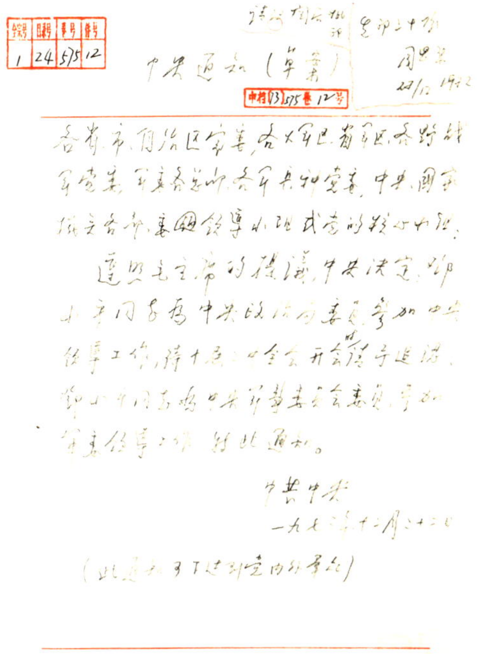

全宗号	目录号	卷号	件号
1	24	575	12

中央通知（草案）

中档(73)575卷12号

各省、市、自治区党委，各大军区、省军区、各野战军党委，军委各总部、各军兵种党委，中央、国家机关各部委领导小组或党的核心小组：

遵照毛主席的提议，中央决定，邓小平同志为中央政治局委员，参加中央领导工作，待十届二中全会开会时予追认。邓小平同志为中央军事委员会委员，参加军委领导工作。特此通知。

中共中央

一九七三年十二月二十二日

图 4.11　1973 年 12 月 22 日，周恩来起草的中共中央关于邓小平参加中央领导工作的通知（草案），铅笔字迹复制件。

2. 描摹圆珠笔字迹用墨水可以自行调配

正是由于配方多而乱，又加之都是实验性用材料，化学性能不稳定，书写时间稍长就会发生变化，变成无法描述的颜色。现在出售的圆珠笔不可能有这种颜色，要描摹这种颜色的字迹，能找到当然好，找不到怎么办？就得自己动手调制、调配。

为什么能自己调配？圆珠笔发明发展过程说明是外行人研制出来的。第一支实用性圆珠笔是匈牙利记者拉迪斯洛·比罗与其兄弟 1938 年制造的，1944 年将发明权卖给美国永利公司。该公司老板雷诺请人进行改良，雷诺叫它“ballpen”意为球笔，后来翻译为圆珠笔。圆珠笔的原理、构造并没有多少变化，变化的主要是墨水。圆珠笔墨水经过多次外行人的改进，成为全世界普遍使用、价格低廉、方便的书写工具。有许多配方和资料，描摹者也不难调配出圆珠笔用墨水。

二、圆珠笔墨水配方遴选

1. 圆珠笔水基墨水配制

①黑色墨水配方

配方为：炭黑 4%、丙二醇 10%、苯乙烯－丙烯酸盐共聚物钠盐（颜料分散剂）1%、乙二醇 5%、交联丙烯酸盐共聚物钠盐 2%、苯酸钠（防腐剂）1%、苯并三唑（防锈剂）0.5%、黄原胶（假塑性赋予剂）0.2%、水 76.3%。

②蓝色墨水配方

配方为：铜酞菁蓝 4%、二甘醇 10%、甘油 5%、苯乙烯－丙烯酸盐共聚物钠盐（分散剂）1%、交联丙烯酸盐共聚物钠盐 0.1%、1,2- 苯并异噻唑啉 -3- 酮（防腐剂）0.5%、苯并三唑（防锈剂）0.5%、黄原胶 0.3%（假塑性赋予剂）、水 78.6%。

③红色墨水配方

配方为：二氢喹吖啶二酮红 4%、乙二醇 10%、甘油 5%、苯乙烯 - 丙烯酸盐共聚物钠盐（分散剂）1.5%、交联丙烯酸盐共聚物链烷醇胺盐 5%、苯甲酸钠（防腐剂）1%、苯并三唑（防锈剂）0.5%、韦兰胶 0.3%、水 72.7%。

以上配方分别经过一定顺序的预制混合、混砂机分散、搅拌、过滤等工序制成不同颜色的圆珠笔水性墨水。

2. 圆珠笔油质墨水配制

①黑色圆珠笔油墨配方

配方 1：轻油（沸点 180℃ — 290℃）26% — 50%、顺 -1,4- 聚异戊二烯 15% — 26%、炭黑（粒径 5 微米）8% — 19%、脂肪酸 4%。将上述物料按比例混合，使黏度达到要求即可。

配方 2：直接黑（粒径 0.01 微米 — 0.03 微米）7.8%、乙二醇 30%、五氯酚钠 0.1%、阴离子表面活性剂 0.1%、水 62%。将乙二醇和水在容器中搅拌混合，搅拌后依次加入上述物料，常温下搅拌 2 小时即可。

②蓝色圆珠笔油墨配方

配方为：蓝色可溶性染料 30 份、苯氧基乙醇 25 份、苯甲醇 15 份、烷酮树脂 25 份、羊毛脂脂肪酸聚氧乙烯甘油酯 5 份。制法：将上述原料在容器中混合后，在 80℃下加热，搅拌均匀并过滤除去沉淀，在 50℃ — 60℃下贮藏 30 天即可用于灌装圆珠笔芯。

③圆珠笔用紫胶油墨配方

配方为：炭黑 10%、丙二醇 5%、乙二醇 15%、紫胶 2%、乙胺 20%、阳离子表面活性剂 0.1%、乳化剂（931）0.1%、氯酚钠 0.1%、水 47.7%。制法：将上述物料在容器中混合，用球磨机研磨即可。

3. 可擦性圆珠笔油配制

①黑色可擦性圆珠笔油墨

配方为：炭黑和酞菁蓝（4:1）14%、合成胶和天然胶（4:1）12%、高沸点溶剂（沸点 >300℃，如三苯酯）36%、低沸点溶剂（沸点 <180℃，如脂肪族溶剂）35%、润滑剂（硬脂酸等）3%。

②蓝色可擦性圆珠笔油墨

配方为：酞菁蓝 15.4%、合成胶和天然胶（4:1）13.4%、高沸点溶剂 37.4%、低沸点溶剂 30.7%、润滑剂（硬脂酸等）3.1%。

③红色可擦性圆珠笔油墨

配方为：艳红 (6B)16.5%、合成胶 14.0%、高沸点溶剂 4.0%、低沸点溶剂 23.5%、润滑剂（硬脂酸等）6%。

可擦性圆珠笔墨水是指在书写后 12 小时至 24 小时左右用普通或专用橡皮可以擦除墨迹，重新书写，不影响视觉效果。两天以后墨迹逐渐与纸质纤维交联固化，就无法再擦掉，且耐晒、耐潮、不褪色。

圆珠笔常用墨水的配制方法有很多，随着社会的发展进步配方、加工工艺也在不断变化，各个时期各厂家的配方也不尽相同，有些还属于专利，因此上述遴选的配方，传抄或许有误，也可能是厂家有意隐匿、藏有玄机，仅供参考。具体配置操作一定要参阅有关专业书籍。

三、描摹与配置障碍

1. 无法避免的浪费与消耗

描摹圆珠笔字迹所用墨水，充其量也就 20g—50g 足矣。而实际调配起来，最少也要 100g，否则无法配制。有的试剂实用量太少，没有又不行。剩下的墨水如何处理？当然可以多灌装些圆珠笔笔芯，供其他书写用。但颜色不时毪，谁也不愿用，只好被遗弃，浪费不可避免。

再说购买用量极少的试剂，成品包装最少 500g，一买就是 500g，可是只用几克。剩余的也只能是过期废弃了。

2. 圆珠笔芯管及其灌装

圆珠笔是用笔芯管储存墨水的，不同于毛笔、钢笔。笔芯管是专业厂家批量生产的，描摹者无法自制。调配好墨水之后，还要灌入笔芯管内才能进行描摹。笔芯管只有去选择现成的。一是去生产厂家，选择笔尖（钢球直径）粗细一致的空心管，二是用医药注射器吸取调配好的墨水，注入选择的圆珠笔芯空管内，即完成灌装。

3. 圆珠笔写不出字迹

质量次的或者搁得时间长的圆珠笔，常常写不出字迹，出现不下墨水现象。原因有二，一是笔尖失去钢球滚珠。二是墨水过稠，渍住滚珠，使其不能转动。失去钢球滚珠的圆珠笔只有遗弃，维修得不偿失。渍住滚珠的，可通过加温烘烤，或用温水、汽油、煤油等溶剂浸泡一下，再使用。如果还不起作用，只好废弃。

图 4.12　上海市民杨燕秀记录的家庭收支明细账簿圆珠笔字迹复制件

4. 笔头滋油漏水

　　质量不合格的墨水，常常出现滋油漏水，污染字迹。目前还没有解决的好办法，可更换墨水或者加入防渗剂，但费时费力，效果也不见得好，只好另换圆珠笔笔芯。

5. 在蜡质、油质纸张上书写

　　圆珠笔忌讳在蜡质、油质纸张上书写，笔头球珠上的墨水与油质、蜡质融合，会导致写不出字迹来，甚至弄坏钢球滚珠。如必须在蜡质、油质纸张上用圆珠笔进行描摹，办法有二，一是变通办法，先在净纸上描摹，然后再浸蜡、油质；二是先在蜡纸、油纸上擦涂一层滑石粉，后用电熨斗烫平压实，再进行描摹。（图 4.12）

第六节　复写字迹的描摹复制

一、复写字迹描摹的先决条件

1. 性能良好的复写纸

　　人所共知，复写纸俗称拓蓝纸、誊写纸、印蓝纸，是用硬笔尖或（打字机）轻钢字打印的一种蜡质颜料加工纸。成本低廉，使用方便，为快速扩大传递文字信息做出了贡献。主要用于抄写和誊印多份文件。（图 4.13）

　　要逼真复制描摹复写字迹的先决条件之一，就是要获得性能良好的、符合要求的复写纸。优质的复写纸表现在如下几个方面。第一，复写纸纸张薄而坚韧，复写 25 次至 30 次没有变化。第二，复写纸涂层平滑、熔点高，不致因气温变化而变软变黏。第三，笔道笔压处脱色力强，笔道清晰，颜色一致，麻点空隙小，而非笔压处颜色不掉。第四，一次复写可以透过 5—10 张纸。常用复写纸有黑、蓝、红三色，根据需要可以制成各种颜色。复写字迹的缺点是容易挥发掉色，

图 4.13　渐行渐远的普通复写纸

变为不纯正的中间色。因此，不符合褪色字迹颜色的复写纸不能使用，要另行制作。

2. 笔尖硬度和弹力适宜的笔具

要逼真复制描摹复写字迹的先决条件之二，就是有笔尖硬度和弹力适宜的笔具。凡是尖硬的铁笔、铅笔、钢笔、圆珠笔、竹签等都可以用于描摹复写。关键是要看准原文献是用何种笔具与何种硬度的笔尖书写而成。这就有一定难度，非有实践经验不可，文字是无法描述的。开始不妨找来几种笔具试一试，看其效果有何不同。用铅笔书写的笔道坚实有力，笔压痕迹明显。但铅笔书写一般会出现麻点空隙较多，尤其是 HB 以下的铅笔。所以使用铅笔描摹，应随时调整铅笔尖的尖度和粗细程度。钢笔书写的往往笔道之间有一道缝隙。圆珠笔书写的笔道圆润，笔压痕迹较轻。

二、复写纸的制作

1. 复写纸的种类与成分

复写纸也不是简单一个品种。按用途来分，有专门书写的普通复写纸，仪器记录用的复写纸。按材料构成分，有无碳压敏复写纸，压感型复写纸，显色型复写纸，隐形复写纸等。由于过去文献是由普通复写纸书写的，因此我们这里只介绍的是人们普遍印象中的复写纸。

普通复写纸的纸张是用龙须草和化学木浆合成制作的，薄而坚韧。白度为 55%—65%，重量 $13g/m^2$—$17g/m^2$，厚度 22um—28um，吸油量 $3g/m^2$—$4g/m^2$。

普通复写纸上的涂料，主剂为各种颜料和染料（品蓝、普蓝、品红等），连接料为各种蜡质（骨胶、松香、石蜡等），溶剂为油类（油酸、硬脂酸、松节油、蓖麻油、动物油脂），填充料为石膏粉等。

2. 复写纸涂料配方与制作

配方 1：印刷油墨（与颜料和染料同色）5 份，石蜡 3 份，松香 2 份，油溶性颜料 20 份，牛羊脂 30 份，松节油 40 份。

将油墨、松节油、松香、石蜡混合加热溶化后，加入颜料和染料，搅拌均匀。用排刷或滚筒刷涂布在薄纸上，悬挂晾干。

配方 2：氧化铁红粉 60 份，熟石膏粉 30 份，骨胶 5 份，水适量。

用适量热水将骨胶溶化，滗去浮渣。再用刷子刷涂在复写用纸上（两面都刷）。然后将氧化铁红粉与熟石膏粉混合用棉纱包起，在刷有骨胶液的纸上，反复拓扑混合粉，拓扑均匀不粘时，即成红色复写纸。

三、复写字迹的描摹过程和方法

1. 没有复印件之前的方法

描摹复写字迹，不能像毛笔、钢笔、铅笔、圆珠笔等手迹那样使用光照投影直接描摹。要

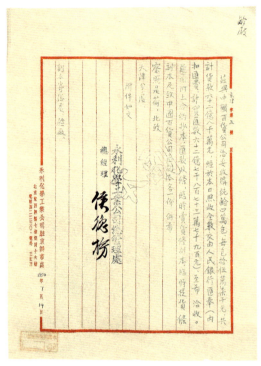

图 4.14 《永利化学工业公司总管理处收购纯碱给天津分处函》复写字迹复制件。

有一个中介转移过程，即第一步制作描摹样稿。将透明玻璃纸铺在原文献之上，用毛笔描摹出字迹影像。或用其他韧性薄纸，在透视工作台上，照原文献描摹出字迹影像。两者相比，用玻璃纸比较省时省事，效果也好些。在没有玻璃纸的情况下，只好用其他纸张代替了。如果玻璃纸和其他纸张不着墨，用毛笔描不上字迹，可以先用滑石粉擦涂一下。第二步将复制用纸铺在桌面上，中间放上复写纸，把描摹样稿放在复写纸上，压平固定。然后用尖硬笔具，照纸张上的字迹影像逐笔逐行顺序拓写，并随时参考原文献。这种方法简单易行。不足之处，就是笔道容易走形变态。

2. 利用复印件做描摹底稿

自从复印机普遍使用之后，制作 1：1 描摹底稿，使文献的描摹复制方便快捷了许多，而且提升了字迹笔画的准确程度。将复印件盖在复写纸之上，下铺复制用纸，三张纸平整固定之后，就可用尖硬笔具照复印件的字迹，逐笔逐行、从左至右、从上至下地拓写。如果用硬性铅笔拓写，随时注意笔尖的尖度，按需削磨铅笔。（图 4.14）

第七节　指墨、板书字迹的描摹复制

一、指墨、板书字迹描摹前的准备

1. 制取假指甲和木板

指墨是用指甲和手指蘸吸墨液书写出来的字迹，无论哪个手指的指甲都有四度——厚度、宽度、长度和弧度。这四度决定了笔道的粗细和形象状态。因此在描摹前，就要凭经验测定原书写者指甲的四度。最理想的是，制作一个假指甲，套在手指上去描摹。可惜的是制作一个类似戒指形状的指甲套，太费劲太费时了，描摹者个人没有办法完成。简单易行的办法是，选择已废弃的最厚的电影胶片、制版片、X 光片，剪裁制成四度、大小相同的指甲套，捆绑在手指上。胶片的弹性、吸墨能力，下水程度等各种性能接近指甲，四度可以任意调节。

板书是手持板状物书写出来的字迹。同样道理，在描摹前要选择宽度和厚度相当的木板、竹板或其他板材制作书写工具。

2. 颜料、染料和色彩的调配

指墨和板书字迹多是艺术品类的美术字体，样式新颖，曲线较多，色彩绚丽。所使用颜料、染料并不规矩，随意取用。水溶、油溶、醇溶，有机、无机，甚至用矿物型的红土粉、植物果汁等。指墨是以黑灰色为主调，其中掺杂着多种颜色。因此在描摹前，要仔细辨认原来所使用颜色，以便进行调配。

二、描摹并非轻而易举

1. 描摹技法不同于普通笔具

使用笔具拓写描摹，特别是毛笔字描摹有很深的技法，世代相传，形成了一套完整系统艺术。而指墨与板书的技法无人相传、相继承，描摹技法更是前无古人，完全靠个人实践摸索。在笔道上下运行，左右转向，钩提撇捺等方面完全不同于笔具的使用。而且指墨与板书也各不相同，臂力与腕力的相互协调，腕力与手指的关系，目前还找不出规律。许多环节还是不清楚和盲目的。

2. 无法准确地控制下墨量

钢笔、铅笔、圆珠笔、签字笔等不存在控制下墨量问题。对于毛笔的下墨量，书写者要经过多年摸索才能控制。而下墨量的多少与快慢，直接影响字迹笔画的形状，掌控不好就会走形变态。原指墨与板书的书写者不必考虑下墨量的多少，随意蘸墨信手运行书写。而描摹者要追求与原书写一样可就难了。因为手指、指甲和木板吸墨量无法与毛笔相比，下墨量更是难以控制，势必造成笔道变形走样。

3. 假指甲与手指变换描摹

原书写者指甲与手指同时并用，共同完成书写。描摹者手戴假指甲（套）就不可能同时并用。用手指时就得摘下假指甲（套），需要时再戴上假指甲。描摹一个字就可能变换几次，描摹效果可想而知，不单耗费时间，也影响笔道的形象。

用木板描摹也一样，虽不用变换假指甲与手指，也要不断更换木板。原书写者可以随意转换木板的角度，角度一变，笔道就会变窄变细了。描摹者无法变换角度，只能另换比较窄细的木板。如未准备同等窄细的木板，就得重新制作木板。一个字可能要用五六块宽窄不同的木板书写。

三、描摹后的修正方法

1. 用细小油画笔补色、填缺

无论是指墨还是板书，描摹出来的字迹与原文献相比，总是有缺笔断道、折痕色差、走形变态等症状。可以用细小的油画笔蘸吸油画色、国画色、水彩色等进行描绘修正。描绘要逐层加深，蘸墨、颜料要少要浅。遇到较长的曲线，可用管状绘图笔沿曲线板或软尺加描。

2. 加重加深复制用纸的底色

描摹出来的指墨或板书细微枯笔和过渡层次，与原文献有明显差异，无法加描修正。可以利用三原色原理，用刷涂、烘烤、熏蒸等方法加重、加深复制用纸底色，消除色差，造成视觉错误，掩盖瑕疵。

3. 修补瑕疵的绝招

当描摹出来的指墨或板书出现瑕疵且在重点部位，无法加描补缺。加重底色也无法掩盖时，可以采取剔刮挖除的方法，将瑕疵部位去掉，其形状，可做成鼠咬、虫蛀、烧灼、腐蚀等非人为损坏状态。还可以用重色污染、油渍污迹、鸟粪污物等进行遮盖。按复原复制程序，这本应是在复原整修作残作旧阶段做的事情，而原文献上本没有这种情况，只好由描摹者提前制作。虽然有点违反复原复制原则，但效果较好，也就不必计较了。

第八节　血书字迹的描摹复制

一、血书的描摹要用血液

1. 采用血液描摹是无奈宽容之举

血书的描摹要用血液。这不是一句废话，也不是死板刻薄的话，而是一句无奈宽容的话。按复原复制原则，应当用人的血液，而且要原书写者的血。这能办到吗？退一步讲用后人的血液，也不容易达到应有的效果。人血的血型、血浆、血清、红白细胞、血小板、蛋白质等成分并不完全相同。凝固度、亮度、黏度等性能差别也相当大。正是由于难以完全达到应有的效果，所以才采用宽容的态度和要求，没有限定为人血，笼统地提出是血液就行。除了人之外，几乎所有动物都产生血液，而且大都是红色的。这样血源就扩大多了。采用动物血液描摹字迹，尽管会受到责难产生异议疑窦，有亵渎神灵之嫌。但陈列展示出来，不至于显露出假象破绽。任何颜料、颜色、染料都难逼真地显现血液的表象和特点。当然还要尽最大努力争取能采用人血。

2. 另辟蹊径寻觅血液

为什么要另辟蹊径寻觅血液，道理极其简单。人的血液之间差异小，基本性能一致，能够真实地反映出原血书的本真特点，不至于露出不是人血假象。但人血难求，无偿献血去救命，会有不少志愿者涌现。如果要人无偿献血去描摹字迹，恐怕无人响应。所以没有办法通过无偿献血取得，就得另辟蹊径去觅寻。

二、血液的采集与调配

1. 存留查体血液

每年都要抽血检查身体。最好选用描摹者的血液，由于用量不大，50cc足矣，因此，可在检查身体抽血时，多抽一点静脉血，冷冻存放起来，以备后用。

2. 医务部门寻余血

医院采血部门会有化验用过的余血，放血治疗流出的废血，透析反流的残血，伤病者的出血。当描摹急需，而又无备血之用时，可以去医务部门寻求这些余血，经过一些技术处理，消毒杀菌灭害之后，就可使用。

3. 用动物血代替

实在无法获得人血，又特别急用时，可以采集动物血。经过处理调整黏稠度后就可用手指蘸吸描摹了。

4. 用颜料、染料配制

在描摹面积大字迹多，又不是近距离面对观众的血书。由于用量较多，可以采用配制颜料、颜色获得。配制血色并不难，关键是配制出像血液一样的亮度和鲜度，就需要一定技术。

三、进入状态从容应对

1. 模拟试验获取有关信息

用黏稠度、浓度近似血液的红色桃胶水，取50cc放入小碗内。先用食指蘸吸少部分，在复制用纸上进行描摹。通过模拟试验，获取描摹一份原稿的大致用量，以及是哪个手指所写，找到颜色变化规律等有用信息。

2. 进入状态一气呵成

将彩色复印件铺在透视工作台上，在彩色复印件与复制用纸之间，加铺一层透明玻璃纸，压实固牢。调整透视工作台灯光亮度，洗净手掌手指上的桃胶水。按照试验获得的用血量，倒入容器中。静坐数分钟进入状态，手指蘸吸血液，进行描摹书写，一气呵成。

3. 检查修正弥补差异

血书复制份数不宜过多，两份足矣。残品要及时销毁。血液渗透到玻璃纸上，会粘连玻璃纸，不要硬拽，用湿棉花在玻璃纸下面湿润一下再揭开。局部笔道亮度不够，或发黑亮，可用毛笔蘸浓桃胶水补描加重。断道空白，可用毛笔蘸血液补描。容器中的剩余血液要清洗干净。（图4.15）

图4.15 徐特立断指血书字迹复制件

第五章　印刷字迹的复原印制

第一节　复原印制程序与通用技术设备

一、印制程序与步骤

1. 制取复原印制印版

平、凸、凹、漏等印刷字迹的复原复制，首先要通过各种方式、技术、工艺和设备器材，制成合格适用的各种印版，不一定完全照袭、沿用原有的方法和技艺。概括起来可以分为以下几步。

第一步，通过照相制取原文献字迹的影像底片。影像底片种类型号多种多样，有干片、湿片、硬片、软片、阴图片、阳图片、硬性片、软性片、银盐的、非银盐的。专门用于拍摄文献字迹的制版照相机种类样式也不少。操作起来需要一定的理论和技术。拍摄一张底片要经过曝光、显影和定影三大过程，药物、温度、时间掌握不准，就要出废品。

第二步，准备所用的材料。作为印版用的原材料，铅、锌、铝、镍、尼龙、塑胶等都是特制专用材料。除了现在通用的预制感光版材（PS版材和树脂版材）外，基本上都是无涂层白素板，要经过一番技术工艺处理，多数要涂布一层感光剂。感光剂的成分结构相当复杂。涂布感光剂也要经过技术培训。材料的准备需要实践经验。

第三步，将影像底片蒙在版材上晒版。这要在暗室、专用晒版机上操作。把已涂布感光剂的版材放在晒版机框架内，再把影像底片蒙盖其上，压实固牢。然后开启晒版灯，进行强光照射。照射时间、强度都有一定标准，必须掌握准确。晒版的目的，就是通过光照引起版材感光剂内物质的化学变化，使版材成为准印版。

第四步，准印版显影，腐蚀处理成为印版。准印版取出之后，放置在已配制好的药液中显影，使字迹笔道或阴或阳地显现出来。经清洗处理后，再放入腐蚀液中进行腐蚀。腐蚀液的成分和作用多种多样，主要是去掉感光层中不需要部分。最后通过一定方法和药物除掉固化在版面上的感光层物质（有的可能要保留），使准印版成为正式印版。

2. 走墨、续纸、开印

走墨、续纸、开印说来简单，实际操作起来，也相当麻烦，又不同于印刷行业的大批量生产。且各种印刷机的具体操作规程也不尽相同，简单归结起来，分为四步。

第一步，调整印刷机，配制油墨和备齐复制用纸。印刷机的规格型号繁多，各种印版所用的印刷机也不同，必须选择适用的印刷机。印刷机正式使用之前，必须进行调试。调整转速、压力、输墨能力等，以使油墨均匀受力在复制用纸上。油墨的颜色和性能必须与原文献字迹颜色一致，因此调配油墨也是一项有难度的技术工作。备齐复制用纸也不那么容易，有些纸张现在已经停产，有的纸张不能用现代印刷机印制，有的纸张要经过技术处理才能印制。在现代印刷企业，调配油墨和准备纸张由专门人员去做，操作印刷机的人只管操作印刷机，其他事情不用管。对于文献复原复制工作者来说，这些事情都要自己去做。

第二步，挂版、开机、走墨。把制好的印版固定在印刷机滚筒或版台上，俗称挂版。挂版也有一定规程。先将印版用清洁液清洗干净，印版双面不能有任何水渍气泡或是脏物。然后再固定到印刷机上。启动印刷机，让水辊、墨辊转动，搬开油墨闸口，让油墨流到墨辊上，待油墨均匀，再将水辊、墨辊落在印版上，开始走墨。

第三步，挂挡开印。印版走墨均匀着墨后，在上复制用纸前，先用几张废纸试印。搬动印版闸开始供纸试印，印版与废纸接触，使印版上的字迹笔道接触油墨翻印在废纸上。摘挡停机看一下印制效果，如果墨色均匀，无大毛病，即用复制用纸正式印制。

第四步，印后检查。本应在印完试验用纸后进行检查，但因检查项目较多耗费时间，停机时间又不能过长（仅一两分钟），迫不得已检查只能在印完后再进行。好在复制印数有限，几分钟就能印完。除了要检查字迹的颜色光泽、墨迹薄厚、笔道粗细、纸张的平整度等项之外，还要重点检查测量印制规矩及规矩线，目的就是使整篇字迹在纸张中的位置准确。多数文献是多色多字种的，一种字迹一种颜色就得进行一次印制。一次规矩不准，就会造成前功尽弃。所以在印制之前要在印版上或纸张上做好规矩线。规矩线样式不统一，根据实际情况而定，有的确实不好定。如有的纸张在印前与印后纵横方向的长度发生了变化，且变化是没有规律的。又如有的纸张遇潮收缩严重，一粘油墨起褶皱。

二、印制通用技术概略

为让读者概念清晰，减少文字叙述。现将平、凸、凹、漏四种印刷过程中的通用技术，从原理、操作和方法概略介绍一下。这些是通过理论知识和实践总结出来的经验。掌握和了解了通用技术，复制工作者就可以去具体实践。欲想深入理论探讨，请参看有关专业论著，每项通用技术都有几本厚厚的书籍。至于非通用的专项技术，留待具体印制中给予介绍。

1. 照相制取感光片技术

　①制版照相机和感光片的种类与沿革

前面曾谈到制取感光片要用制版照相机。制版照相机是与照相机的发展而扩展来的。从最初的小孔成像开始，逐渐演变成相当规模的现代化系列产品。样式由单一的卧式，发展为吊式、立式、旋转式，以及各种奇特的样式。由手工操作转变为全自动，只要编程序，输入计算机，很快就能得到理想的感光片。体积大小各不相同，小的不到帽子大，大的超过10m。据有关资料统计，全世界制版照相机有几百个型号。

制版照相用的感光片，也是由最初的无色玻璃板做片基，先涂布感光液，制成感光版，马上照摄曝光、显影、定影而形成感光片。因为整个过程在液体中进行，故称为湿片。由于湿片要配制感光液涂层，需要用几十种药物，各种药物纯度和性能要求相当严格，很难准确把握，成功率相当低，拍摄一张版至少要 45 分钟，从感光范围讲属于色盲片，只感受白光，又要用剧毒氰化钠。到 20 世纪 60 年代末，玻璃干片面世后，湿片被淘汰。玻璃干片比湿片进了一大步，干燥的玻璃片基上由厂家和使用单位，已经涂布了一层感光液药层，到时可以直接拍摄，经显影、定影而制成。玻璃片基虽然干燥平展，但裁剪、装版很不方便。随后改为轻质、能弯曲、易裁剪、薄软的塑胶一类材料代替，开始是硝酸基胶片，以后是醋酸基胶片，现在普遍是用尼龙一类的材料。使用方便快捷、感光范围宽广、种类型号齐全，用于各行各业，成为理想的感光片基。

②适用于文献复制用的照相机和制版感光片

20 世纪 60 年代的文献，基本上是经过老式照相湿版和干版制造出来的。复制这些文献按理还应运用这些设备，而实际根本找不到，也不知具体是哪一种型号的设备。即使找到也难以掌握使用。根据多年经验，选用一台普通的四开卧式手动制版照相机就足够。不过有些要求，如镜头焦距 45cm，复消差程度高，能挂三棱镜，风冷氙灯，皮腔伸缩通畅，架体平稳，机身能转动 90°。这些部件可去大型印刷厂购置被淘汰的机器。制版照相用感光片，我们当时选用的是中国乐凯胶片集团第二胶片厂（河南省南阳市）出产的正色特硬片（SO）和全色特硬片（SP）。这两种感光片反差系数、密度、感光度、灰雾度、解像力等指数都能满足复制需要。

③具体拍摄操作顺序

第一，配制显影液、停显液、定影液

显影液的配方与配制，米吐尔 5g，亚硫酸钠 375g，对苯二酚 45g，碳酸钠 150g，溴化钾 50g，水 5000cc。在水温 52℃— 55℃ 条件下，先将 200g 亚硫酸钠放入水中溶化，再按顺序将其他材料分别溶化在水中，搅拌均匀，密封静态放置在 20℃— 22℃ 室内。

停显液，醋酸 240cc，水 5000cc，混合。

定影液配方与配制，甲液亚硫酸钠 190g，醋酸 587cc，硼酸 94g，钾矾 190g，水 2500cc；乙液海波（硫代硫酸钠）750g，水 2500cc，使用时将甲乙液混合。

关于各种药物的性能与作用，请参看有关专业著作，这里不再赘述。

第二，调整照相机和灯光

将镜头擦拭干净，调整像距与物距的关系，通常是 1∶1，镜头焦距的两倍。开启两侧灯光，与被拍摄文献成 45° 夹角，使灯光均匀照射在承载物框架上。光圈大小可根据实际情况调整，一般选择 F32 — F45 之间。调整完毕关掉灯光、闭合快门。

第三，裁剪小条进行试验

显影液、停显液和定影液放置在暗室之内，室内空气洁净，保持在 22℃— 25℃。照相机调整好之后，将原文献夹放在承载物框架上，开启灯光，按动快门，从毛玻璃上观看成像效果。如果成像清晰合乎要求，即可关闭灯光、快门。在暗室内先裁剪一定长度和宽度的小条感光片，置于像架框内进行试验。这是稳妥安全的一招，可避免造成损失与浪费。

第四，掌握拍摄曝光时间

曝光又称露光。就是开启灯光和快门，让文献字迹的影像，通过镜头投射在感光片上，让感光片受光发生物理化学反应。关键是掌握好曝光时间。曝光时间是由光照强度、感光片的感光度与光圈大小等多种因素决定的，可以计算出来。重要的是要通过实践总结。因为一些因素是变幻不定，没有准确数值。一般曝光不超过一分钟。用裁剪的小条先做试验，这是掌握曝光时间的好办法。注意的是，直接拍摄文献时，要用冷光源。

第五，浸泡显影，定影冲洗

将已曝光后的感光片小条放入显影液内。显影液的温度控制在20℃。浸泡4分钟至6分钟之后，捞出放入停显液中，摇动20秒，再置于定影液中浸泡5分钟至8分钟。

第六，冲洗晾干，观看效果

定影时间到了，从定影液中取出小条感光片，用流动清水冲洗。主要是为清除感光片上的药物杂质。一般冲洗20分钟后取出，晾干或吹干。晾干挂吊时，要注意感光片的纵横方向。纵横方向的伸缩不一致，往往出现字迹笔道变形。晾干之后，就可以开启灯光察看感光效果了。如果密度和透明度等多项指标符合要求，那就说明曝光时间、显影时间准确，就可以正式拍摄了。如果不符合要求，那就要重新调整。

照相制取感光胶片是项专门技术，即使专业论著也不可能把所有细节都论述到。再说有些细节和经验是很难用文字表达清楚的，复制工作者需要通过实践认真体会。

2. 烤晒烂制版技术

①烤晒烂是制取印版的通用方式

烤晒烂是烤版、晒版和烂版的统称。烤版，又称烘版，指的是在金属（锌、铅、铝、铜及其合金）特制版材上，涂布感光层，然后烘烤干燥，使其成为能晒版的版材。晒版指的是将制得的感光胶片蒙盖在已干燥的金属版面上，进行强光照射，使版材上的感光胶层发生光化反应，字迹笔道部分硬化（或非笔道部分硬化），变成不能被一般溶剂溶掉的胶体物质，然后再进行烂版。烂版实际上就是腐蚀，用药液腐蚀溶化掉感光层上的非固化部分，使字迹笔道充分地显现出来，从而制成印版。

烤晒烂版是平凸凹漏印版的通用技术。只不过涂布感光胶层药物成分及比例不同，涂布方式不完全一致，阴阳反正形式不一样，烤晒时间有差别，腐蚀所用药有区别。不过基本原理和操作过程是一致的。

②烤晒烂版基本过程和技术要求

第一，配制感光胶层液

感光胶层液的成分各不相同，所用药物有30多种。举两个最常用且最简单的配方：一是平版阴图蛋白版用，干蛋白21g，重铬酸铵7g，氨水4cc－5cc，净水500cc，在室温20℃状态下，用净水分别溶化干蛋白和重铬酸铵，用时混合在一起，搅拌过滤。二是阳图平凹版用，聚乙烯醇 75g，重铬酸铵 220g，分别用 1000cc 水溶化过滤，用时混合在一起。

第二，清洁金属版面

将磨制好的、表面砂眼密度深浅合乎要求的金属版面，用醋酸、硝酸、明矾、硫酸、重铬酸盐等浓度为 2% — 5% 的稀释水溶液刷洗清洁，吹风晾干。各种版面用药配比不同，浓度不能超过 5%。

第三，烘干涂布感光胶层液

涂布感光胶层液是在专用烤版机内进行，由手工持器具或机器自动浇涂。要求是均匀、薄厚一致，厚度在 0.02mm — 0.06mm，没有任何气泡，干湿程度一致。浇涂需要一定技法。这种技法难以用文字表述，有很深的数学和物理知识。机器的转速、胶液的浓度与下浇流量之间的函数关系，尚未测定清楚。完全达到要求很困难。只有在实践中去积累经验。

浇涂完感光层胶液，即可进行烘干。烘干的温度和时间，也是无法统一规定的。一般控制在 3 分钟至 5 分钟，温度控制在 45℃ — 55℃。

注意，配制感光胶层液和涂布感光胶层液要在暗室安全灯下进行，不能见白光。

第四，强光源照射晒版

在暗室中，将已摄制合格的感光胶片，蒙盖在已干燥的金属版面上，置于专用晒版机框架之内，压实盖平。开启强光源照射。强光源有日光、碳精灯、碘钨灯、高压氙灯、高压钠灯等。现在日光已经无人再用，碳精灯也被淘汰了。目前普遍用风冷氙灯和钠灯。不管用哪种灯，只要照度、光亮、功率、射线成分等达到要求，能使露光部分感光胶层固化就可以了。因为晒版的目的，就是使强光照射引起感光胶层物理和化学反应。使见光部分固化，成为亲油斥水物质。对于照射时间没有统一规定，也是无法规定的，最长达 12 分钟。这要根据具体情况而定。强光照射时，可戴墨镜随时在旁边观测露光部分感光层颜色变化。一般情况下，颜色变深时，即可关闭光源，完成晒版。

第五，显影腐蚀溶掉未固化胶层

从晒版机中取出金属版面。有的需要擦涂一层油墨、药液、药粉，就是所谓显影，然后置于水溶液之中。有的不需要显影，直接置于水溶液之中。水溶液的成分多是酸性腐蚀剂，能溶解未固化感光胶层，也称为烂版。烂版完毕进行冲洗。至此印版制作完成。

3. 用印刷机印制

用印刷机印制的程序与步骤，在本节已经作过简略介绍，这里不再重复。不过要说明的是印刷机多种多样。早期的多是全手工、半手工操作，机器也没有定型，由非专业部门生产制作。所以印刷机操作程序与步骤，不可能完全一致。特别是动力系统，有脚蹬、手摇、牲口拉动、水力、蒸汽机等做动力。这种情况在没电地区存在相当长的时间。现在这些机器基本被淘汰了，无法寻找。现在复制印刷也不可能再用这些原始印刷机，只能选择目前社会上流行、适用的印刷机。

三、通用印刷设备与器材的选择

1. 选用通用印刷设备与器材的原则和出发点

从实际出发，从实用出发。复原复制文献的实际是，印刷原文献字迹的特点，种类多，字迹构成复杂。载体所用纸张杂乱，又是用多种型号、种类的印刷机印制成。但文献复制不是商品化的批量生产，最多也就印制百余张，时间要求也不紧迫，所以不可能也没必要购置那么多设备。所谓从实用出发，就是一机多用、一物多用。只要能适应同一功能、作用的机器，而且结构简单、操作方便、成本低廉、体积小、维修便捷、节能环保、无噪音、易于寻找，不一定追求全面自动化、数字化、高速度、最先进的机器。没必要追求小而全，有时也需要借助社会力量去完成复制品的印刷工作。

2. 购置打样印刷机

关于制版照相机、晒版机、烤版机、腐蚀机的要求，前面也作了简单介绍，不再赘述。在此重点介绍一下印刷机的选择。无疑，原印迹文献都是由各种各样印刷设备印制成的，没有用打样机印制的。顾名思义，打样机是用来印制样品用的，其单独成为一种专用设备时间较晚。打样机结构简单、操作方便、印制速度很慢，印制一张成品要五六分钟。它的功能主要是检验印版质量。一块印版制成之后，先在打样机上印制样品，查看效果。如果不合格还需修改。如果合格各方签字，方可上快速印刷机正式印刷。打样印刷机特别适于文献复原复制使用。

为什么不选用高速自动印刷机，原因很简单。一是高速印刷机为保证走墨均匀，需要消耗大量好纸做试印，才能达到正常值。二是高速印刷机要用质量较好的机制纸，一些手抄纸使用起来非常麻烦。文献复原复制常用的宣纸、毛边纸、元书纸等很容易被碾碎混入油墨，塞住机器。三是高速印刷机一机一种颜色，要想改变颜色，清洗一次也要几十斤溶剂（汽油一类）。打样机就避免了这些问题。打样机采用手工续纸，什么纸都可以，甚至是木板、棉布。换一种油墨颜色也不需要太多溶剂清洗，而且可以随时停机调整。

打样机的规格型号多种多样，使用最多最广的是平版打样机和凸版打样机，凹版与漏版打样机用途单一。作为文献复制用，有一台平凸版共用的四开半自动打样机就足够了。所谓半自动就是人工续纸，印版与纸张直接接触。手工可随时调整滚筒与印版的距离和压力。油墨与水分大小也由手工调整，每印制一张成品过程需要两分钟。

3. 油墨的选配

随着技术进步，油墨的种类、组成成分、性能等都在发展变化。其种类有专门的研究和生产单位，品种齐全，性能优异，用途广泛，已经形成系列产品。即便如此也不一定有完全适用文献复制的油墨。所以说印刷原文献的油墨大多已停产，复制文献通常要选用或配制。复制文献油墨的配制在颜色、比重、着色力、透明度、细度、流动性、黏度、触变性、干燥性、耐抗性等方面，尽量接近原油墨。原油墨的这些性能可以凭经验或是查资料获得。现代油墨与原油墨一个最大区别是，为适应快速大量印制需要快速干燥，现代油墨速干剂用量大、黏度大。原油墨一般干燥慢、黏度低。原油墨配制时，颜料多用天然矿物颜料，少用或是不用有机染料。连接料多用松香、虫胶等天然树脂，多用亚麻油、桐油、菜籽油，少用或不用化工合成产品。辅料中的填充剂和干燥剂，多用中性不易发生变化的物料。平、凸、凹、漏四种印版所用油墨的成分配比与性能各不相同。选用与配制要具体参阅有关资料。已经失传的资料上或现在查不到的，如珂罗版用油墨，以后进行具体介绍。

第二节　平版字迹重新印制的方法与过程

一、石印字迹印制方法与过程略述

1. 原始方法印制过程

①专用药纸、药墨制取方法及版材

药纸又叫转写纸，起转写作用，是石印专用纸，目前市场脱销，需要自制。制法是选择半透明韧性纸张，一般 40g/m² 打字纸，用排笔均匀刷涂一层下列溶液：

桃胶水（阿拉伯树胶，浓度为波梅 9° — 10°）	100cc
面糊水（浓度为波梅 8° — 10°，精白粉）	150cc
甘油	5cc
清水	250cc

涂刷后晾干，药膜朝里卷起，不要受压，放在干燥处。

药墨又称汽水墨，也是石印专用品。过去文化用品商店有零售，现已停产，用者自行配制。配制方法如下：

羊脂（绵羊尾巴提炼）	50g
转写墨（胶印专用转写墨）	150g
蜡	20g
树胶（阿拉伯树胶）	35g

混合后溶化，最好水炖。冷却后固定成长条状，用蜡纸封好。用时在冷水瓷盘中研磨。

印版可用锌铅皮、锌铝板、比利时人造石、磨砂玻璃（10mm以上厚度）等材质，但表面需要经过研磨处理。

②印制程序步骤

第一步，用药墨、药纸描摹原文献字迹及图案

把药纸平铺在原文献复印件上，开启透视工作台灯光，用毛笔蘸吸研磨的药墨汁，按原文献字迹描摹。要求描摹准确逼真、着墨均匀、浓度适宜，墨色不可太重。药墨研磨时，一定要在冷水瓷盘内轻磨细研，不可起泡。研磨好后静放半小时，待水油充分融合后比较好用。

第二步，将药纸上的字迹反转在印版上

这个过程简称为落版、压版。就是用机械压力将药纸上的字迹转压在印版上。技术要求比较高，操作也比较细致。先把药纸固定在一张厚纸上（一般采用掇针刺孔的方法固定），然后药膜字迹向下翻铺在已经潮湿的印版上，最后用石印机或打样机的辊子，反复加压，使药纸上的字迹全部脱落在印版上。揭走药纸和厚托纸后，如果字迹脱落不整齐，可用毛笔蘸吸药墨液进行描摹补填。补填要谨慎，因为是反向字。

第三步，擦胶换墨修正

待字迹印版干燥，擦涂一层浓度为波梅20°桃胶液。擦涂要轻，不可伤害字迹。吹干或放置使桃胶液彻底干燥后，再用棉布涂布下列黑油液：

土沥青粉	60g
汽油	500cc

或

土沥青粉	500g
油酸	50g
苯	1000cc
松节油	3000cc

黑油液在要干未干时，将印版放入清水中浸泡几分钟，清洗掉桃胶液与黑油液，使字迹全部清晰显示出来。如果有多余的笔道，可以用腐蚀棒（一种专用修版用品）蹭擦掉。如果有不足和断道部位，可用毛笔蘸吸黑油液补填。至此印版制作完成。

第四步，配纸上机走墨印制

将制好的印版固定在石印机或平版打样机版台上，启动墨辊走墨，待油墨走匀，所有字迹

都粘吸上油墨后，铺上复制用纸，然后施加压力，字迹全部粘吸到复制用纸上。掀揭开复制用纸，一张印制完毕。开始印第二张，要先用干净湿棉布擦洗版面，使版面普遍均匀潮湿，走墨时非笔道部分（空白部分）才不粘吸油墨，从而保证没有脏迹。

2. 阴图照相制版印制方法和过程

①摄取合乎要求的阴图感光片

将原文献置于制版照相机框架内，采用 SP（全色特硬感光片），或 SO（正色特硬感光片），裁剪成适当尺寸，卡夹在暗框内。对好光圈，开启灯光曝光。经显影、定影、水洗、干燥，制成合乎要求的阴图胶片。如果采用纸张与印版直接接触的直印法印制，也就是不经过橡皮布转印。照相曝光时，就要在镜头上套挂三棱镜，才能摄取阴图正像片，只有印版上的字迹是反向字，从而印件上的墨迹才能是正向字迹。直印法印制的字迹笔道不容易变粗膨胀。如果采用胶版打样机印制，就不需套挂三棱镜了。不过字迹笔道容易臃肿变粗。阴图片要求反差大，透明度高，密度值也要大。

②配备感光印版版材

印刷版材有多种，作为石印字迹重新印制，可以选择 PS 版和现制阴图蛋白版，两者都能达到石印字迹效果。

PS 版即预涂感光印版，有阴图和阳图两大类型。复制文献印数较少，选择阴图 PS 版就足够了。阴图 PS 版操作相对简单一些，版面上已经涂布一层复杂的感光胶膜，拿起就用，方便可靠。

现制阴图蛋白版，需要涂布一层以蛋白为主体的感光液，烤烘干燥后，在两小时之内晒版使用。本章第一节曾提到感光液的配制和烤烘过程。阴图蛋白版的制取比 PS 版要麻烦些，但比较容易掌握，感光迟钝，宽容度较大，成本低廉，使用过的印版经过重新磨制后可以重复使用。

③晒制成印版

在暗室内，将涂有感光层的版材（PS 版或现制阴图蛋白版），置于晒版机框架内，上铺摄制好的感光胶片，开启灯光，进行晒版。晒版的光亮与时间，要根据实际情况而定。

晒版完毕，还要进行技术处理。PS 版要置于下列配方的显影液之中：

配方一		配方二	
苯甲醇	15g	苯甲醇	10g
异丙基萘磺酸钠	5g	硝酸钠	10g
硅酸钠（40%）水溶液	5g	异丙基萘磺酸钠	5g
水	975cc	硅酸钠（40%）水溶液	20g
		水	955cc

PS 版在显影液中浸泡几分钟后捞起，用湿棉布擦洗版面，字迹全部显露出来。如果有脏迹、未感光的胶层，可用下列除脏剂清除：

配方一		配方二	
二缩三乙二醇	14-18 份	二缩三乙二醇	15-20 份
硅石粉	2-6 份	硅石粉	5-10 份
丁酮	5 — 10 份	丁酮	15-25 份
氢氟酸	0.12-0.18 份	磷酸	0.3-5 份
二甲基甲酰胺	5-10 份	染料	0.5-2 份
染料	0.5-2 份	水	2 — 7 份
环己酮	10 — 14 份		

如果有连接断道、空隙窄缝等需要补修，可用毛笔蘸吸下列溶液补填描画。

间甲苯酚甲醛树脂	7g
乙二醇独乙醚	15ml
碱性艳蓝	微量

晒版完毕，阴图蛋白版在字迹部位重点擦涂沥青 200g、汽油 200cc、松节油 150cc 的混合液。稍干即擦涂一层滑石粉，要均匀满版，然后放入 25℃ — 35℃温水中，进行显影。半小时之后捞起。再用湿布擦掉未感光固化的蛋白液胶层。字迹笔道已经固化，成为能粘吸油墨的物质。刷涂一层桃胶液，进行保护。

④印制时注意版别

印版制好后，就可将印版置于石印机或胶印打样机版台上，洗去版面保护层胶质、走墨、续纸、加压印制。应注意的是，在石印机上印制，需要反向字迹的印版，正向字迹印版在石印机上印制出的文献就会是反向字。胶印打样机，正反字向印版都可以用。不过在运用反向字印版时，墨辊走墨后，要将纸张直接铺在印版上，橡胶滚筒不粘墨直接压印纸张，把印版上字迹反压在纸张上。胶印打样机运用正向字印版就比较简捷了，只要将纸张放在纸台上，墨辊走墨后，橡胶滚筒粘吸油墨，将字迹反转在纸张上。对于正向字版与反向字版，社会暨印刷界都比较陌生，没有形成明晰概念，很多人不知，往往理解错误。因为只有凸版铅字和木刻版是反向字，石印版是反向字，这些印版已逐渐被淘汰，取而代之的是平版胶印是正向字。一个印刷单位基本上使用一个版种，或正向字，或反向字。综合性印刷单位并不多，若有内部也会再分。（图 5.1）

二、胶印字迹重新印制应注意的几点

1. 重新印刷流程图示

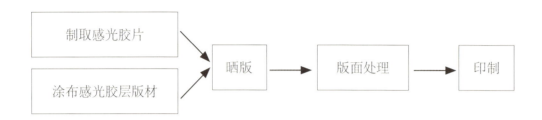

胶印字迹重新印制的具体操作过程，完全等同于石印字迹重新印制的方法——阴图照相制版印制法，故而从略不叙。

2. 不能使用没有处理过的手工土抄纸

原胶印字迹的载体纸张都是拉力较强的机制纸，即使近年来有些土抄纸，也是经过刷胶压平等处理过的。因此选配复制用纸时，不能选用没有经过处理的土抄纸、宣纸、毛边纸、东昌纸等。自动续纸胶印机根本不能使用这些未经处理的纸张，手工续纸打样机可以用土抄纸。但没有经过处理，纸上有许多沙粒、草梗杂物，会损坏滚筒橡皮的。

3. 挂网印制时，一定要对准目屏角度

目屏或称网屏、网线。原胶印字迹及人像照相图形，有的有丰富的过渡层次、深浅变化，是通过网点的形状与密度表现的。网点是由制取感光胶片时，目屏造点形成的，网屏角度决定网点的形状。在重新制取感光胶片时，网屏角度一定要与原字迹人像的角度一致，否则就会出现乱点，层次不清，假象环生。

4. 去掉原胶印字迹污迹

原胶印字迹载体纸张上，常有头发丝、指纹、麻点、漏缝等形状的污迹。这是由于原制版环境不佳，感光胶片粘吸脏物造成的。重新拍摄感光胶片，在修版时一定要去掉这些污迹。去掉这些污迹，是一项细致的工作，方法很多，但不能伤及字迹。

5. 照相分色先取主色调

原胶印字迹往往是双色、多色、彩色的，在照相分色时先取主色调。所谓主色调是指占

图 5.1 应用石印技术印制的 1942 年陕甘宁边区生产展览会奖状复制件

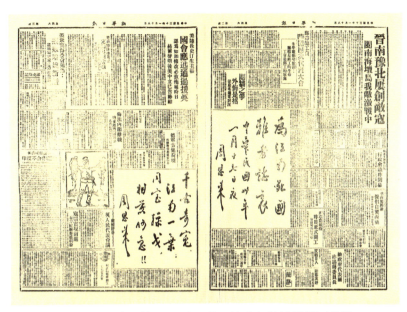

图 5.2　应用胶版印刷技术印制的 1941 年 1 月 18 日重庆《新华日报》复制件。

整体面积最多最重的色调，一般深红、黑色较多，黄、淡蓝、粉色较少。当黄、淡蓝、粉色作为主色调时，要加用滤色镜，利用三原色原理加减光色。这当然需要一定的理论知识，拍摄者可以参阅有关专业书籍。

6. 印制时先印浅淡色

遇到多色印版套印时，先印浅淡色，最后印黑色。先印浅淡色可以取巧，或大或小，宽容度较大，深颜色可覆盖。这也需要一个安排，就是利用三原色原理，能简略的就简略，能省事的就省事。若对三原色原理有兴趣，可查阅相关专业著述。

7. 定准规矩线

单印一色，规矩线还不重要，双色套印规矩线不准，颜色套不准图像就是虚的，多色就更不用提了。规矩线有多种形式和做法，常用双孔十字线。可根据实际情况，做出适用的规矩线。（图 5.2）

三、珂罗版字迹重新印制的要求

1. 珂罗版印品的独到处与重印程序

珂罗版印刷盛行于 20 世纪 50 年代前，主要是印制名人墨迹和古旧书画。因为操作过程复杂，技术性强劳动强度大，印刷速度慢经济效益低。自从挂网彩印现代技术兴起，珂罗版印刷不适应现代商品化生产，逐步萎缩到没有几家能承印珂罗版印品，而被社会淹没。

拂去历史尘埃，珂罗版印品印件能够留存下来，成为珍贵的文献，就是因为有其独到之处，可以达到其他印品达不到的高度。能像照片一样逼真、准确、精细地反映出过渡层次变化，而没有网点。尤其是对名人墨迹和古旧书画，如同直接写画的一样，没有一点印制的痕迹。凸版、凹版与现代胶版彩印也能表现出层次变化，但需要挂网印刷，而且印品上有网（目）点。层次变化是通过网点的形状与密度反映的，总是有印刷感觉。并且不能在宣纸、毛边纸等手工抄纸上印制。

现在重新印制珂罗版字迹的过程并不复杂，类似照相制版复制，图示如下：

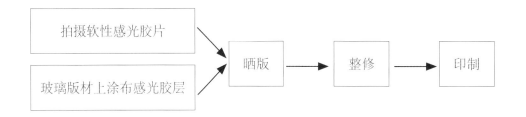

因为现在还不能数字化操作，也没有文字总结。具体实施起来完全凭经验和技法。一些材料的特殊需求已经失传，只能从原理和现象上进行分析推测。具体操作到何种程度和水平，要在实践中摸索。

2. 软性感光片拍摄的特殊要求

珂罗版晒版印制需要反差较小，层次变化丰富的正像、原大阴图感光胶片，这区别于其他印刷用感光片。为此要把握如下几点。

第一点，制版照相摄取感光片时，镜头上要套挂三棱镜，才能拍摄出正像片。如果不套挂三棱镜，拍摄出来的感光片要进行复杂精细的翻膜处理。套挂三棱镜对焦与用光也会出现一些偏差。翻膜很不容易成功，可按如下方法试一试。

翻膜操作过程：

感光胶片经显影、定影冲洗完毕后，在药膜面涂一层明胶(10%浓度)。涂布要均匀无气泡，晾干备用。将彻底干燥的感光片置入10%甲醛溶液中10分钟，取出用水冲洗。再浸入50%碳酸钠溶液中10分钟，取出用水冲洗。然后泡入2%硫酸溶液中10分钟，捞起冲洗干净后沥去水分。最后将一张同等大小的素白透明度好的干胶片，蒙在其上压平，使之充分结合在一起。用尖锥或刮脸刀片剥起感光片上的药膜一角，小心地揭下感光胶片的片基，药膜就反转在素白胶片上了。

如果实在剥离不完整，是单色(一种颜色)字迹，可以不用剥离，采取后晒方法也可以。就是药膜面朝上，不与版材感光胶层直接接触。这种处理方法晒制效果可能要差一些。

第二点，如果印迹是双色时，要用标准的分色滤光片进行分色。分色感光胶片出来后，要经过技术性修版，就是将分色片上重复的部分修掉。操作者要有一定艺术修养和笔功基础。

第三点，选用全色软性片(PC)，不能用硬性反差大的感光片，显影液要用超微粒显影剂。米吐尔1.25g，亚硫酸钠15g，几奴尼1.25g，硼砂10g，溴化钾0.25g，加水至1000cc。显影时间8分钟至12分钟。

3. 特殊印版版材和感光胶层涂布

珂罗版的印版，不是石头，不是木板，也不是丝网，更不是金属板，而是透明的脆性玻璃。

玻璃厚度为 10mm-15mm。玻璃要有一定弹性，不易断裂。一面要经过金刚砂磨制，磨砂微孔相当精细，并能含吸一定水汽。过去普遍用比利时特制玻璃，国产玻璃吸墨能力欠佳。

涂布感光胶层的配方与工艺更是区别于其他印版。

第一步，在磨砂玻璃表面铺一层底子，也就是结合液。结合液的配方有多种，普遍采用的是，啤酒 50cc，水玻璃 (5% 硅酸钠水溶液)50cc，明胶 4g，铬明矾 2g，水 300cc。先用少量水将明胶与铬明矾溶化，然后与啤酒、水玻璃溶在一起过滤。在 20℃室温内流铺在磨砂玻璃表面，晾干。

第二步，配制感光胶液，涂布在有底子的玻璃版材上。感光胶液的配方南北不同，有十多个，没有统一的配方。公开登载的配方是，进口英国明胶 100g，重铬酸钾 (分析纯)15g，重铬酸铵 (分析纯)15g，硝酸铅 (分析纯)0.83g，无水乙醇 15cc，安息香酊 6.3cc，蒸馏水 1000cc。在暗室内，先用少量水炖热溶化明胶，当明胶达 60℃ -65℃时，陆续加入其他药品搅拌均匀，放置到 45℃ -50℃。将感光胶液倒在涂布底子的玻璃版面上，一定要涂布均匀、薄厚一致，然后绝对水平地放置在 45℃ -50℃烤箱内烘干。

4. 分步、多面、多背景光源晒版

将修整合格的感光胶片，蒙盖在已经干燥的玻璃版材上，置放于晒版机框架内。先在一般室内灯光下，曝光 10 分钟至 15 分钟。仔细观察感光胶层的颜色变化，稍有变化即开启强光源灯光 (过去用碳精灯，现用高压氙灯、钠灯、汞灯)。光源色温要达 5000k，照射时间根据光亮照度而定，一般 7 分钟至 8 分钟。手触晒版机框架玻璃有一定温度时，即关闭强光源灯光。在晒版期间随时调整晒版机内压力，以防版材爆裂。

关闭强光源灯光后，稍等几分钟，待晒版机框架凉下来之后再开启晒版机框架，取出玻璃印版。有时感光胶片与玻璃版材粘连，不可强撕硬拽，可用湿棉花润一下再揭。玻璃印版面朝下支起，背面露见自然光 40 秒至 60 秒，进行背晒。背晒之后，将玻璃印版翻起，面朝上放入黄铜片衬里的木盒内水泡一小时，溶掉感光胶层内的铬盐，使感光胶层近似透明。再捞起水洗，用海绵擦拭干净。擦涂一层润湿液 (水 40cc，甘油 60cc，食盐 3g，氨水 2cc)。至此，珂罗版玻璃印版制作完毕。

5. 用特制油墨与手工走墨印制

珂罗版是靠感光胶层的硬化程度来黏附油墨的。硬化程度越大，膨胀就越小，皱纹越多，吸收水分就少，黏附油墨就多。油墨必须适应版面的性能需求。油墨中的颜料是纯油溶性的，不能有水溶性的染料存在。油墨中的连接料是精炼的猪油。猪油能与硬化的胶层紧密结合，也能充分融合颜料，这些是其他树脂做不到的。油墨中的辅料是聚合干性油。由于仅有一两家工厂专门制作，现已停产，具体配方和工艺已失传。需要时再另行研制。

珂罗版印制，还需要凭经验手工走墨。多次试验用机器墨辊走墨都未成功。手工走墨很特别，黑色油墨必须用反面牛皮墨辊才能着墨，一般胶辊很难黏附。红、蓝、黄色油墨可以用胶辊。新手操作上墨有困难，需要摸索一段时间才行。（图 5.3）

图5.3 1965年11月25日，周恩来为美国进步作家安娜·路易斯·斯特朗举行八十寿庆宴会，这是应用珂罗版印刷技术印制的请帖复制件。

第三节 凸版字迹几种重印技术比较

一、重排铅字印制难以摆脱的困境

1. 铅字断源难以满足需要

重排铅字印制过程，说来相当简单，就是按原文字顺序，逐个在字架上挑拣出来，组合在一起拼排成印版，上铅印机或凸版打样机印制。这是最原始、最便捷的复制技术。可实际情况难以兑现，主要是铅字缺少，没有来源了。

铅印技术在中国盛行了近二百年，承印了大量报刊、书籍，为传递信息做出了卓越的贡献，其他印刷技术无可比拟。而盛行的同时，一些弊端暴露出来。铅字排版，俗称热排版，要用巨量的铅字。铅字主要由金属铅高温熔化浇铸钢字模具制作出来。铅字有毒伤害人体，高温熔化铅的气体，严重污染环境。制造铅字的过程也相当麻烦，速度相当慢，周期太长。随着科技发展和人们认识能力的提高，特别是随着电脑制取汉字形体的成功，PS版的普遍运用，铅印技术与铅字排版开始萎缩。到20世纪末，很少有部门再保留和运用铅字排版技术了。铅字基本上断源了。制作铅字的辅助设备被淘汰了。（图5.4）

不用说现实，即使在盛行时期也难以满足复原复制铅印字迹的需要。一是，第一章曾提到铅字字体繁杂，字体型号多。通常用的就有宋体、仿宋体、魏碑体、黑体、牟体、楷体、隶体、篆体等十几种字体，每种字体又有1号—7号大小不同的字，还有不常用的各种符号和外文字母。

二是，每单个铅字要存有50个—100个单字备用，有时还不够一篇短文用的，例如"的"字，一篇文章不知用多少次。没有的字，就要现取钢字模上铸字机铸造。没有钢字模或用量少的字，就得人工去雕刻，雕刻铅字是要技术与技能的。三是，字型在变化，同一字体字号的同一个字，也因地区、时间不同，而不会完全一致。最明显的是几次繁简体的变化。历史文献是不同时期、不同地区形成的文字印件，字型、字体多种多样，任何一个铅印部门都很难凑齐。

2. 招数施尽也难凑齐

在运用重排铅字印刷文献过程中，通常要绞尽脑汁想尽办法"制造"缺少的铅字。除了雕刻解决燃眉之急，仍难以凑齐"缺字"。在这里写下来供复制工作参照，或许有些收益。

剔除法，就是剔除有关笔画。通过推头、卸肩、断尾、束腰等手段，形成另一个字。例如，推头，推掉"方、卖、夫、正"字的头部，变成"万、买、天、止"字；卸肩，卸去"往、巳"字左肩，成了"住、已"字；断尾，切断"钾、皂"字的尾巴，就成了"钿、阜"字；束腰，束去"茶、粟、余、刺"腰部，就是"茶、栗、余、刺"字。

拼字法，就是将两个铅字各裁剪开两半，或者磨掉一半，两半拼凑在一起，形成另一个铅字。有左右拼、上下拼和套拼。例如左右拼，取"付、杜、附"左边偏旁，再取"靖、洞、抗"的右边主体，左右合起来就是"倩、桐、阮"。上下拼，由"禁、埀"上下部形成"埜"字，由"星、竖"上下部合成"昱"字，由"棠、贤"上下两部凑成"赏"字。套拼，"间"字的日字去掉，换上王字，成了"闰"字。但操作起来不容易。

图5.4　20世纪40年代初，晋察冀画报社铅印车间拣字排版。

奇形怪状铅字排列形式的排法。过去有的文献铅字字迹的排列样式为圆弧形、三角形、圆形、椭圆形、双曲线形、螺旋形等。照这些形式用铅字重新排版是相当困难的。但有简捷的方法可以解决，这就是采用同铅字字肩等高的木板，从中间锯成所要的形状，夹缝中填排铅字和铅空。为防脱落用黏合剂粘住铅字后再加木楔塞实固定。

即便想尽一切办法，解决"缺字"，有的生僻冷字，如且、夵等字还是无法解决。只好求助照相烂版法和感光树脂版法了。（图5.5）

图5.5　应用铅字印刷技术印制的天津觉悟社出版的《觉悟》第一期复制件。

二、木刻字迹重新雕版刷印

1. 木刻字迹运用木刻雕版优于活字印刷

印刷术是中国四大发明之一。印刷术主要指的是，木刻雕版刷印术。虽然以后出现泥活字、木活字、铜活字和瓷活字组成印版印刷，并引领启迪了西方铅印技术的发展。但适用的范围和数量还是木刻雕版为先为主，起着主体作用。这是因为在科技不发达的年代，雕刻一块印版要比拣排活字方便快捷得多。活字排版最大优点是一个活字可以反复运用多次。这种优点并没有带来多大益处，反而因为不容易固定住，给刷印带来麻烦。而且一篇稿件文章中有多少同一个字，不可能一个字有几百个活字。预先准备不够需要现制作。木刻字还好办可以马上雕刻。瓷字、泥字、铜字可就难制作出来了，要经过成型、烧制。木板整版雕刻，在这一点上要比活字排版方便多了。不管同一个字有多少，只要描绘出来，就可以雕刻出来。这也是木刻雕版普遍大量运用，成为主流印刷技术的具体原因。

木刻雕版是现代凸版印刷的鼻祖，凸版印刷的重要组成部分。现在复制，当然还得用这种传统技术，结合复原复制原则和实际，做一些改进是必要的。

2. 重新雕刻木版刷印的过程和步骤

第一步，选择雕刻印版版材。木刻雕版刷印版材要求木质纹理细腻不易干裂，膨胀系数较小，有一定弹性和吸湿能力。符合这种要求的有黎木、枣木、樟木、黄杨、银杏、皂荚、苹果等木料。经过劈料、水泡、烘干等技术处理后，裁锯成一定厚度的木板，正面磨制出一定光洁度和细度，就可做木刻印版了。

第二步，用药纸和药墨描摹原文献字迹。描摹字迹可采用石印字迹描摹用的药纸和药墨。用毛笔或鸭嘴笔蘸吸药墨描摹。不同的是，木刻字迹多仿宋、宋体字，横平竖直、横细竖粗。徒手用毛笔不容易描摹挺直，使用鸭嘴笔更符合实际一些。

第三步，翻拓药纸上字迹于木板面上。将木板表面用湿布擦拭几遍，当水分要干未干时，把描摹好药纸面朝下，平展无褶皱地铺在木板上。然后用平直有弹性的胶辊，加力反复滚压，使药纸上药墨字迹全部黏附在木板上。轻轻揭去药纸，药纸呈白色最好。

第四步，精工细作雕刻成印版。用刀、錾、凿、铲、刷等工具，剔除字迹的非笔道部分，使字迹笔道高出非笔道部分 2mm - 3mm，笔道的剖面成正梯形最好。这是个细致的技术活，字迹走形不走形，关键在于雕刻者技术的把控。

第五步，涂抹颜料墨液，铺纸刷印。用专用工具毛刷、布团等，蘸吸已配制好的颜料墨液（具体配方有多种，颜料多是研磨的炭黑，还有一些红、黄、蓝无机颜料，加入防洇散的胶料和甘油）。在印版上涂抹数遍，待墨色均匀，要干未干时，按规矩铺上复制用纸，再用专门棕刷刷印纸张，使纸张黏附颜料墨渍，而形成字迹。所以过去惯称刷印，而不是印刷。印刷指的是制版和印制整个过程，印刷的具体操作技术性很强，需要实践体验。

3. 改进、改良、提高的一些设想

　　木版雕刻刷印是优秀的传统技艺，为什么被冷落，成为非物质文化遗产？这不难回答，就是因为与现代先进的印刷技术相比，还有不足的地方。例如，制版周期长、速度慢、完全靠人工技术操作，效益低下。这些不足之处，现在复制起来，也照样存在。就拿描摹字迹来说，描摹速度极慢。又因多宋字、仿宋体字，很不容易描摹挺直，走样是常事。具体雕刻和刷印都需要一定手工技艺，很难掌握准确。因此要进行一些改进和改良，提高技术水平，在这里把有些想法提出来供读者参考。

图 5.6　应用木刻雕版技术印制的延安鲁艺时期古元创作的《减租会》版画复制件。

　　用照相、晒版取代人工描摹字迹。这就是在木板上刷涂一层感光胶液，照相制版形成文字感光胶片后，蒙在木板上进行晒版。晒出字迹后，再进行雕刻，或想别的办法制成印版。这样要比人工手持毛笔描摹快许多倍，而且准确不走样。至于木板刷涂的感光胶液，可以去选择应用，使用制取蓝图的感光液就可以，并不复杂。

　　运用烂版原理，创新木质腐蚀雕刻印版。前人没有试验的先例，用什么腐蚀液腐蚀木质材料，要自己寻找，无非得用酸、碱、盐一类的化学物质，或者利用激光烧灼。现在出产一种激光扫描雕刻机，由电脑操作。只要有标准图样输入，十几分钟雕刻出浮雕图样，平面雕刻就更不成问题。只不过该机售价太高，利用率比较低，机器闲置时间长。

　　改制刷印颜料墨液。木刻雕版刷印，惯用的水溶性颜料墨液，材料易得，价格低廉，配制容易，刷涂方便，适用于木刻版纯手工操作。如果改用金属、胶质、塑料等版材，墨辊上墨，快速印刷，水溶性颜料墨就不能再用了。因为金属、胶质、塑料等材料不黏附水溶颜料。为此就要改成能被黏附的油质或乳化性墨液。只要印迹看上去是水溶性颜料就可以了。当然要经过多次试验，从原理上讲是能够做到的。（图 5.6）

三、烂制铜锌版印制凸版字迹

1. 照相烂制铜锌版适用于印刷凸版字体

　　按照复原复制原则，凸版字迹复制应当用原铅字或雕刻原版重新印制。然而印刷技术革命使传统的铅字印刷材料迅速淘汰，在文献复制工作中实际根本无法做到。再者因为众多种类的铅字和各种木版雕刻的文字及图案是极其杂乱不规范，绝大多数变化、变形、遗失淘汰，无法保留和收集。要想复制凸版字迹效果，就必须寻求新的可行方法。多年实践证明，通过照相烂

制铜锌印版，或者采用 20 世纪 80 年代出现的感光树脂印版，能够达到原字迹的凸印形态，使非专业人士分辨不出来。

2. 照相烂制铜锌版程序和步骤

照相烂制铜锌版流程简图：

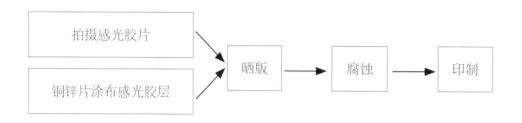

第一步，拍摄原文献字迹感光胶片，如同拍摄平版感光胶片一样，镜头上套挂三棱镜，否则就得做翻膜。要求拍摄反差大的阴图正像片。

第二步，选择铜锌版材并涂布感光胶层。铜锌版材的厚度 2mm — 3mm，是特制铜版材或锌版材，印刷器材商店有售。铜锌版材要求细腻平展，有一定弹性和亲油能力。铜版材价格较高，适于大量印刷使用。锌版材便宜一些，复原复制印数不多，采用锌版材就可以了。确定锌版材后，裁剪成适当的尺寸，用木炭带水研磨表面，使之光亮洁净。在暗室手工或机械在处理后的锌版材上涂布一层感光胶液。感光胶液配方较多，列出常用的三种，任选一种即可。聚乙烯醇方：聚乙烯醇 500g，水 8000cc，磺酸钠 10g，重铬酸铵 50g。明胶液方：明胶 500g，水 2500cc，蛋白液 100ml，重铬酸铵 50g。蛋白液方：鸡蛋清 50ml，水 200cc，氨水 5 滴，重铬酸铵 3.5g。具体涂布方法和要求，请参阅前文所述。

第三步，感光胶片蒙在锌版上晒版。在暗室内将拍摄好的阴图正像感光片，蒙在已涂布感光胶层干燥的锌版上，置于晒版机框架内。开启强光源灯光进行晒版。晒版光照时间视感光胶层变化情况而定。一般 3 分钟至 9 分钟，涂布聚乙烯醇感光胶层的锌版有的时间长一些，可达 12 分钟。

第四步，显影烂版腐蚀去掉铜锌版上非字迹笔道部分，字迹笔道凸出，成为印版。所谓烂版就是用腐蚀液腐烂掉一层不需要的金属（铜锌）材料。晒版完毕，取出锌版，根据感光胶层的不同，采取不同的显影方式。对于聚乙烯醇感光胶层，先放入 55℃ 温水中泡二三分钟捞出，再放入浓度 3% 的甲基紫中着色，清洗干净后放入 20% 的重铬酸铵溶液中浸泡一分钟，进行坚膜加固。明胶感光胶层，用清水稍加冲洗，即放入孔雀绿的酒精液中，显影三分钟。蛋白液感光胶层，在版面上涂上一层专用的硬质落石版油墨，然后放入水中显影，溶化掉未感光的胶层。显影完毕，即放入腐蚀液中腐蚀。腐蚀液的配方也有多种，主要成分是能与金属铜锌起化学反应的酸类、碱类。常用有两种，第一种：硝酸钠 5000cc，水 20000cc，硫酸 6200cc。第二种：甲液，水 500cc，硝酸 500cc，磷酸钠 230g；乙液，水 500cc，硫酸 500cc，氢氧化钠 2g。用时将甲、乙两液体混合，加入 80% 的水。腐蚀烂版有手工有粉腐蚀和专用腐蚀机两种腐蚀方式。有粉腐

图 5.7　应用腐蚀烂制铜锌版技术印制的　　图 5.8　印制封面头像用的铜锌版
毛泽东《论人民民主专政》封面复制件。

蚀是将松香粉一类物料烤化手工涂抹在字迹笔道周边，放入腐蚀液进行化学反应。目的是防止笔道周边被腐蚀掉，让腐蚀液直接往下面腐蚀。这样要反复四次，才能腐蚀到一定深度。用机器无粉腐蚀就简单多了，只要将显影后的锌版放入机器内支架上，开启机器酸液直接喷淋版面上，向深处直接腐蚀。笔道本身并没有受到酸液作用，笔道部分很快就高出版面，从而制成印版。详细操作过程，请参阅有关专业著作。

　　第五步，上机走墨印制。将铜锌版置于铅印机或凸版打样机版台上，手工或机器墨辊着墨，铺上复制用纸就可以印制了。（图 5.7、图 5.8）

3. 照相烂版腐蚀锌版评价。

　　无疑，照相烂版腐蚀锌版是适于复原复制凸版字迹的，解决了拣排铅字和雕刻木版无法解决的难题，效果良好。但不是最理想、最节省的方法，还有一些不足。第一，如果手工操作腐蚀，技术难度大，过程复杂，新手不易掌握。如果用腐蚀机，利用率不高。为防止酸液自身腐蚀机器，需要经常维修。第二，锌版面积过大不容易平展，成本也较高。印数又没有多少，也是资源浪费。第三，用强酸过多，污染环境。因此还要寻求比较理想的方式方法。当然已具备条件的地方可以用此法。

四、固体感光树脂版印制凸版字迹

1. 感光树脂版的由来、原理、构成与种类

　　感光树脂版是柔性印版的一种。柔性印版是 19 世纪末发展起来的一类印版。开始运用橡胶作印版和苯胺油墨。而天然橡胶成本高又不易得到。苯胺有毒污染环境，逐渐被社会淘汰。与此同时兴起的感光聚合物中的感光树脂优于橡胶，感光树脂版就占了主体地位，被普遍应用于

印刷界。感光树脂遇光产生聚合和光交联反应，生成不溶于稀碱或水的高分子聚合物，固化成凸起的浮雕状笔道，从而形成凸版印版。感光树脂版由树脂、交联剂、光引发剂和阻聚剂按一定比例配制而成。具体构成又有液体和固体两大类。液体感光树脂，经阴图晒版，见光部分在光引发剂作用下发生聚合交联反应，字迹笔道固化。未见部分可用碱水溶解掉。固体感光树脂版，根据所用溶解物的不同，又分为碱溶型、水溶型和醇溶的尼龙型。其中用途最广、最普遍的是尼龙型。尼龙是聚酰胺的俗称，常用尼龙 6（聚己内酰胺）、尼龙 66（聚己二酰己二胺）和尼龙 610（聚癸二酰己二胺）等。尼龙与丙烯酰类单体组成的感光体系，在光的作用下，不仅发生光聚合反应，而后丙烯酰类单体还与尼龙发生交联反应，使尼龙的醇溶性大大降低。用醇溶液很容易溶解掉非笔道部分。尼龙感光树脂版是适合用于印制凸版字迹。

2. 固体感光树脂版印制凸版字迹的过程与步骤

第一步，选取尼龙感光树脂版。尼龙感光树脂版，各地印刷器材部门有售。选择保质期较长、感光度数中等型号的小包装最好。用时根据需要尺寸在暗室中进行剪裁。

第二步，拍摄阴图正像感光胶片。这如以上感光胶片相同。

第三步，紫外光晒版曝光方法与过程相同于烂版晒版。只不过要注意，感光胶片与尼龙版材容易粘连。晒版时间要根据亮度与所含射线成分而定。有的尼龙版晒版完毕后，背面要重晒一次（正面不可再见光）。如果把握不准，请先裁剪成小条小块进行试验。

第四步，显影溶掉非笔道部分。晒版后取出固定尼龙感光树脂版，放入醇溶液之中。少用或不用甲醇，甲醇伤人眼睛和皮肤，多用乙醇。摇动乙醇液体，尽快溶解掉非固化的部分，使笔道显示出来，然后水洗晾干。乙醇液体经过滤或者蒸馏，可以以后再用。冲洗液要根据感光树脂版性质而定，若是醇溶感光树脂就用醇溶液溶解，如果是其他溶液溶解的就用其他溶液溶解。目前，社会上普遍使用水溶感光树脂版，比较经济环保。

第五步，水洗晾干后，二次曝光，固化印版树脂字迹图案笔道。

第六步，上打样机、走墨、续纸印制。这与其他印制相同，也可排在铅字版中上铅印机印刷。可以自制使用水性油墨，水性油墨的基本成分如下，色料 12% — 40%，树脂 20% — 28%，水和醇 33% — 50%，碱类 4% — 6%，添加剂 3% — 4%。具体配方很多，以水性柔性版黑色油墨为例，870 型丙烯酸树脂液 30 份，乙醇 9 份，丙二醇丁醚 8 份，N330 炭黑 10 份，酞菁蓝 BGS（或华兰）1.5 份，6240 青莲 0.5 份，831 乳液 10 份，824 乳液 20 份，消泡剂 0.5 份，去离子水 10 份。此类油墨适用性良好，成本适中。要注意的是，印制时压印辊压力不要过大，过大笔道会变粗，墨色变淡。

3. 印制后故障排除

就目前来讲，用尼龙感光树脂版印制凸版字迹，是比较理想的方法，但掌握运用不好，也会出现一些故障和麻烦。故障之一，就是复制用纸变得凹凸不平，甚至出现褶皱，不能再继续印反面。弥补的方法是，等字迹彻底干燥后（字迹不再遇湿跑色），稍潮润一下，用辊子压平，或熨斗烫平，或挂起晾干。故障之二，出现脏迹、污点、墨点。排除方法，小污点、墨点，可用锋利小刀尖剔除，或用胶纸揭掀，或用砂纸磨掉。大片脏迹，又伤字迹，那就没有办法了，只好重印。故障之三，缺笔断道。弥补方法，小笔道可用毛笔蘸吸水性油墨描补；大面积有太多笔道，那就没有办法了，只好重印。（图 5.9）

第四节　凹版字迹重制程序和方法

一、石碑阴图拓片重制

1. 复制阴图石碑拓片是个难题

　　阴图石碑拓片是文献一种特殊形式，最明显的是，字迹笔道是白色的，非笔道部分是黑色或红色的。字体一般较大，笔道内的纸张有褶皱。阴图石碑拓片本不属于现代印刷范围的文献，因其石碑算是印版，字迹笔道凹下，故而归入凹版字迹之内。

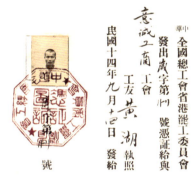

图 5.9　应用固体感光树脂版制版技术印制的《省港罢工工人凭证》复制件。

　　阴图石碑拓片在近现代文献所占比例并不大，但总是有一些珍贵拓片要复制。按复原复制原则，用原工艺程序，用石碑拓印就可以。说起来容易，实则是个难题。原石碑早已不存在，或者字迹已风化变形严重，无法重印。即便存在也不允许再重拓。遇到的首要问题就是要重刻石碑，重刻石碑是个难事、麻烦事，所遇到技术、工艺、材质等无法解决和说清。不用石碑重拓技术，改用现代印刷方法，印制出来拓片，笔道之内的纸张不会有褶皱，一看就不是拓出来的。作为印刷品还可以，作为拓片复制品就失真，失去原本意义了。从复制技术来讲，阴图拓片是个难题项目。

2. 阴图石碑拓片重制的变通方法

　　①手工描写空心字形，雕刻木版法

　　为达到拓片笔道内纸张有褶皱的效果，在现有的条件基础上，采用了描摹空心字形，雕刻木版重拓的方法。

　　第一步，选择宜于雕刻的木板。黎木、枣木、樟木、黄杨木、银杏木、皂荚木、苹果木等木料，任何一种都行，如同雕刻印版一样，表面要平整清洁干净。

　　第二步，双勾拓写字迹原形。将原拓的复印件和木板之间铺上复写纸，用2H硬度以上的铅笔，沿复印件上字迹笔道外沿描拓下来，描写成空心双勾字形。

图 5.10　应用平版印刷技术复制的国民革命军第四军独立团北伐攻城阵亡官兵诸烈士墓碑拓片复制件

第三步，按双勾的字形雕刻木板。用刀、凿、錾、铲等工具，沿字形边缘，剔除笔道内的木质，使木板呈现笔道凹下的雕刻印版。

第四步、铺纸、砸压、拓墨。将复制用纸（优质薄宣纸）适度潮润。用黏度适宜的白芨水刷涂一遍木板，再把纸张平展地铺在刻版上。用特制棕刷捶打砸压纸张表面。重点是把纸张砸压到凹下去的笔道之内。最后用特制布拓包蘸墨，在纸张上面拓墨着色。注意千万不要把墨色渗进凹下的笔道内。纸张干后，小心揭起，拓片复制完毕。

②利用光电扫描雕刻机雕刻正向阴字凹形印版

本章第三节木刻版中曾提到激光扫描雕刻机。该机能雕刻阳图反像凸印版。借用该机来雕刻正像阴字凹印版，估计没有问题。只不过雕刻出来凹印版的字迹笔道，凹下去的字迹笔道底部是平的。而人工雕刻出来的则是尖锥形、锅底形的，上宽下窄。这两种字迹笔道底部的不同，拓出纸的褶皱效果是不同的，要想办法解决。印版雕刻好之后，就可以拓印了。

③平版照相印制拓片用胶固定褶皱

拓片的特征之一是白色笔道内有褶皱。为达到此效果，可以采取先用照相制版法印制拓片原形式，再在笔道内制造出褶皱痕迹。具体操作方法是：第一步，先用干净毛笔蘸清水，在笔道内描摹。笔道内的纸张遇水、遇湿必然膨胀，随后有褶皱鼓泡出现。然后用吸潮纸整体平展吸附。第二步，毛笔蘸吸比较浓稠的桃胶液，将褶皱、折痕黏附住。此法虽然有一些假象，但一般看不出来。（图 5.10）

二、凹版字迹重印技术

1. 凹版印刷原理字迹特点和重印基础条件

顾名思义，凹版印刷就是印版的字迹笔道凹下去，低于印版表面。版面整体着油墨（凹下的笔道内着墨最多）后，擦干净印版表面的油墨，留下笔道内的油墨，再铺纸加压，将笔道内油墨，黏附在纸张上。原理虽然很简单，实施起来相当不容易，需要快速擦干净版面上的墨迹赃物，否则会造成粘连或污染，影响下一张的印制，这个过程需要精密机器操作。

下凹笔道内含墨较多较厚，经过加压黏附在纸张上的油墨最多，笔道墨迹像凸起的田垄。用放大镜观察和用手细摸有凸出来的感觉，高出纸面许多。这是凹版印刷字迹明显的特征，区别于平版与凸版印刷字迹。

重新印制凹版字迹，只有重新制作凹印版。制作凹印版要比制作平印版与凸印版相对难一些。同时还必须有一台专用凹版印刷机，或起码有一台手摇凹版印刷机。这是重新印制凹版字迹的基础条件。用什么方法制作凹印版，手工雕刻、机械刻版、化学腐蚀、电子光刻等都可完成。

2. 制版重印过程与步骤

重印程序图：

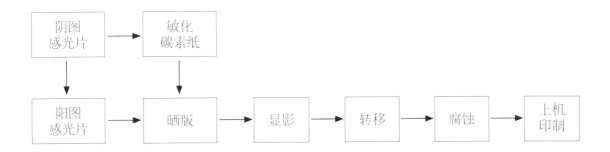

第一步，制取阳图感光片。首先摄制阴图感光片，然后翻制成阳图感光片。

第二步，碳素纸敏化。碳素纸是一种单面涂有感光性白明胶层的专门用于凹版过版用的特制纸张，有专门厂家制作和销售，不用自制。在晒版前，要经过敏化处理，才能使用。敏化处理，就是将碳素纸放入重铬酸钾溶液中浸泡。溶液的浓度、温度和时间，要根据碳素纸的型号、性能而定。一般控制在浓度 2.5% — 5%，温度 20℃ — 22℃，时间 2 分钟至 4 分钟，以达到最佳标准为止。浸泡完毕，在暗室内捞起，放在干净的玻璃板上，沥去水分，晾干或吹干。碳素纸的敏化是项专门技艺，操作过程细致麻烦，要求精度高。操作者必须经过严格培训才能实施。

第三步，晒版。就是将阳图感光片蒙在已敏化干燥的碳素纸上，进行曝光。将阳图感光片上的字迹影像，反映在碳素纸上，引起碳素纸上的物质结构发生变化，其机理与其他版材晒版相同。只不过不是直接晒成印版，而是碳素纸。

第四步，过版转移。过版转移可以在晒版之前进行，也可在晒版之后完成。作为没有网目的印版来说，晒版之后再过版比较简单一点。所谓过版转移就是将碳素纸粘贴在滚筒或平面印版底托上。如何粘贴得牢固平整呢？不是三言两语说清楚的。具体操作起来比较麻烦，稍微不慎，就会出现鼓泡，或出现别的纰漏。

第五步，显影。碳素纸的显影就是将潜在的字迹影像变为显现的字迹影像，溶解掉未感光的胶层。分为预显影、正式显影和干燥三个环节。在暗室将碳素纸粘贴在滚筒或平面印版底托，浸泡在 25℃ — 28℃水中 6 分钟至 8 分钟之后，然后提高水温到 34℃，再浸泡 5 分钟至 7 分钟，使纸基能自然脱落。溶解掉未硬化（未感光）的胶层，进行预显影。正式显影就是将水温提升到 40℃，坚持浸泡 10 分钟，使感光胶层发生变化，变成硬固化物质。揭去碳素纸的纸基，留下了硬固化的胶膜。到干燥环节，相对比较简单了。降低水温至 25℃，缓和 5 分钟，去掉水分。

第六步，腐蚀。凹版的腐蚀是项专门技术。最简单地说，就是用氯化铁溶液腐蚀掉（铜）

版材上的字迹笔道。印版字迹笔道被腐蚀掉一层，而形成下凹。其他非笔道部分，因有碳素纸胶膜遮挡，不受影响。腐蚀笔道深度与氯化铁的浓度、温度、时间，碳素纸胶膜的质量等直接有关。腐蚀之后，经过清洁处理，就制成了正式凹印版。

　　第七步，印制。凹版制好之后，即可上机走墨印刷，与其他印机相同。

3. 采用电子雕刻机制版

　　光电扫描雕刻机已被社会广泛采用，效率高，质量好。不但能作阳图印版雕刻，还能进行阴图凹印版雕刻。但能置办光电扫描雕刻机及辅助设备的，都是利用率很高的专业单位。作为复原复制单位，不大可能置办。遇到要做凹版，不妨去有关单位求助，让他们帮助制作，然后自己印制。这是一条捷径。

4. 变通取巧的印制方法

　　复原复制文献采用凹版印制的目的，就是要字迹笔道凸出来，达到与原字迹相同的效果。凹版印制首要是制作凹印版。制作凹印版的方法，可以通过手工雕刻、照相腐蚀和光电扫描雕刻机来制作。这是一项技术难度大、操作过程复杂、高成本的工艺。没有雄厚资金和技术设备力量是不能完成的。经过多年实践，在现有基础条件下，采用新型特种油墨，也能达到凹版印制的效果。

　　说来相当简单，就是利用发泡油墨进行平版印刷。发泡油墨能在承印物上形成隆起的笔道。这是最近采用的一种新产品，社会认知度还不高。发泡油墨由连接料、发泡剂、溶剂、颜料、助剂等成分组成。具体品种不少，使用比较广的有微球发泡和沟底发泡两种。

　　微球发泡油墨构成成分为：

丙烯酸酯类和其他树脂共聚物	60%
微球	20%
尿素	5%
色浆	10%
其他成分	5%

　　连接料是丙烯酸酯类和树脂，发泡剂是微球，微球是偏二氯乙烯、丙烯腈、过氧化二苯甲酰的合成物，助剂是尿素，尿素能使微球膨胀，颜料是色浆。

　　沟底发泡油墨的构成成分为：

聚氯乙烯树脂	100 份
碳酸钙	45 份
苯二甲酸二辛酯	90 份
二盐基性亚磷酸铝	5 份
偶氮二甲酰胺	5 份
颜料	适量

发泡油墨的配制需要专用设备，非专业单位配制要花费巨大精力和时间。需要用时可到油墨厂去购置，提出具体要求，会得到满意结果。油墨配齐之后，就可以进行印制了。印制完毕，将复制件放在100℃—130℃的烤箱内，或平放在照片烘干机上，1分钟至2分钟，字迹笔道就会隆起。纸张稍有收缩，开窗通风，让一些废气排出。笔道隆起的形状与高度同真正凹印出来的相比，不一定完全相同，但总算能应付过去了。外行分辨不出来，内行也不容易分辨。

第五节　油印等漏印字迹的重印工艺

一、漏印字迹重印的现实和对策

1. 看似简单细分困难

漏印字迹重新印制程序图：

漏印字迹重新印制程序就这么三道，看似简单实则麻烦。首先要分辨是哪种漏印版印制的。最普遍的铁笔钢版蜡纸刻写油印版，一看便知。此外毛笔书写蜡纸版、打字机打印版、感光胶膜丝网印版、光电誊影版、热敏熔化版等应该怎么区分？其实这些漏印字迹大量出现在近现代印刷品中，只不过没有明确归类提示出来。其次制作这些漏印版的方法和过程杂乱不一，没有统一的工艺流程，材料也是各式各样。有的传统手工艺制作，有的机械打印，有的感光胶膜晒制，有的光电扫描誊写。没有人能全部掌握和操作，懂得基本原理就可以。

2. 难以达到理想效果

理想效果指的是，最后印制出的字迹与原文献字迹形象完全相同，没有任何差异。要达到这个要求很困难。一是，没有标准合格的工具、材料。漏印字迹的制版与印制工艺目前基本被淘汰，所使用的工具和材料都是非标准专业生产的。就以油印机和油墨来说，现在已经找不到一台完全合乎要求的手推油印机。油印机还不复杂，过去由专业生产部门制作都有一定规格要求。但却难找到一支正圆、挺直、弹性适度、吸墨均衡的墨辊。专门用于誊写油印的油墨也已经停产，只好用其他油墨代替，性能差异很大。二是，专业人才技艺失传。漏印技术基本上是手工操作，从而造就了一批专业技术人才。技艺技法都是经验积累、言传身教。自从电脑制字快速印刷兴起之后，这批人转行转业，没有留下资料，致使大量绝技失传。

3. 实施应付对策

面对漏印字迹重印的现实怎么办？概括说，立足现实，弄懂原理，熟悉各种制版方法与过程，寻求简单通用制版方法和通用材料，简化印制工艺过程。

具体解释：

立足现实，弄懂原理。在现有条件基础上，懂得漏印的基本原理，就是油墨通过压力从版面空隙（实际上是字迹笔道）直接落到纸张上。与平版油水相斥不同，也不同于胶版转印。因此油墨的结构成分、性能要符合这种情况。

熟悉各种制版方法与过程。漏印版有十几种，常见的也有七八种，制作方法各不相同，所使用的材料也有差别。只有熟悉和掌握了这些方法与过程，才能创新和寻求通用方法，后面将作介绍。

简化印制工艺过程。漏印方法也有多种，因印刷版材不同而不同。作为复原复制来讲，不可能置备所有漏印版印制设备与工具。就得寻求最简单最实用的通用漏印机器和材料。

二、铁笔、钢版、刻写蜡纸版重印简介

1. 简介缘由

20 世纪 70 年代前后，几乎每个单位部门都有油印设备与人员。一块钢质且有斜纹、直纹、单纹等不同花纹图案的钢版，几支尖锥状笔具，一卷蜡纸，一台手推油印机。购置成本费用很低，占据空间不大。一般单位都能承担。蜡纸铺在钢版上，刻写人员 30 分钟就可以刻写出 500 字的蜡纸印版，安置在油印机上，一二分钟就可印出文件。但此工艺已被淘汰，大部分工具、材料已经停产，市场购买不到。重印时要寻找或重新制作。铁笔、蜡纸、油印机可以动手自制，故而有必要再介绍一下。

2. 铁笔、钢版刻写蜡纸重印过程与方法

①描摹原文献字迹稿样

将专用蜡纸铺在原文献的复印件上，蜡纸是半透明的纸，能把复印件的字迹透映出来。用小楷毛笔蘸吸墨汁，按顺序从上至下、从左至右（不管原字迹内容的顺序）全部描摹下来。一种字迹颜色描摹一张蜡纸。如果蜡纸不黏附墨迹，可用脱脂棉蘸吸滑石粉擦涂一遍。如果一张蜡纸描摹不完，可用多张蜡纸进行拼接。为防止蹭压描摹的字迹，可用笔床将手腕托起，进行描摹。

②用铁笔按描摹字迹刻画

将描摹好字迹的蜡纸铺在钢版上，用铁笔按照描摹字迹，逐笔逐道，从上至下、从左至右，进行刻写，用力要均匀、大小适度，以刻掉蜡质为止，不能刻破纸基。这其中有一定技法和技巧，需要反复练习，才能掌握和体会到。为防止手掌蹭压蜡纸，也可垫用笔床。

③上机油印

刻写完毕，要认真检查一下蜡纸。从背面观察，最理想的是将所有毛笔字迹笔道全部刻写干净，没有黑色笔道，也没有破口。然后再将刻写的笔道与原文献字迹比对一下，检查一下，有没有明显的笔道差异。变形走笔是避免不了的，只要没有突出字形错误就可以。如果有刻破

纸基的地方，可用火柴余焰热量烘烤一下破口，让蜡质溶化封住破口破洞。如果有多余的毛笔字迹墨渍，只要不是字迹笔道，就不用去管它，留在蜡纸版上没有什么影响。

检查完毕，将蜡纸版正面朝上，铺在印台上，压固在丝网下面。用挺直正圆、弹性适度的橡胶墨辊，蘸吸誊写或手写油墨后，在丝网上加压滚动，使油墨从蜡纸笔道空隙漏下去，落在纸张上。手持油墨辊也有一定技法技艺。手持墨辊的位置，用力的大小与均衡，走墨的次数等都是很讲究的，也不是一朝一夕能掌握的。

图 5.11 刻写蜡纸版用的铁笔、钢版。

3. 油印工具器材寻求途径和制作方法

① 去旧物市场寻找钢版

钢版也称誊写版，是商品工业化特殊产品，钢材要求特殊，制作精细专业化，一般小型企业制作不了，更无法个人制造。唯一的方法就是去旧物市场和有关的文印单位寻找。钢版不易被损坏，废弃之后多半流落到废品收购站，转送旧物市场。刻写蜡纸下面衬垫的钢版有布纹、斜纹、圆纹等纹饰，又根据粗细不同分为若干型号。过去普遍应用的时候比较讲究，根据使用的蜡纸、刻写字迹的大小以及图案内容等进行选用，其实差异不是很大，现在可一版多用。

② 铁笔可以自制或用替代品

铁笔就是锥形尖状物，可以用钢丝磨制，也可以用钢针代替，或者找旧电唱机唱针制作，但要求硬度与尖度合适。（图 5.11）

③ 蜡纸自制法

选择薄而韧的 18g/m² — 28g/m² 的打字纸，最好是浙江出产的桑皮纸，裁成八开大小。在大于八开纸张的搪瓷盘内加热溶化石蜡 2000g，蜂蜡 50g，松香 100g，明胶 20g，明矾 20g，温度保持在 55℃ — 65℃。将纸边一头夹起，在蜡液中拖走一遍，使纸张全部浸入液体中。沥去蜡液晾干，即成刻写蜡纸。

④ 誊写油墨的配制

誊写油墨配方有许多种，20 世纪 60 年代市场通用的黑、蓝、红色配方如下：

黑誊写油墨（油印墨），炭黑 5%，碳酸钙 7%，油墨脂 55%，聚合油 3%，誊写油 2%，机械油 28%，按比例混合一起后，充分搅拌均匀，必要时适当加温。

蓝誊写油墨（油印蓝），铁蓝 5%，碳酸钙 16%，誊写油 19%，油墨脂 58%，聚合油 2%，按比例混合后搅拌均匀，铁蓝可更换其他蓝色颜料。

红誊写油墨（油印红），金光红（c）1%，碳酸钙 15%，立索尔大红 1.5%，油墨脂 65%，誊写油 9%，聚合油 6%，机械油 2.5%，按比例混合搅拌均匀。

⑤油印机框架的制作

油印机主要是丝网框架，由于复原复制印数有限，只要有一个丝网框架就可以了。用金属或木料，钉制一个长宽稍大于八开蜡纸框架，粘贴或钉住 200 目—300 目的尼龙网或丝网。油印时，可用透明胶纸粘住蜡纸版。

三、毛笔书写蜡纸版的制作

1. 毛笔书写蜡纸字迹重印过程与方法

毛笔书写蜡纸孔版字迹的重印过程与方法，要比铁笔钢版蜡纸刻写字迹的重印要简单容易。将这种特制蜡纸铺在原文献复印件上，用毛笔蘸吸特制药液描摹完字迹后，即可上油印机印制。字体是毛笔字迹形状，只不过还搞不清这种特制蜡纸和药液的具体配比。这种蜡纸和药液已经失传多年，查阅有关资料，只知道是一种孔版漏印纸版，具体使用方法是蘸吸一种药液，用毛笔书写后即可制成油印版。

2. 试制毛笔书写蜡纸版和药液

从特制蜡纸的使用方法与效果，可以揣测判断出其原理，就是用毛笔蘸吸特制溶液，书写的过程就是溶解、溶化掉蜡纸版字迹笔道的薄膜层，形成能透油墨的孔隙。据分析蜡纸版的涂层不可能是蜡质薄膜，因为能溶解、溶化蜡质的液体，只有苯、汽油等一类易燃、异味、易挥发性液体，溶解速度和溶解量并不高，在实际操作中不可能采用这种危险物品做溶剂。从物质的溶解剂与被溶解物的关系来看，只有强酸、强碱，能快速溶解、溶化胶类物质。根据这种分析，采用薄而韧的棉纸，涂刷一层白明胶液，干后用不同浓度比例的硝酸、硫酸、盐酸、氢氧化钠等强溶剂液体，用毛笔蘸吸进行书写。试验结果 40% 盐酸液体比其他液体效果好，基本能达到要求。只不过毛笔头有些损失，改用塑料尼龙一类材质较好。明胶只刷一面，越薄越好，在有胶的一面书写。复制工作者可以进行更深一步研究、试验，会得到更好的配置方法。

3. 利用光电誊影技术制作塑胶油印版

20 世纪 70 年代光电誊影机在我国普遍流行使用。该机是一种快速制取油印版的机器，本身并不能产生字迹形象，只能通过扫描现有字迹的形象，制作出油印版。非常适合复制毛笔书写蜡纸油印字迹。光电誊影机左右平行设置两个大小粗细相同的滚筒，一个用于裹铺文献原件的 1：1 描摹誊写稿或复印件，另一个滚筒用于裹铺制作印版的专用塑胶薄纸，安装完成后，开启电源，两个滚筒同时转动，通过光电管逐条进行扫描，把光信号转变为电信号，控制好电压及誊影针与塑胶版之间的距离，誊影针放电产生的电火花，击穿击透塑胶纸字迹笔道。13 分钟就能制出空笔道的塑胶油印版，字迹形象逼真。不足的是塑胶纸制版过程中有些刺鼻味道；印件字迹笔道会显示出条纹空隙。关于誊影机原理与塑胶纸的情况，后面有简单介绍。

四、打字机打印蜡纸版字迹的重制过程和方法

1. 中文打字机制字原理与主要器材

中文打字机是效仿外文打字机研制成的。20 世纪 40 年代在我国形成商品化生产，50 年代机关企事业单位和学校普遍使用，成为办公文印的主要工具。中文打字机比蜡纸刻写油印快速、规范、标准。中文打字机利用如同铅字的轻钢字，逐个从打字机字盘内调取，敲击打字机滚筒上裹着的油印蜡纸、或复写纸、或色带。敲击在蜡纸上的字迹笔道压实成痕，能够透过油墨，形成蜡纸印版进行油印。敲击在复写纸和色带上的笔道颜色，脱落在后面的纸张上，形成打字机打印字迹。使用复写纸和色带打字，最多能打制 1 份至 5 份，不能油印。因此打字机使用蜡纸版打字是日常主要对象，在这做主要介绍。

打字机的主要组成是轻钢字与专用打字蜡纸。轻钢字与铅字成分不完全相同，主要是铅与锌。轻钢字体量轻、硬度大，中腰部有卡口，能被机爪夹住调出，敲击裹在滚筒上的蜡纸。1956 年之前使用的是相当铅字四号字大小的繁体宋体字，之后改为简化的四号仿宋字。1963 年增添三号仿宋字。打字机打字方便快捷，字体规范统一，占据空间较小，成为一种娇小文印工具。随着电脑制字成功，快速印刷兴起之后，打字机逐渐被淘汰。如今很少有单位还保留打字机和轻钢字了。而打字蜡纸，与刻写蜡纸稍有不同，是一种棉纸涂布一层罗甸（无水乙醇和乙醚加入硝化棉），当时也是一种物美价廉的纸质材料，有专门厂家制作，文化用品商店出售。

2. 打字重制蜡纸版难题解决途径

用打字机重新打制蜡纸再油印，是最简单、快捷、节省、理想的复制办法。可现实很难做到，因为缺乏两个必要条件：一是没有足够的轻钢字。经过繁简字与字型字号的变化，不可能保留被淘汰的轻钢字。兴盛时期曾发生过缺字现象，那时可以去专卖店购买，现在专卖店已经绝迹。二是没有蜡纸，保存下来的蜡纸都已过期，不能再使用。

但是不能因缺少必要条件而放弃重新打字，补救的方法是，在有打字机和轻钢字的基础上，缺少的轻钢字可以用铅字代替。具体做法是，当在蜡纸上打字时，打到缺字部位可以先空起来，然后寻找同字体、同型号的铅字。在空字部位将铅字字面朝下，用小锤轻轻砸击，达到轻钢字打印的效果。这当然需要一定准确度和力度，要经过多次试验才能掌握。相对轻钢字，铅字保留得多一些、全一些，比较好找，价格低廉，同一个字的数量多。如果还找不到，可以通过拼字、凑字、剔字等方法解决。借用铅字是解决缺少轻钢字的一个途径。

打字蜡纸可以自制，具体做法是：选用上等薄绵纸，刷涂一层乙醚 500cc，乙醇 500cc，火棉胶 50cc，蜂蜜 10cc 的混合液，干后即成打字蜡纸。各地使用的混合液，成分配比不完全相同，要根据纸张的不同进行调整。

3. 不用打字机打字的变通方法

在没有打字机和轻钢字的情况下，可以采用以下方法印制，也能达到打字油印的效果。

①利用铅字排版印刷两法

轻钢字的字体并不复杂，仅四号宋体繁体字，三号、四号仿宋简化字。这些铅字中都有，并且不是单个字，一个字就有几十枚，保留得也比较齐全，也比较容易寻找和制作。用同字体同型号的铅字排成凸印版，一是用松软的誊写油墨，小压力，直接印制，字迹笔道也有相当类似油印效果。二是铅字凸印版不着墨，直接印压打字蜡纸，然后再用蜡纸版油印，效果更好。

②用照相烂制铜锌版和感光胶膜版

照相烂制铜锌版前边说过，只要通过照相取得感光胶片，就可以烂制凸印版。有了凸印版就可以照上面所说方法印制打字油印字迹。

有了感光胶膜版也就可以进行油印。感光胶膜版的应用后面专门介绍。

③用光电誊影机制取油印版。光电誊影机的使用方法本节随后介绍。

五、感光胶膜丝网字迹重制

1. 感光胶膜丝网印制原理和程序

感光胶膜丝网印刷是漏印孔版的一大品类，印刷时，油墨在一定的压力下，透过网孔漏印到承印载体上。丝网上涂布感光胶层，用阳图底片进行晒版，经显影处理，溶去未感光硬化的字迹笔道，制成丝网漏印版，就可进行漏印，又称丝网印刷。所用丝网多是韧性较强的尼龙丝，能承受多次冲压和反复使用。除能在纸张上印制外，还可以在陶瓷、玻璃、金属等奇形怪状物体上印刷字迹图案，因而受到社会各行业的欢迎和运用。

制取程序图：

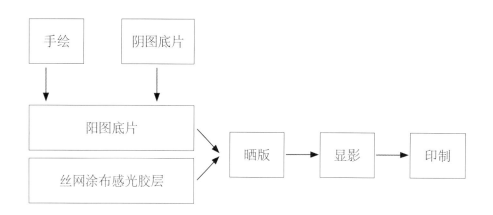

第一步，制取阳图底片。手工绘制成黑字笔道的透明胶片，或者通过照相方式取得阴图感光片后，再翻制成阳图底片。

第二步，丝网上涂布感光胶层。用于丝网印刷的感光胶，有重铬酸盐、尼龙感光胶、重氮型、铁盐和SBQ等几大类型，用得最普遍的是重铬酸盐。重铬酸盐中又有很多配方，典型配方有两种：明胶感光胶配方，明胶16g，柠檬酸0.5g，重铬酸铵4.5g，氨水3cc，水70cc。PVA感光胶配方，甲液为 PVA（1788）50g，十二烷基磺酸钠 0.5g，水 400cc，乙液为重铬酸铵 6g，水 50cc，用时甲乙液混合。具体配制按操作规程进行，先将明胶用少量水溶化开，然后再将其他药物放入，拌均匀过滤。把配制好的感光胶液，在暗室中刷涂在丝网上，烘干或晾干。

第三步，晒版。如同晒制其他印版，把阳图底片蒙压在丝网感光胶层上，进行强光照射。照射时间根据具体情况而定，一般不超过 10 分钟。

第四步，显影。显影液的成分是根据感光胶层的成分而定的，上述两种配方的感光胶膜，用温度稍为高的水就可以了。在暗室中将晒过版的丝网版框，放入 35℃左右的水中，浸泡几分钟，溶化掉未感光的字迹笔道。

第五步，印制。丝网印刷都有专用丝网印刷机，没有印刷机，可以用专用油墨，手推胶辊或刮板手工印制。

2. 感光胶膜丝网印刷可以代替的其他印制方法

根据感光胶膜丝网印刷的原理、过程和特点，在漏印其他原印制方法无法实现时，可以代替铁笔钢版刻写蜡纸，毛笔书写蜡纸油印，打字机打字蜡纸版油印等印制方法。

六、光电誊影机塑胶版油印字迹重制

1. 光电誊影机制版原理与塑胶版材

文献复制按字迹形成分为四大类型，手迹、印迹、光电转化、光化转变。光电誊影机字迹本属于光电转化成字范畴，在第七章介绍。但光电誊影机制造的字迹，不仅是电烧灼字迹，还有光电誊影制取塑胶油印版的功能，比感光胶膜丝网印版制作更快捷方便。因此要讲清制作塑胶油印版的原理和塑胶油印版材。

光电誊影机制作塑胶油印漏版的原理，就是利用光电誊影机上有一个长约 60cm、直径 16cm 的滚筒。右端卡压文稿，左端卡压塑胶纸版。塑胶纸版又称誊影纸是一种薄如纸能导电的塑料和橡胶合成的特制品（专门商店有售），能被电火花击穿，击穿后成为漏孔、漏洞。当滚筒转动起来，右端光电管逐条进行文稿扫描，产生光信号。光信号经转换器转换成电信号。电信号控制左端誊影针，誊影针与滚筒上的誊影纸接触，尖端放电。放电产生火花击穿塑胶版材，击穿的都是字迹笔道。笔道由击穿的微孔组成，从而制成塑胶漏印版。（图 5.12）

2. 光电誊影机重制印版的操作过程

光电誊影机重制塑胶漏印版操作过程比较简单，但要求较高。

第一步，卡紧、卡平原文稿与塑胶纸版。

图 5.12　光电誊影机

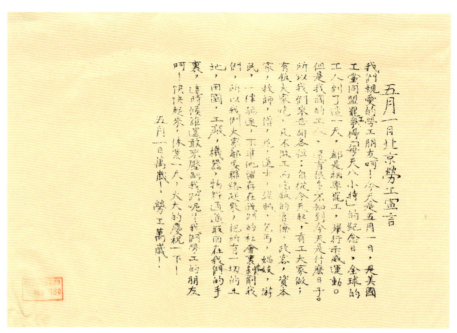

图 5.13　应用油印技术印制的《五月一日北京劳动宣言》传单复制件。

誊印机的不足是原文稿大小受限制，不能超过 20cm×45cm，而且要单页平展，本、册不行。一般上机不能用文献原件，要用复印件或描摹誊写稿充当原文献。卡紧、卡平说着容易，不经过多次训练是达不到要求的。塑胶纸很薄很轻，稍微不慎就会起皱，又有一定弹性，与滚筒还有排斥力。操作者要想方设法固定好塑胶誊影纸。

　　第二步，调整输出电压和誊影针的长度。这完全要靠经验调节。不同的文稿字迹、环境条件以及塑胶纸版型号，需要应用的输出电压值是不同的，原稿反差大电压略高，反差小电压略低，一般在 6V-9V 之间，稍高一点电火花就会很小，不能击透塑胶纸；稍低又会击穿空隙过大。誊影针的长度也是这样，稍长击穿面积就大，笔道必然变粗，短一点又不能击透。电压与誊影针的长度，钨丝电阻率之间函数关系，可以计算出来，但相当麻烦，凭经验调整更简单一点。

　　第三步，启动开关正式誊影。滚筒转动起来之后，随时要注意滚筒的转速和行进速度（光电管右移的快慢）。电火花闪烁的光亮，释放出来的味道能反映击穿誊影纸的程度。有经验者可以进行适当调整。一般 13 分钟即可完成一个回程。

　　第四步，上机印制。誊影完毕，卸下誊影纸，检查一下，看是否有多击穿的部位和笔道，如果有被误击穿的空隙，可用涂改液或透明胶纸遮盖住。上机印制的过程与其他漏印版相同。手推油印机、专用丝网印刷机都可以。不过誊影纸漏印版很薄不容易上平，往往出现褶皱，必须给以充分注意，不可掉以轻心，否则会使字迹变形。（图 5.13）

3. 誊影机制塑胶漏印版的缺点与补救

　　誊影机制塑胶漏印版比其他漏印版制取有明显的优点。其制版快捷、过程简单、操作方便、成本低廉，仅一台价格不高的誊影机，13 分钟之内就可以制一块印版，誊影塑胶纸版也很便宜。

如果克服掉本身的一些缺点和不足，就可取代其他漏印制版方法。

缺点之一，原文稿面积受限制，不能超过 20cm×45cm。可采用分版誊影、拼版印制方法进行补救。就是将复印件分解成几块誊影版，印制时，可分几版先后油印拼接。

缺点之二，印制出的字迹笔道，细观察有条纹状的微细空隙。这是誊影版的独有特征，也可以说是缺点。为避免显露痕迹，补救方法有二：一是竖誊横印。一般都是竖誊竖印，改为竖誊横印，垂直条纹方向印制就可避免。二是用黏稀油墨印制，将条纹空隙封堵。可能带来一些脏迹，尽量小心就可避免。

缺点之三，誊影制版时异味大。有的誊影纸有臭味，有的没有。尽量选用没有异味的塑胶誊影纸。誊影时选择避光通风的地方，就可避免污染环境、影响人的呼吸。

七、其他漏印字迹重制技术

1. 其他漏印字迹种类及其特征

除了上述五类漏印版字迹外，常见到的还有纸印版、金属薄版和快速溶化（热敏）薄膜版。其所印字迹个体比较大、幅面字数少、笔画简单、颜色多样。通常用于海报、广告、告示、封条、传单、戏报、菜谱、请柬、招贴等张贴或散发品的印制。

纸印版，一般使用 $60g/m^2 - 80g/m^2$ 的胶版纸或牛皮纸，雕刻、裁剪成字迹笔道的镂空纸漏版，反复使用的需刷一层桐油或浸蜡护版。印制时可将印版固定在丝网上或直接喷、刷、涂颜料。有的先刷一层胶粘剂后，撒上彩色玻璃碎碴，灯光一照闪闪发亮，非常好看。

金属薄版，多是马口铁、铜片等薄金属材料，经过敲、錾、砸等技术手段，去掉字迹笔道，制成镂空印版，或钻成孔洞组成笔道。可以喷、涂、刷油漆、油墨、胶粘剂。刷胶粘剂后再撒彩色粉末（金银粉较多），或撒松香白矾混合粉末，再稍加热便成凸起的笔道。

快速熔化（热敏）型薄膜版，这是 20 世纪 80 年代科学院系统创新试验版型，科技含量较高，试印了一批文献资料，没有推广开。这种热敏型薄膜版制版速度之简单快捷，任何制版方法都比不了。就如同复印一样，将这种快速熔化型薄膜放在专用制版机玻璃台上，再把原文献字迹铺盖其上。启动电源开关，含有多种射线成分的强光灯一闪，即制成一块漏印版，拿出就可油印。这种薄膜版与专用制版机的结构成分尚未公开。据有关资料介绍，其原理是不透光的字迹笔道受射线照射，快速集热熔化升华，形成能透过油墨的微孔。由于薄膜瞬间溶化，温度必须达到 $350℃ \pm 10℃$，薄膜字迹笔道才能充分升华，温度过低则熔化不全，印出字迹模糊不清。超高则熔化过度，印出的笔道变粗变形。限于当时元器件质量，很难达到标准温度。制版机和薄膜版达不到商品化生产的要求，因此没有被推广。

2. 重制规则策略

①辨清是哪种版材印制

纸印版与金属薄版比较难分辨。快速熔化型薄膜版比较容易认出。主要是抓住它们各自的特征。金属版的字迹笔道一般都比较正直，纸印版的笔道曲线拐弯多，因为纸张容易裁剪。

②尽量用原印版

除了快速熔化型薄膜版之外，纸印版、金属薄版都比较容易制作，可以用马粪纸和卡片纸代替。手工描绘下字迹笔道，然后再用刀剪雕刻即可制成。

③借用照相丝网胶膜印制和光电誊影制版

在无法利用原制版方法时，可采用照相丝网胶膜或光电誊影机制塑胶印版印制。纸印版和金属薄版的字迹，可以手绘出阳图底片，然后晒感光胶膜版印制。快速熔化型薄膜版字迹，可用光电誊影机制塑胶印版印制。

第六节　印章痕迹的重制方法与过程

一、有色印迹的重制方法和过程

1. 有色印迹的种类与特征

有色印迹指的是，通过非印刷版面而造成的压力颜色痕迹，具体的就是印钤、指纹、烫金图案文字。印钤，又称印文、图鉴，由印章蘸吸颜料盖在纸张上而成。印章的名称很多有，图章、戳子、玺、符、契、关防等20多个。制作材料也是多种多样无法说全，有金属、石头、象牙、竹木、砖瓦、橡胶、塑料、蜡、肥皂、土豆、萝卜、豆腐干等。传统制作方法主要是雕刻、铸造、腐蚀三种工艺。印章的种类也不少，有私章、公章、迎首章、押脚章，闲章、鉴赏章、方章、圆章、随形章等等。印章既是实用的，又是艺术品，还是证物。印章雕刻形成诸多流派和名家。按常规复制印钤，必须先要制作印章，由印章蘸吸印泥取色然后盖印。

指纹，俗称手印，是食指或拇指蘸吸颜料后，压印在纸张上的痕迹，是人体器官的局部征象，是认证某人的标志物。指纹的形态千变万化，每个人都不相同。可大致分为弓形线、箕形线、环形线、螺形线、曲形线、直形线和波浪线7种。对指纹的识别与认证形成了指纹学，并有专门研究指纹的机构和人员。

烫金字，通过高温高压将金属凸字版，压印在特殊彩色亮光纸上。亮光纸受高温高压作用，字迹笔道被烫透粘落在纸张上，形成亮光纸组成的字迹笔道。因金黄色亮光纸使用最多，所以统称烫金字。烫金字一般出现在毕业证、请柬、奖状、书皮封面等精制印刷物上，字数较少。通常使用的字体以美术字、篆字居多。烫金字不同于擦金字、描金字、撒金字，笔道是由亮光纸组成的。

2. 印章、印钤重制方法和过程提示

①传统雕刻方法与过程

制作印章有雕刻、铸造、腐蚀和快速成型3D打印等多种方法，采用雕刻原始方法最简单易行，其过程与木刻刷印版相同，只不过面积较小，剔刻得更精细、更艺术化、个性化。

图 5.14　加盖"陕甘宁边区政府印"印痕的《陕甘宁边　图 5.15　复制用"陕甘宁边区政府印"铜版。
区政府任命状》复制件。

第一步，用专用药纸（淀粉桃胶纸、石印件复制前面已介绍），描摹出印钤的字迹。

第二步，选择刻印材料。根据情况可以选用价廉且易取易刻的黎木、土豆块、熟石膏板、肥皂等，磨平表面。

第三步，反拓药纸上印钤字迹。将药纸字迹面反扣在磨平的章料印面上，稍潮润一下，略加压力，使字迹黏附在印面上。

第四步，雕刻。阳文图章用刻刀剔去不需要的非字迹笔道部分，成为凸起来的反向字形。阴文图章，是用刻刀剔去字迹笔道部分，成为凹下去的反向字形。

第五步，蘸吸颜料盖印。盖印颜料有红色、蓝色等印泥和印油，也可以用铅印、油印油墨。印色、印泥的配方相当多，而且相当讲究，质量相差悬殊，价格相差极大。举两个常用印泥配方：配方一：朱砂 1.2 份，蓖麻油 6 份，白陶土 1 份，艾绒 1.7 份，冰片 0.1 份，将这几种原料按比例混合并充分搅拌，反复碾轧压成泥状。配方二：蓖麻油 6 份，艾绒 1.8 份，洋红（或铅丹）1.1 份，冰片 0.1 份，白陶土 0.8 份，制法与配方一相同。

②印钤直接印制的方法

直接印制，就是不通过制取印章，将字迹直接印在文献复制品上，省去了制作印章的过程。印制的方法很多，平印制版、烂制铜锌版、感光树脂版、照相丝网印刷、光电誉影机塑胶版等都可以。最简便的是光电誉影机制取塑胶版，将原印钤的复印件或描摹墨稿裹在誉影机右端，左端固定塑胶纸版，开启电源，十几分钟便制得印版，然后调配红色油墨进行印制。

③手绘印章墨稿烂制铜锌版或制成树脂版直接蘸印泥、印油钤盖。（图 5.14、图 5.15）

3. 指纹再制方法

①难以实现的珂罗版法

珂罗版最适宜印制过渡层次丰富、线道细腻，近乎模糊指纹一类的印迹，效果相当逼真，

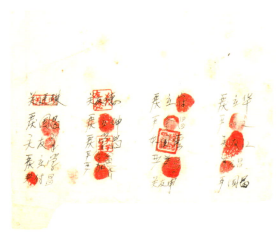

图5.16　1978年12月，安徽省凤阳县小岗村生产队农民自发实行包产到户责任制，这是按有指纹手印的合同书复制件。

图5.17　应用烫金技术印制的国务院任命书复制件封面

不过现实难以实现。一是此种设备和技术萎缩到极少数几家，掌握此技艺的人年事已高，二是周期过长程序复杂，三是不愿为此支出过高的费用。

②不理想的感光胶膜丝网印

平印、凸印照相制版都可以印制指纹，但必须挂网才能反映出指纹的层次变化和真实形象。而原文献没有网点，复制品上就不能有网点。没有网目的印制方法，只有照相感光胶膜丝网印刷，很快就可以印制出来。虽然没有网目，但层次过渡反映不出来，反差过大，细纹分辨不清楚，效果不理想。

③其他的代替法

一是用彩色图片代替。彩色图片能真实反映指纹形象，遇有指纹的文献，用新胶卷拍摄，洗印彩色图片就可以。二是找指纹类似的人代替。虽说这样做违反了复制原则，但因不是作证据只是观瞻欣赏，少露一些假还是可以。（图5.16）

4. 烫金字重制过程和方法

重制烫金字没有别的方法，只有重复原制作过程，才能达到原效果。

第一步，手绘纸质黑白墨稿或拍照获取感光胶片烂制铜锌凸印版。

第二步，寻找、配制同颜色的电化铝专用烫金纸。电化铝烫金纸，印刷器材部门有售。挑选时注意颜色差。由于原文献年代已久，与新购的纸张会有色差。此外各厂家生产也会不同，很难选择出完全一致的颜色。所以在购买时要选择新艳的然后做旧，或者印制时温度稍微高一些也可达到类似老化仿旧的效果。

第三步，上机印制。用烫金机或在带有加热设备的铅印机上，续上电化铝专用烫金纸和复制用纸，待温度上升到一定时，就可开机印制了。温度指的是铜凸印版的温度。具体温度要根据电化铝烫金纸上标定值而定。为使电化铝有些旧迹，可以适当调高温度，但不能超过400℃，超过会起火。（图5.17）

二、无色印痕的重制方法和过程

1. 无色印痕的种类与特征

　　所谓无色印痕，不是没有颜色，而是与纸张本体颜色一致，有明显痕迹显露出来，这种痕迹是有意用外界印压力量造成的。在文献纸张上表现出来的有钢印、暗纹图案和水印。钢印，并非是钢制的印章，而是由钢制阴阳模具，压印在证件上凸显出来的泥鳅背条状痕迹。一般在人像照片的中下部，圆形较多，面积不大，文字简单，多是某单位名称。暗纹图案，是含在纸张中的文字、图形。乍一看显现不出来，拎起用光一照，就能够显示出来。这是在造纸过程中特意用压印方法制成的防伪标志。水印，与暗纹图案差不多，没有文字内容，仅是流水状的线条与波浪式花纹。没有什么规律，也是为防伪而特意压印的，类似宣纸、毛边纸中的帘子纹，没有现在条形码的功能。

2. 钢印模具的重制

　　①原钢制模具与制作

　　要复制钢印痕迹，必先制作钢印模具。原钢印模具是两块文字相同，大小一致，阴凹、阳凸的圆台型钢模，分别固定在铁钳上下口上。盖印时，纸张或照片卡在中间，搬动压杆，阴凹与阳凸模具叠压重合在一起，便压印出隆起的文字痕迹。两块圆形模具，是专业部门的专用设备，经过腐蚀雕刻制作成的。制作过程复杂细致，非专业单位无法制作。钢制模具坚固耐久，可以使用上万次。

　　②简易模具制作方法

　　根据钢制模具坚固耐久的特点，如果复制需要，可到有关单位档案部门找寻，或许某个库房角落就有。找不到还可以去制作单位重新雕刻一对。再或者可以自己动手，用石膏、环氧树脂、木板或熔化硬铅浇铸制作。用石膏制作最简单、最省事，还可以为其他制作方法打基础。其制作步骤如下：

　　第一步，雕刻石膏阴模。将石膏粉按一定比例用水调和，根据原印痕尺寸，浇铸成直径 4cm — 6cm，高 5cm — 6cm 的圆柱体模块。磨平表面。描摹或翻拓圆圈文字，然后用刻刀剔挖阴沟笔道。剔挖笔道的粗细与深浅要与原件一致。

　　第二步，浇铸翻制石膏阳模。用纸张或其他物料围起石膏阴模，重新调制石膏液，浇铸在阴模之上，凝固成与阴模大小高低相同的石膏阳模。

　　第三步，加深加宽阴模的字迹笔道。因为阴阳模严丝合缝，没有照片和纸张的厚度含量，因此就得加深加宽阴模字迹笔道。加深加宽幅度在 0.2mm-0.5mm 范围之内。

　　第四步，加固做好合模规矩标志。待石膏模具彻底干燥后，通过包裹、缠绕等方式进行加固。在加固过程中做好合模规矩标志，以防合模错位。合模规矩标志有多种形式，可以是剔挖缺口、画线、阴阳槽等。

图 5.18 1954 年 9 月郝建秀当选第一届全国人民代表大会代表。代表当选证书复制件上钤有钢印印痕。

③铸硬铅模具

压印份数过多，石膏模具难以承受时，可以用石膏模具浇铸翻制硬铅模具。硬铅是一种铅、铝、锌、镍合金，可用来压制金属假牙。硬铅的熔点低（酒精灯就可熔化）硬度大，医药商店有售，价格不高。将熔化的硬铅浇铸在石膏模具上，很容易翻制出阴阳模具。硬铅模具可以压印几百份，用完还能重新熔化翻制其他模具。（图 5.18）

3. 暗纹水印重制三法

①制印版平压方法

一些暗纹水印是造纸时铺垫凸形痕迹造成的，而今不可能再重制这种纸张。采用干法硬压方式，也能达到近似效果。先将暗纹描摹下来，烂制成铜凸印版，不着墨，用铅印机或压力机加大压力压制复制用纸。从而压制出暗纹水印痕迹。

②湿法制版压制

当干压法达不到效果时，可将复制用纸或棉布等浸泡水中使之润涨，充分湿透后沥去水分。待要干未干时，用铜凸印版进行压制，直到纹样明显时停止。

③用白墨、淀粉印制

有些暗纹水印的透光率比较低，当干法和湿法压制仍难以达到应有效果时，可用白墨（铅印用油墨）加淀粉进行印制。制作过程当中压力适当大一些。

三、需要注意的问题

本节粗略叙述了复制历史或已失效凭证类文献有痕印迹的重制方法和过程。这些有痕印迹绝大多数出现在证件、证书、证明、票证等有法律效力和经济价值的文献上，其中涉及一些技术机密配方和产权问题，不能详细介绍。另外，更重要的是还在流通使用的人民币、邮票、股票、身份证、毕业证等的印钤，即使有复制资质的部门、人员，也绝不允许复制制作，否则将触犯法律。

第七节　多彩复合件重制程序与规程规则

一、简单图示释解

幸存的近现代文献中，只有一种黑色印迹、纸张洁白的很少见，绝大多数纸张已发黄变污。多数是含有两种以上印迹，如地图、护照、票证、奖状等是多种颜色复合件，多种印版叠压印制成的。复制这些多彩复合件，就得重新制取各种印版叠压印制，这是一个复杂的技术操作过程。

照相分色制取感光胶片。要想制取印制不同颜色的印版，就必须先通过照相分色，制取反差适度，阴图或阳图的黑白感光胶片版。一种字迹颜色就出一张胶片版，几种印迹颜色就出几张胶片版，就晒制几张印版，然后套色印制。此法技术难度很高，需要懂得基本原理和操作规程，才能准确掌握。如果分色不准、不合要求，就无法晒制出适用的印版。

备齐版材。选择好所用版材，配制感光胶液，也可用预涂感光版（PS版）。版材选择正确与否，直接关系到下一步的印制质量。

晒制各种印版。将摄制好的单色感光胶片蒙在感光版材上进行晒版。晒版如同前文所说，光照的强度和曝光时间一定要准确。各种印版的晒制时间和要求不相同。晒版完毕之后的显影与清洗也必须按要求进行，不能随意变动。遇到特殊情况要特殊处理。

分色叠印。就是将制得的印版上机着墨，分先后一种颜色印制一次。说来简单，真正做起来并不那么容易。有些颜色不是单色，而是多色叠加成的复合色，叠压不准或叠压颜色不对，就会出现怪色和差错。

整修复原。叠印完成后，因为是新制品，在形状和新旧程度等方面与原文献必然有差距。整修复原就是通过裁剪装订、做残、染色仿旧等手段使复制品与原文献外观一致。在后续的章节中将重点介绍。

二、照相分色的原理与规程规则

1. 个人理解的照相分色基本原理

照相分色制取感光胶片，这是一个大的专题和专业技术，已经有多种著作从光学、数学和化学角度讲述，没有一定科技知识难以理解和掌握。这里仅就个人理解，说一些粗浅的基本原理。

运用三原色理论，即色光加色法和色料减色法。色光加色就是红、绿、蓝三色，三色叠加在一起成白色，红与绿相叠加成黄色，绿与蓝相叠成青色，红与蓝相叠成品红，色光相加光亮增大。色料减色法，黄、品红、蓝三色相加成黑色，黄与蓝相加成绿色，品红与黄相加成红色，蓝与品红相加成深紫色。使用全色感光片，再利用滤色片，让有的颜色感光，让有的颜色不感光，摄取单一颜色的感光胶片。

举一个简单的例子。原文献中有红、黄、黑三种印迹，就要制取一张黑色感光片，也就是黑色字迹在感光片上是透明的，其他部位是黑色的感光片。在照相机镜头上插入红色滤色片，红色滤色片与黄色形成橙色，橙色加红色仍是红色，都会感光，红色加黑色印迹不感光，这样就形成了黑色感光片。真正理解还要通过多次实践。

2. 基本规程、规则

①明确所需感光片的种类、性能和要求

感光片有多种，其性能不尽相同，而且还有阴阳正反之分，密度反差之别。操作前必须明确，感光片形成阴阳正反的形式和密度反差的数值，以便正确使用。

②确定分色的顺序

明确使用哪种感光片后，还要确定先摄取哪种颜色印迹。摄取哪种颜色印迹的顺序相当重要，如不准确就会事倍功半，甚至前功尽弃。要根据原文献色彩印迹情况，运用三原色理论进行观测分析。一般情况先制取黑色印迹感光片，然后是红色、蓝色印迹。原则上尽量减少分色次数。

③充分利用滤色片

滤色片的型号较多，质量差异很大。要选择高质量色彩准确的滤色片，在拍摄之前先在原文献上，用灯光照一照，观测一下各种印迹颜色的变化，看能不能达到理想效果。一般先试看浅黄色滤色片，然后逐步加深将深黄、品红、红、蓝色各试看一遍。原则是由浅入深，逐步减色。

④测算各种数据

用测光表测出灯光亮度值，原文献的反光数值，以此为基础，结合感光胶片的有关数值，计算出光圈大小、曝光、显影时间等指数。光圈与透光量、曝光量成反比。复原复制文件一般是原大拍摄，不存在放大缩小。使用光圈比较大，挂滤色片之后，可以缩短曝光时间。不过先要通过小条试验。

⑤剪感光片小条试拍摄

正式拍摄分色之前，一定要裁剪感光片小条进行试拍摄。因为计算出的各种数值不见得准确，牵涉到的因素很多有时难以计算。例如显影液的效力逐渐消退，刚开始性质暴烈，曝光时间、显影时间相对就要缩短一些，否则灰雾度就大。即使小条试验合乎理想，到正式拍摄出的感光片也会有变化，这就要凭经验进行调整。

3. 关于网点印迹的处置方法

近现代文献中，常有一些层次丰富、反差逐步变化的图像、照片，那是照相分色挂网屏制版印制形成的。网屏，也叫网目屏、网点版。网屏是由两块划斜线的透明玻璃板组成。两块玻璃板相互交错，便出现各种形状（方块、圆形、菱形）的网点，类似筛子。照相分色时把网屏挂放在感光胶片前面，光线通过网屏投射到感光胶片上。感光胶片上形成的影像与笔道由网点组成，可见网点的密度是由受光多少决定的。光的变化是有层次差别的，网点密度、层次出现变化，因而过渡层次明显。

如果遇到带网点的印迹，需要照相分色时，可根据具体情况进行处置。经验告诉我们，统一用照相分色挂网屏拍摄出的感光胶片，印制效果很差，需要做进一步的技术处理。

一是原文献网点粗大清晰，低于 80 线／英吋，可以不用挂网屏直接拍摄制取感光胶片。

二是原文献网点多于 150 线／英吋，网线构成的影像——网像清晰过度。就要寻找原始照片挂网屏拍摄，或者把原文献复印下来，将复印件的图像照片用修版墨描涂一遍，把网点盖掉，然后再加挂网屏拍摄。这个过程技术难度大，需要有一定绘画基础的人来做。

三是原文献网点大于 200 线／英吋，网像不清晰，可挂 80 线／英吋网屏进行拍摄，使图像粗而模糊，要比细而模糊效果更好。

三、晒制印版的顺序和规则

1. 从印迹颜色上分，先黑后蓝、红、黄

一个印件往往由几种颜色印制。一般先晒黑色字迹印版，然后再陆续晒制蓝、红、黄字迹印版。因为有文字的印件，黑色字迹占主体，字数最多、面积最大。其他有色字迹虽有时也占主体，毕竟是少数。晒好黑色字迹印版后其他字迹印版，就比较容易定位找规矩。如果先晒蓝、红、黄色印版，往往引起黑色印版的移位和更改。

2. 从印迹版种上分，先凸版、后平、漏、凹版

要晒制两种版别时，应先晒凸印版，后晒平版、漏版和凹版。因为凸版铅印与雕刻木版占了近现代文献绝大部分，所印制的字数和数量是其他印版都无法比拟。凸版印制的字迹往往是黑色的，黑色的比较容易定位。

3. 从印迹字数多少与字体大小分，先小多、后大少

字数较多，字体较小的往往是黑色，字体较大、字数较少的往往是红、蓝、黄色印迹。因此要先小多，后大少。从晒制印版的技术来讲，这三点是协调一致的，这种体会只有在综合短版印刷的各种情况下，才能总结出来。一般印刷晒版专业部门分工很细，一个人只从事一种印版的晒制，对其他印版晒制的诀窍和差别了解少。

四、叠压印制顺序与规则

1. 从印版颜色上讲，先浅淡，后深重

这与晒版完全相反，先印制浅淡颜色，再印颜色深重的，最后印黑色。一是如果出错误，可以用深重的颜色遮盖住，比较容易修改，也不污染纸张和环境。二是换色时比较简单，不用花费时间、气力洗涤墨辊和墨台、墨斗，逐步加深就是了。三是叠压效果好，墨层加厚而不显现，

图 5.19　应用多种印刷技术制作的孙中山致章太炎签名信复制件

字迹笔道凸起效果反而明显，给人一种立体感。

2．从版种上讲，先平版，后凸、漏、凹版

这就是说如果有多种印版印制的话，先印制平版字迹、花纹、图案，后印制凸版、漏版、凹版字迹。这是因为平版印制的多是浅淡的字迹、图案，印制完纸张不会出现凹凸印痕，纸张是平展的，印制规矩不会变化。如果违反顺序，先凸、凹印版，再平、漏印版，墨迹就很有可能会污染整个纸张印件。

3．从印刷所用油墨上讲，要先稀后稠

印刷所用油墨种类繁多，构成复杂，性能指数各异，其中油墨的黏稠度和干湿度至关重要。一般黏稠度低拉力小的稀释油墨比较容易干燥。而黏稠度高拉力大的油墨干燥速度较慢。因此在使用油墨上，叠印时要先用黏稠度低拉力小的油墨印制，后用拉力大、黏稠度高的油墨印制。一般黑色油墨相应的黏稠度高一些。胶版印刷用油墨要比凸版印刷用油墨拉力大一些。印制时要注重协调几者的关系。（图 5.19）

第八节　隐形字迹重制规则和应对方法

一、显现字迹重制规则

密写型、破解型和密码型三大类隐形字迹，都隐藏在显现字迹之中。显现字迹的构成比较复杂，手迹、印迹、光化、光电都有，可以说是综合性文献体。重制显现字迹时，遵循文献复原复制原则：一要选用同样质感色感的纸张。二要采用原用笔具和印制工艺。三要按顺序制作（描摹、印制）字迹。破解型和密码型隐形字迹都是显现字迹，重制出来也就可以了。密写型的显现字迹重制出来之后，还要重制密写无色字迹，相当棘手和麻烦。

二、密写无色字迹重制困惑

如果密写字迹已经显示出字迹颜色和形象，那就按显现字迹的方法和过程重制。不知所措的是，密写隐形字迹基本上是无色的，肉眼不容易观察出来，也不知道用什么物质和方法显示出来。如果仅凭记载和指认某种文献中有某文字内容的隐形字迹，要求进行复制，这种情况如何处置，就要有一定的应对态度和招数了。

三、应对态度和招数

1. 积极主动承担显现字迹的复制

凡隐形字迹必然有显现字迹。复制显现字迹是义不容辞的职责也是施展技能的机会。作为复制工作者要主动地承担、追求完美，无限趋近原文献。

2. 寻找理由回绝复制密写字迹

如果密写字迹已显色，那毋庸推辞，选配同颜色墨水，重新描摹就是了。如果一定要复制没有显色的密写字迹，则失去了复原复制的依据。理由是：一是不知什么文字内容，什么字迹形象与颜色。二是不知显色机理，用什么药料显色。三是要存在密写字迹的依据，凭什么说存在密写字迹。四是要问是永久显示还是短暂显示，显示之后如何保护。五是要问显示的目的和作用，复制品显示出来是不难办到的，不过违反复制原则。

3. 组织科研力量，破译密写字迹

隐形字迹中的密码型字迹，早已有专门机构和人员进行破译，取得了相当成果，成为一门学科。破解型隐形字迹，早期也有专门人员研究和使用，近期衰败了。唯独密写型隐形字迹，由于种种原因，目前还没有专门研究机构和人员，也不曾列为研究项目。其中原因之一，就是不知道哪些报刊、书信中存在密写字迹。现在若有人要求复制密写字迹，就要先知道其中含义，然后结合复制技术中的基础理论与基本技艺进行研究发掘，完成这项任务。

4. 无法回绝无奈的举措

如果要进行复制，且又知道文字内容，可以采取简单的应对方法。就是用笔具（毛笔或蘸水笔）蘸吸红茶酽液、栀子汤汁、浓咖啡、蛋白清加酱油、甘油加墨水等有机无毒无污染溶液，参考以往字迹形象，进行描摹，一般不会超过 30 个字。描摹完毕后上盖撒潮纸，用电熨斗压烫一下，可以保持长时间不变色，字迹形象显得模糊而字迹笔画清晰。

第六章　光化字迹载体复制过程和方法

第一节　银盐感光照片的翻制

一、按照片形成过程重新翻制

1. 光化字迹载体照片形成过程和表面征象

　　照片是相纸感光之后形成的文献载体。在第二章曾简单地介绍了一点，这里再进一步说明一下。绝大多数照片是阳图正像片，即字迹笔道是黑色的，非字迹笔道部位是白色的。字迹笔道是由极细微的金属银粒组成的，实质上是手迹、印迹、光电字迹的影像，照片本身并没有，也不能产生字迹。它的形成过程表面说来很简单，先用银盐感光胶卷、胶版、胶片，拍摄出阴图反像片，也称负片、底版，然后经过阴图负片曝光后，印制或放大成照片；实际经历两次复杂的化学物理变化过程，一次负片的拍摄、显影和定影，负片起了一个媒介作用，二次相纸上感光胶膜的曝光，显定影化学反应过程。没有负片的媒介，就形不成照片上的字迹。负片的翻制是首要的。（图6.1）

图6.1　宋庆龄题赠柳亚子的孙中山、宋庆龄结婚照。

2. 照片复制首要的是媒介物的翻制

　　通常理解，照片的复制很简单，找来原负片底版，重新印制或放大就是了。其实并不简单，在绝大多数情况下，有时是没有或是找不到原底版负片。因此就必须重新拍摄阴图负片，作为媒介物，再印制或放大照片。而拍摄阴图负片，要比印制或放大照片，技术难度和设备材料要求，复杂麻烦得多。没有合格标准的媒介阴图负片，就印制不出合格的照片。所以说照片复制首要的是媒介物的翻制。

二、相纸和媒介感光材料的选择与确定

1. 翻拍银盐照片所需感光材料

　　翻拍银盐相片必须要用相纸和胶片、胶卷。相纸是未感光处理的照片基本材料，多性能、多品类、多型号。主要由纸基和感光胶层构成，感光胶层是个复杂的物质组合。有印相纸和放

大纸两大类，印相纸直接与负片相接触曝光，放大纸经镜头投（透）射光而曝光。又有平面、布纹、图案之分。感光速度快慢、反差大小又各有 1 号—4 号之别。相纸是大系列的工业产品。

银盐胶片、胶卷使用最普遍、效果也最好，发展过程也较快。开始是玻璃板做片基，后变为透明胶片，胶片又从硝酸基过渡到醋酸基、尼龙片基。幅面大小与形式多样，单页的称为胶片，有各种规格，包括照相制版胶片。卷轴的称为胶卷，有 120、127、135、缩微等常用型号。感光速度及其他性能各不相同。构成了一大系列产品。

相纸和胶卷、胶片是近现代科技产品，复制工作者不可能也没有必要自行试制，只需选购社会通行的销售品。

2. 相纸和媒介感光材料的选择

复制用相纸的选择，首先识别区分成像方式。成像方式指的是通过什么方式形成影像的，具体地说就是用放大机放大的，还是印相机印制的，或者是缩微机放制的，照排机照排出来的。

弄清楚成像方式至关重要，决定了相纸种类和型号的选用。这完全凭经验来识别，没有一本教科书能讲清楚。一般说来，原大印制出来的照片上的字迹笔道比较清晰利落，反差较大，即使底灰较大也能显现出来。放大出来的字迹笔道边缘有虚影现象，中心与边缘的字迹笔道粗细不完全一致。照排出来的字迹都是印刷规范字体（宋体、仿宋体、黑体），字迹之间的距离不完全等同，行距之间也不标准。其他征象还有许多区别，要多观察。

其次，要确认相纸的种类和型号。这与识别成像方式，直接关联，要凭经验和直接比对来确认。一般说来，印相纸照片的篇幅一般不会大，超过 12 英时的很少，而且单幅较少，多是几幅十几幅。纸基较薄，多平面无纹，纸面光亮（上光机烤干）。三号、四号相纸较多，俗话说三号、四号纸，属于中硬性、硬性感光性能，反差比较大，适于印制文献字迹，一号二号属于软性、中性纸，笔道会出现过渡层次，反差也相应小一些。放大纸照片纸基较厚，篇幅较大，一般大于 12 英时。单幅较多，表面粗糙一些，光亮不大，通常作张贴、悬挂、展示用。如果确认不准，可以用相纸样品进行比对，尽管不完全一致，也能分辨出印相纸和放大纸及其型号。

媒介物胶卷、胶片的确认比较麻烦，因为直接看不到原物，只能根据照片字迹影像进行推测，完全靠经验，无法叙述清楚。胶卷、胶片的片基和型制如同照相制版用感光材料一样，有一个发展变化过程，这更增加了确认的难度。开始是玻璃片基，玻璃片基又有干湿版之分，后来有了软片，软片又经硝酸片基、醋酸片基到现在的尼龙等片基。型制有平版各种规格，可以随便切割与剪裁。软胶片出现卷轴状包装，宽度有 120、127、135、缩微等常用规格，长度各不相同，最长的有百米，最短的 92cm。感光层主剂虽都是卤化银，但感光度、密度、反差系数、感色性、宽容度、解像力、清晰度、灰雾度等差异极大，各自的字迹影像效果是不相同的，即使见到原胶卷、胶片也难以表述清楚，更何况见不到原媒介物了。不过有经验工作者，可以通过照片型制推测出哪种胶卷和胶片。印相纸照片，一般是符合原胶卷、胶片规格尺寸的，例如 120 卷，就是宽 5.5cm、高 5.5cm（16 张单幅）。放大纸照片单幅比例，如果不是摘取放大，就与原胶片、胶卷的比例相同。

照排机照排出来的照片文字篇幅的比例等同于大小 32 开本，16 开本的版心尺寸，如 32 开小开本是 10cm×15cm，大 32 开本是 10.5cm×16cm。

3. 选用购买注意事项

第一，要选用购买名牌国产品。解放前感光材料依赖进口，英美产品占了主要市场。解放初期苏联产品大量涌进，国内产品仅占一部分。20 世纪 60 年代国产感光材料才有起色，质量还不尽如人意。改革开放以来，上海、厦门、汕头、保定等地所产相纸、胶卷、胶片质量还可以，不比进口柯达差多少，价格也便宜许多。

第二，注意有效期限。相纸、胶卷、胶片有明显的期限效应，千万不要选用过期或将近过期的产品，产品上都有期限标志。现存的过期产品，只可做试样用，决不能作为正式品使用。

第三，选用最小包装。相纸（印相纸和放大纸）和胶片有多种多样数量包装。最小包装不是指的体积和面积，而是指的是每个包装内的数量最少、最小。相纸每盒有 12、36、48 等张的包装，卷筒纸有 50m、100m 一卷的，胶卷有 12、24、36 等一盒的。选用内含数量最少的单体包装。照片复制不是批量生产，一般用品不会多。选购多了，过期用不了，造成不必要的浪费。

第四，过期或废品处理。即使选购最小包装，也常常造成过期，也还会出现一些废品、不合格的照片。过期的和一些废品也不要随意丢弃，因为表面胶层都是贵重的金属银化物，可以进行回收，有条件的可以自行提炼金属银，没有条件提炼的集中起来送有关部门进行处理。

三、翻拍制取媒介胶片胶卷过程和步骤

1. 翻拍环境条件要求

一要周边没有危险因素（地震、火灾、高压线、爆炸物品、污染等）存在，突发事故概率小。二要独立的暗房和拍照间，水电气热能源设备齐全，通风设备良好，温湿度可以任意调节。三要与外界联系快捷方便。

2. 翻拍、洗印主要设备器材

翻拍机，不是专业机器的名称，实际没有这种机器，而是具有照相功能的复照仪、翻印机、摄影机、缩微拍照机等机器仪器的统称。任何一台合格的照相机都可以翻制阴图负片，也就是翻拍制取媒介胶片，只不过操作方式和动作不同而已，而拍照过程是相同的。用得最多最广的是缩微拍照机和携带型照相机。作为复制照片制取媒介用胶片胶卷，可以选用制版照相机和各种小型照相机，关键是选择好镜头的焦距，复消差程度高一些。另外，翻拍时一定要安装稳定的支架，以防镜头震动。（图 6.2）（图 6.3）

显影设备，市场有售专用显影罐槽，也可以用防腐材料自制。主要是封闭不露光，倒入倒出显影液方便快捷，装取胶片胶卷容易，当然能保温最好。没有保温功能的显影罐槽要置于保温液体之中。

定影设备，相应地简单一些，只要不露光、不腐蚀、不漏液体的任何材料的密封器具都可以，

最适用的是搪瓷或塑料制品。

3. 翻拍具体操作过程和步骤

第一步，曝光前准备。将被翻拍照片放置在架框内，启动灯光，灯光均匀后，用测光表测出亮度值，然后关闭灯光。根据亮度值和胶片胶卷的感光度值计算出光圈的大小与曝光时间。调整好光圈的大小和快门。在无光暗房内将胶片胶卷装入暗盒内，感光层药膜面不能装反和触摸。

第二步，曝光拍照。重新启动灯光，待灯光稳定后，开启快门。曝光的过程就是拍照的过程。曝光就是让感光胶层药膜非字迹笔道部位见光，字迹笔道见不到或少见光，从而形成潜影。曝光时间至关重要，各种感光胶卷胶片的感光度数是不同的，曝光时间差异极大，最快的五百分之一秒，最慢的达几分钟。作为翻拍照片用，光圈尽量小一点，曝光时间长一点，比较安全可靠，容易掌握。一般常选在 0.5 秒至 10 秒之间，特硬感光片有时用 1 分钟至 2 分钟。曝光时间是指从开启快门到关闭快门与灯光。

图 6.2 著名摄影家吴印咸在延安时期使用的三台照相机

图 6.3 1945 年吴印咸在延安为毛泽东拍照（马似友摄）

第三步，胶片胶卷显影，显影就是使感光的卤化银在显影药剂的作用下，发生化学反应，转化成金属银微粒附着在胶片上。在无光状态下，从暗匣中取出胶片或胶卷，置于显影罐或槽之内。罐槽之内储有 20℃显影液。显影液是由保护剂、显影剂、促进剂、抑制剂和其他药剂组合而成，其配方有多种组合，常用 D－11 硬性显影液，成分如下：米妥尔（对甲氨基苯酚硫酸盐）1g，硫氧（无水硫酸钠）75g，海得（对苯二酚）9g，碳氧（无水碳酸钠）25g，钾溴（溴化钾）5g，水 1000cc。显影时注意摇动，防止粘连。显影罐槽水溶温度要保持 20℃－22℃之间。显影时间控制 4 分钟至 6 分钟。

第四步，停显水洗。显影时间到后，在无光状态下，取出或捞取胶片胶卷，置于 20℃－22℃水中，水中可以加入少许冰醋酸，摇动 3 分钟至 5 分钟。目的是洗掉显影药液，不再继续发生化学反应。洗不干净就可能继续显影，显影过度产生灰雾，效果极差。

第五步，胶片胶卷定影。定影就是用溶剂溶解掉未感光的卤化银，也就是字迹笔道，使之变成透明露光的笔道。还是在无光条件下，从停显水中，捞出胶片胶卷，置于定影液中。定影液一般由定影剂、保护剂、中和剂、坚膜剂等成分组成，他的配方也不少，通用如下配方，主剂硫代

图6.4　徐志摩签名照复制件

硫酸钠，俗称大苏打，240g，保护剂硫酸钠15g —50g，酸化剂醋酸47cc — 150cc，溶剂水1000cc。定影液的温度18℃— 22℃，定影时间10分钟至30分钟，定透为止。如果需要急速定影可用剧毒氰化钠，不过氰化钠不容易得到，尽量还是别用。

　　第六步，水洗晾干。定影时间到就可以开启室内灯光，将胶片胶卷取出，观察一下。如果合乎要求，就可置于流动水中进行清洗。冲洗的目的很明确，就是清除掉胶片胶卷上黏附的药物和废物，保护剂硫酸钠不容易清除掉。清洗干净后，捞起悬挂起来，最好是自然慢速干燥，吹干烤干都可以，但容易变形。悬挂时注意悬挂方向与纵横。

　　至此翻拍媒介胶片胶卷完毕，即可印制或放大照片，进行照片复制。（图6.4）

四、银盐照片的印制、放大过程和步骤

1. 印制放大工作条件和设备器材

　　与翻制胶片胶卷的环境条件相同，相对低一点，一般翻拍与照片洗印房间连在一起。

　　主要设备就是印相机或放大机，国内外都有定型产品，种类样式多得很，选用购买通用的就行了。

2. 印制照片过程与步骤

　　第一步，印前准备。在白光灯下，擦干净印相机玻璃台面，调整曝光箱灯光亮度和均匀度，将胶片胶卷感光胶膜面朝上，按规矩铺在印相机玻璃台固定位置上。

　　第二步，曝光印相。关闭室内白色灯光，启动室内安全灯光（一般用红光），取出印相纸，裁剪成所需尺寸。感光药膜面朝下，反铺盖在胶片胶卷上。压实压平盖板，同时启动曝光箱灯光。控制在有限范围内，一般不超过2秒，根据相纸感光度而定。没有把握可以先剪裁小条印相纸进行试验。

　　第三步，相纸显影。在红色安全光下，取出已曝光的印相纸，置于显影液中。显影液一般常用硬性显影液，其成分配比是，亚硫酸钠90g，几奴尼45g，氢氧化钠32g，溴化钾30g，水1000cc。温度控制在18℃— 22℃之间，显影时间2分钟至3分钟，可以随时翻动印相纸，观察显示状况，到理想时捞出。注意此显影液有一定腐蚀性，尽量不要徒手触摸。

　　第四步，停显定影。在安全灯下捞出印相纸，放入清水之中，稍为冲洗一下，停止显影，并冲洗掉印相纸上表面残留的药物。随即放入定影液中。定影液可以沿用胶片胶卷定影液，

图 6.5　章士钊先生青年时期在伦敦期间题记照复制件

也可以另行配制，通常习惯用酸性坚膜定影液，其配方成分为，硫代硫酸钠 240g，亚硫酸钠 30g，铝矾 30g，醋酸 13cc，水 1000cc。定影时间 10 分钟至 20 分钟。

第五步，水洗干燥。定影时间到后，可以开启室内白光灯，从定影液中捞起印相纸，放入水流中冲洗，冲洗掉药膜表面所有附着物。冲洗 30 分钟后，捞起沥去水分，置于上光干燥机上烘烤干燥，或者用夹子夹住悬挂起来自然晾干。

至此印相完毕，印相纸成为照片。

3. 放大照片过程和方法

放大制取照片与印相制取的过程和步骤完全相同，没有再介绍的必要。所不同的是用放大机镜头曝光，放大机的结构要比印相机复杂一点，操作也麻烦一些。曝光前一定要调整好相距，对准对实，防止边缘虚影。再一点不同的是用放大相纸，放大纸的感光速度相应快一点，相纸的篇幅大一些，纸基相应厚一些，曝光时一定要压平压实整幅相纸，以防翘边。在实践中才能掌握，可用小条放大纸试验几次。（图 6.5）

第二节　银盐胶片胶卷复制方法和过程

一、银盐胶片胶卷复原复制

1. 载体复制概念重提

在第一章第二节曾说过文献的复原复制"在一定程度上说是载体复制"。对于手迹、印迹、光电转化字迹的纸张文献，比较容易说清和理解，而对于光化字迹，特别是银盐感光胶片胶卷字迹，往往被理解为资料性复制。因为档案、情报、图书资料等系统单位所说的复制，就是利用各种感光材料胶片胶卷和技术手段，翻印、记录、储存和影印文字信息，至于对信息载体的形体、型制、材质等并没有要求和规定，只要文字信息准确无误、容易识读就行了。实质上是资料性复制，不是载体复原复制。这里所说的银盐胶片、胶卷的复制，是载体复原复制，既要文字形象逼真，又要载体胶片胶卷完全相同。

2. 胶片胶卷复原复制的难度、特殊性和途径

众所周知，胶片胶卷的材质和感光胶层成分一直在发展变化。现在遗存下来的玻璃片基、硝酸片基、醋酸片基，以及尼龙类片基，除尼龙类片基感光胶片胶卷外，其他都已停产，再也难找到未感光的银盐感光材料，即使偶然碰到，也早已过期作废。银盐感光材料的生产是一项高难度科技项目，文献复制工作者无法自制，只有利用现成的。复制时就不可能再使用原材质的感光胶片胶卷，具体地说硝酸片基、醋酸片基的胶片胶卷，只能用现生产制作的同型制的尼龙一类片基代替，至于感光胶层的成分与比例也不可能一致。玻璃片基的倒可以采用照相制版用的湿版制作。胶片胶卷复制的这种特殊性必须说明。

根据情报、电影、档案系统拷贝胶片胶卷的经验，又根据胶片胶卷的特点，可以采取直接翻印的方法，不再重复原始形成照相过程，减少了程序，质量也能保障。如果需要多量的阴图负片复制品，可先直印阳图正片，作为母版，再翻印出多量的阴图负片。如果仅要单量一、二份，则可以利用反转冲洗方法，制出阴图负片。

二、胶片胶卷批量复制方法

1. 阴阳相互转换的方法和条件

如果要复制大量的阴图负片胶片胶卷，那就要利用原阴图负片印制出阳图正片作为母版，再由母版翻印出若干张阴图负片胶卷。

反之，如果要复制阳图正片，那就印制出阴图负片作为母版，再翻制若干份阳图正片。

其原理不说自明。阴阳转化的设备条件也很简单，电影、情报系统有各种专门拷贝机，快速又便当。没有专用拷贝机，有一台印相机也就够了，再就是显影和定影用的罐槽和药物。

2. 具体操作过程和步骤

第一步，选择定数较低的胶片胶卷。有专售文献翻拍胶片胶卷，感光速度比较低，密度较大，一般选9定—15定较为合宜。

第二步，翻制母版，阴翻阳，或阳翻阴。在暗室内取来打开原胶片胶卷，擦拭一下，固定在拷贝机或印相机框架上。将选好的新胶片胶卷打开，药膜面对药膜面扣压在原胶片胶卷上，开启曝光灯，曝光时间视胶片胶卷感光定数而定，1秒至2秒钟。拿不准可先用小条试验。曝光后置入 D－11 硬性显影液中显影。显影时间，一般控制在6分钟之内。掌握好曝光时间使之充分显影。显影后经清洗停显，再进行定影，定影液配制见第一节，定影后冲洗干净，晾干或吹干，

一定要干燥彻底。

第三步，修治母版。母版制得之后，不见得合乎理想，可能会出现一些砂眼、透明度不够等瑕疵。这要经过修版才能弥补。对于砂眼和多余的透光部分，可用墨汁加胶水描漏。透明度不够可用减薄方法，清除翳雾。减薄液的配方：甲液赤血盐 37.5g，水 500cc，乙液大苏打 480g，水 2000cc。用时取甲液 30cc，乙液 120cc 混合，再加入 1000cc 水，将胶片胶卷放入其中，随时注意观察，翳雾消除为止。如果局部减薄，可用毛笔蘸吸减薄液抹擦，直到消除为止，充分水洗晾干。密度不够可用加厚方法加厚，加厚先用漂白液漂白。漂白液的配方为，重铬酸钾 90g，浓盐酸 64cc，水 1000cc。将胶片胶卷置漂白液中漂白，漂到黑色褪去变成白色，取出水洗 5 分钟，再投入高反差 D —

图 6.6 抗日名将赵登禹将军头像胶片版复制件

11 硬性显影液中显影，5 分钟后捞出水洗。

第四步，由母版翻印制若干复制品，与翻制母版的过程和方法完全相同。不同的是要翻制多份，为节省时间，验证准确曝光时间后，可以集中曝光印制，然后集中显影、定影、冲洗，冲洗完毕统一晾干，注意不要相互粘连。（图 6.6）

三、利用反转冲洗法复制

1. 反转冲洗基本过程原理

反转冲洗片也有专售，也可采用普通银盐胶片胶卷。复制用新胶片胶卷经印制曝光，第一次显影后，见光的字迹笔道变成黑色（析出的金属银粉末构成）。然后用漂白液溶解掉黑色笔道，黑色笔道变为透明的字迹笔道。非字迹笔道部分的银盐感光层未变，仍保留原有性能。再经整体曝光后显影，非字迹笔道部分析出金属银粉末，结成黑色胶膜。定影冲洗后便成为阴图负片。

2. 反转冲洗过程和步骤

第一步，印制曝光。在暗房内将复制用的阴图负片新胶片胶卷与原胶片胶卷胶膜面相合，在印相机或拷贝机上进行曝光。曝光时间根据具体灯光强度而定，一般不超过 2 秒。

第二步，第一次显影。将曝光的胶片胶卷置于显影液中，温度控制在 20℃ — 22℃，6 分钟至 8 分钟。显影液配方如下：米妥尔 4g，无水亚硫酸钠 45g，海得（对苯二酚）12g，硫氰酸钾 4g，无水碳酸钠 60g，溴化钾 2g，水 1000cc。硫氰酸钾有剧毒，不可入口和触及伤口。经显影后，

图6.7　抗战名将佟麟阁将军头像胶片版复制件

见光的字迹笔道卤化银胶层析出金属银粉末，成为黑色的字迹笔道。

第三步，漂白，溶解掉显示出来的黑色字迹笔道。在无光情况下，将已显影后的胶片胶卷稍作冲洗，然后置于漂白液中漂白，溶解掉已显示出来的银粉末字迹笔道。漂白液的配方为，重铬酸钾6g，浓硫酸6cc，水1000cc。配时浓硫酸慢慢倒入重铬酸钾液中，千万不要倒置。温度18℃—20℃，漂白时间4分钟至6分钟，经漂白后，字迹笔道变为透明的字迹笔道；未见光的非字迹笔道部分，仍保留卤化银的性能。

第四步，第二次曝光显影。漂白后的胶片胶卷充分冲洗，然后开灯第二次曝光，曝光时间可以到2分钟，就是让未感光的卤化银非字迹笔道部分充分见光。再置于显影液中进行第二次显影。第二次显影的配方为，米妥尔10g，无水亚硫酸钠20g，无水碳酸钾50g，水1000cc。显影温度20℃—22℃，时间3分钟至5分钟。经第二次显影后，非字迹笔道部分完全变成黑色的金属银粉胶层。

第五步，定影充分水洗。将第二次显影后的胶片胶卷稍冲洗便可置于定影液中，定影液配制见第一节。温度20℃—22℃，15分钟后充分水洗干净，吹干或晾干。（图6.7）

第三节　工业蓝图等常见非银盐光化字迹复制过程和方法

一、以载体材质划分非银盐光化字迹

1. 非银盐光化字迹庞大繁杂

非银盐感光材料是个庞大繁杂体系，据目前所知，除光电转化材料外，就有无机体系、热印体系、光致变色体系、重氮体系、聚合体系、有机成色漂白成像体系等十几个大体系，每个大体系各含有若干个子体系。如无机体系中就有铁化合物、铜化合物、重铬酸盐、卤化铅、硫属化合物、卤化铊、汞化合物等小体系。因而造成了字迹影像的庞大繁杂。各种字迹的形成机理、特点与过程，各不相同，难以掌握与记忆，即使某一体系的专业工作者也不一定全面了解与掌握。限于篇幅，无法也没有必要再引深介绍，作为复制工作者，了解常见通用的非银盐感光材料及

其字迹的分类也就可以了。

2. 常见非银盐光化字迹简单特殊分类

从复原复制角度出发，以载体材质和制作工艺为分界，将常见非银盐光化字迹，分为照相感光胶片型和晒熏制纸质型两大类。照相感光胶片型以涤纶为片基，上涂非银盐感光胶层，通过照相方式制取的字迹影像，样式与银盐感光胶片相同，也有阴阳图之分，胶片与胶卷之别，非银盐感光胶层中以重氮盐为主体。晒熏制纸质型是在优良的纸质（80g/m² 胶版纸为主）上涂布非银盐胶层，用晒熏制方法制取的字迹影像。蓝底色阴图最常见，因而又简称蓝图，红、黑、绿、黄等底色的阴图也经常出现，是因为涂布的不同感光剂而造成的。

二、非银盐胶片的翻制过程和方法

1. 重氮盐感光胶片的特性

重氮盐感光胶片是非银盐感光胶片中的主体代表物，运用最多，使用最普遍，特别适于直接接触翻制相同影像（阳翻阳，阴翻阴）的胶片。这是由于其特性所决定的。重氮盐感光胶片的感光胶层由重氮盐组成，片基与银盐胶片相同，主要是聚酯片和醋酸片，有片装与轴卷装。感光速度极慢，仅有银盐感光速度的万分之一，只能强光（紫外光）直照才能感光，不能通过照相机镜头拍摄，反差系数极大，密度值相当高，解像力又相当强。感光区在紫外光区，对绿、黄、红光不吸收，部分吸收蓝光。图像稳定，不用在暗房中操作，设备价格便宜，操作简单，易于掌握。有利于字迹的映现。

2. 用重氮盐感光胶片翻制过程和步骤

重氮盐感光胶片，为直接翻制同像胶片（银盐与非银盐重氮盐胶片），提供了便捷条件，具体操作步骤如下。

第一步，曝光前准备。在无紫外光的室内，将原胶片与所采用的新重氮盐胶片相从（药膜面不相接触），紧密地贴合在一起，置于晒版机中或用玻璃板压实压平。

第二步，用紫外灯曝光。开启紫外灯，让紫外光通过原胶片的透光部分，透射在新重氮盐感光胶片上，见光的部分受光作用形成潜影，潜影部分经显影后即分解升华。不见光部分依然没有变化。曝光时间，根据紫光灯的强度与胶片上给定的指数而定，一般在 1 秒至 5 秒之间。有经验者一看便能确定，宽容度比较大。

第三步，加热显影。显影的方式方法很多，有干法、湿法、熏蒸等，加热是通常用的一种最简单的方法，加热方式也不同，比较安全可靠而稳妥的是特制加热板，温度好控制，也易于观察变化情况。将已曝光的重氮盐胶片药膜面朝上，放在加热板上。温度一般 55℃ - 90℃之间，一般 3 分钟至 5 分钟。凭经验观察潜影部分分解变化，戴着口罩可以闻到一股味道，味道散尽之后就可以了。潜影部分逐渐变透明，非潜影部分逐渐变深变重，字迹影像显露出来。

第四步，定影整理。一般重氮盐胶片显影充分用不着定影。定影的作用与含义和银盐感光片不同。银盐感光胶片定影是用硫代硫酸钠（大苏打）起化学反应，溶解掉未感光的卤化银。重氮盐胶片的定影，就是在重氮盐胶片上刷涂一层保护剂（聚乙烯醇丁醛溶液或碳化漆），不但固定了字迹影像，也保护了片基。整理就是修版剪裁，去掉多余脏迹，补填加重笔道。

三、非银盐纸质型字迹的复制方法和过程

1. 简单化处理思路——以颜色为依据

能够构成非银盐光化纸张型感光剂的化合物，实在太多，不仅是重氮盐，还有铁化合物、铜化合物、重铬酸盐、卤化铊、硫属化合物、汞化物、草酸盐、氧化钴、光致变色体系、聚合体系等几十种，无法罗列完全。所形成的字迹影像千姿百态，繁纷杂糅。不用说文献复制工作者分辨不清，即使是非银盐感光材料专业工作者也难以区别清楚，说出由哪一种化合物构成的。

尽管这些字迹难以区别，又没有什么规律可循，但它们显示出来颜色，阳图的字迹和阴图的底色，不外乎蓝、黑、红、棕、黄以及相互交叉色。以颜色为依据进行复制，只要颜色相同或相似就成了，不再具体追究是由何种化合物制成的。这种复杂问题，简单化处理的思路，为复制提供了极大方便，好在几种颜色都有固定的现成配方。虽然有点违反复原复制原则的嫌疑，也是一种有效无奈之举措。外行发现不了，内行也难以觉察到。

2. 复制简略程序和步骤

第一，描摹清稿母版，选择感光剂

非银盐光化纸质型字迹，基本是手写字迹和绘制线道图案，都是正像，字数不多，字迹颜色与非字迹部分颜色反差较小。难以用照相方法制取感光胶片，即使制取了感光胶片也还要进行翻制。不如用透明、半透明的玻璃纸、硫酸纸，钢笔蘸吸黑墨水描摹，作为晒制用母版，更快捷便当。不过，描摹出来的都是正像阳图字迹，不可能描摹阴图字迹，这就要根据原字迹阴阳图情况，来选择非银盐感光剂。如果原字迹是阳图的，那就要选用重氮盐感光剂，因为重氮盐类感光剂能直接翻制阳图。如果原字迹是阴图的，那就要选择铁盐一类的感光剂，铁盐感光剂能直接由阳图翻制阴图，或由阴图直接翻制阳图。描摹字迹容易，选择感光剂麻烦，其中还有颜色夹杂其中。

第二，选择所用纸张，涂布感光剂

晒图一般用道林纸，为胶版纸的一种，每平方米重 60g — 80g，纸质洁白细腻，正面与反面差异小、膨胀系数较小、润湿后易平展，干后收缩率低。不能选用表面粗糙的手抄纸。即使原文献纸质较差，也要选用质量较高拉力较大的机制纸。感光剂的配方有几十种，配制要求各不相同，涂布方法各式各样。相对来说，非银盐感光剂的涂布简单一些，要求不高。在安全灯光下，用刷子蘸吸感光剂，在纸张上直接刷涂，当然用涂布机涂布效果更好。要求均匀、薄厚一致，没有气泡和绺子。

第三，选用不同波长和强度的光线晒版

晒版之先，必须选准所用光线的波长和强度，因为各种感光剂所接受光线波长和强度是不同的。例如重氮盐感光剂需要430毫微米—380毫微米波长的紫外光照射效果最好。用日光、氙灯、钠灯等照射也可以，但费时费功、事倍功半，效果不良。换用紫外光灯一照效果良好。选准灯光之后，将描摹好的清稿正面朝上，叠压在涂布感光剂的纸张上，置于晒版机内，或用玻璃板压平压实。开启灯光，或用日光，直接照射。照射时间根据各方情况而定，一般3至8分钟。

第四，熏蒸冲洗显影

将晒过的感光剂纸张撤出，进行显影。显影的方式多种多样，有熏、蒸、烘烤、水浸等，要有固定专用设备器具和房间，最简单的用盘子冲洗也能显示出影像来。不管用哪种方式方法，都要注意安全，空气要流通，操作时戴口罩，防止中毒。用氨熏重氮盐感光图纸时，氨气四溢，对人有害。有的还含有铁氰化钾等毒物。

第五，干燥整理裁剪

显影后冲洗完毕，从水中捞出，沥去水分，吊挂或贴附在吸潮板上，晾干或吹干，去掉不应有的污迹，裁剪成所需形状。

3. 几种常见颜色非银盐纸质型感光剂的配制

①蓝色非银盐感光剂配制

直翻（阳翻阳，阴翻阴）重氮盐感光剂配方，二苯胺对重氮硫酸酯2g，乙—羟基—3　0.5g，6苯二磺酸钠盐0.5g，溶于100cc水；加入5%柠檬酸，调整为PH2—5，再加入适量10%桃胶液，充分搅拌，涂布均匀。日光照射2至5分钟，氨气熏蒸15至20分钟。

阴阳互翻铁盐感光剂配方，甲液25%柠檬酸500cc，乙液20%铁氰化钾500cc，用时两液混合均匀，涂布纸上。曝光15至20分钟，水洗显影。

②黑褐色非银盐感光剂配制

阴阳互翻铁盐感光剂：甲液，柠檬酸铁铵10g，水100cc。乙液硝酸银14g，水100cc。用时两液混合，加入少量5%重铬酸钾溶液。曝光时间视情况而定，一般3至5分钟。配制涂刷在暗房中操作。显影用1%硝酸银溶液。定影用20%—30%硫代硫酸钠浸泡10至20分钟，充分水洗。

③紫色非银盐感光剂配制

阴阳互翻双铁盐感光剂配方，甲液氯化亚铁26g，水50cc；柠檬酸铁铵60g，水50cc。乙液，明胶24g，溶于160cc水中。用时两液充分溶合，涂布纸上。太阳曝光13至17分钟，显影用10%醋酸溶液，显影清晰后，捞出浸入1%稀硫酸液中漂洗。

④深绿色非银盐感光剂配制

阴阳互翻双铁盐感光剂配方，甲液氯化亚铁26g，水50cc；柠檬酸铁铵40g，水50cc。乙液明胶20g，溶于160cc。涂布前30分钟将两液充分溶合。日光或氙灯照射17至25分钟。25%重铬酸钾溶液显影，显影温度20℃—25℃。显影时间5至10分钟。

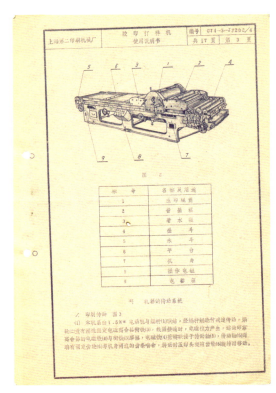

图 6.8　胶版印刷打样机使用说明蓝图

图 6.9　SB-2 晒版机使用说明蓝图

4. 自制非银盐感光纸张存在的问题

前面列举一些非银盐感光剂的配制过程和配方，非银盐感光纸张是可以自制的。自制中的问题不容忽视，提出来以供参考，做到心中有数，不可盲目试验。

①不可避免的药品与器材浪费

因为不是工业化批量商品生产，所需用的药品与器材是有限的，重量和数量很少。而一些药品的最小包装，也远远超过所需用量的几十倍，并且价格昂贵。不用不行，用 0.5g 也要购买 500g 的瓶装，其余不用，又转让不出去，只好等着过期作废，如硝酸银。器材也是这样，开封使用之后，存放条件不良，过不多时就失效，如一些试纸、试剂。

②成功率很低，难达到理想效果

因为各方条件、环境、设备不具备，即使方法和过程全对、全准确。如果操作不当也不会成功，勉强成功了效果也不理想。一些经验性的技艺，必须经过长期训练才能达到一定的水准。最简单的例证是，手工涂布感光剂，现在还很少有人能够达到机器涂布的那么均匀，薄厚在 0.02mm。涂布不均匀，显然效果不好。

③污染环境，伤害人体

感光剂中的常用药品重铬酸盐、铁氰化物、氨气、重氮类、苯酚类等都有一定毒性，尤其是氰化物有剧毒，其化学反应生成物散发的气味及水溶液对人体有直接伤害；硫酸盐、硝酸盐等有一定腐蚀性，人手避免不了直接接触，伤害皮肤，对环境也有一定影响与作用。虽然采取了一些措施，也不会完全避免。（图 6.8）（图 6.9）

第七章　光电字迹复制方法和过程

第一节　光电字迹复制策略

一、光电字迹的种属与两种代表物

严格地讲，光电效应字迹也是印刷字迹中的一种。它不是手写成的，也不是光化反应形成的，而是经过光电转换作用，将颜料固体或液体油墨、墨粉直接落在承印物载体纸张上而形成字迹。与印迹不相同的是，不需要制作固定成型的印版，也不需要中间媒介物转移。仅根据其形成机理，将其划分为光电字迹一大类。目前一般称其为数字印刷或数码印刷，所谓数字印刷，简单地说来就是，与传统制版印刷方式不同，不用经过照相制取软片、显影、定影、晒版、打样等复杂的环节和过程，经过电脑数字运算，发出指令控制吸墨与放墨（喷、砸、压）触头，颜料直接落在承印物上。快捷、便当、清洁，是以往的传统印刷无法比拟的，为快速制取传导信息，作出了重大贡献，受到社会的青睐。制取的文稿有的已成为珍贵文献。当然数字印刷仍在发展之中，还有许多局限性和不足，在文献复制中的应用，还不能完全取代传统印刷。但传统技术与数字技术相结合将是文献复制工作的发展方向。

光电字迹按其形成机理的方式，可分为两种形式。

一种是利用光导体，在高压静电作用下能吸附微小墨粉颗粒，受光之后便失去吸附能力，经过描扫或全场曝光；字迹笔道未见光吸附微颗粒聚集成笔道，非字迹笔道部分见光不能吸附，成白地。根据这个原理制造的复印机就是典型代表物。激光打印机、彩色复印机也还是利用感光鼓半导体滚筒成像原理。（图7.1、图7.2、图7.3）

另一种是利用控制触头喷涂、砸压、激发等方式，将颜料（固液体油墨、墨粉）黏附在纸张上，逐个逐行形成字。根据这一原理制造的针式打印机、喷墨打印机、传真机等就是典型代表物。（图7.4）

二、光电字迹的两种复制方法

1. 复制概念的变异和两种复制方法

除博物馆陈列展示需要复原复制外，社会普遍地需要资料性复制。复印机和打印机是资料性复制，最快最好的主要工具，从事复印、打印就是资料性复制工作。把复制工作理解为不需要什么技术含量和知识技能，只要会开关电钮和操作键盘，就能完成任务，这种简单化的理解与认识有失偏颇，其混淆了复原复制与资料性复制的界线，不利于博物馆文献复制工作的深入发展，有待纠正。但还没有来得及纠正，新的问题又来了。光电字迹中的复印字迹，只是手迹、印迹、光化字迹的反映，它本身并没有形成独立的字迹体系，也就是说复印品不是原件，不能

图 7.1　彩色复印机

图 7.2　彩色激光打印机

图 7.3　应用彩色激光打印机印制的复制用信笺稿纸

成为珍贵文献。因此没有必要进行复原复制，只要资料性复印就可以。

这对于没有其他字迹的单纯复印件和电脑打印件，是完全适用的。现在出现了不少复印件和电脑打印件上有印迹、手迹、签署意见、批示和印钤等。流传经过许多部门，具有了珍贵文献的品格，并且要求陈列展示，但不能陈列原件，要复制件代替。要不要进行复原复制？按复原复制原则，那就要先用原机器复印机、打印机、原纸张、原墨粉印制复印件字迹，然后再填加其他字迹。这样就引发了用复印机来复印制作复印件字迹，突破了原有的复制理念，开辟和衍生出一条简单的复制方法，与复原复制方法共存，构成光电字迹复制的两种方法。

2.　两种复制方法相结合

简单复制方法实质就是直接复印，只要调整好复印机，将找准的纸张置于纸盒，铺垫好原稿，预热之后，一触电钮，几秒钟就可复印出字迹形象准确无误的复印件。操作过程极其简单快捷，是复制单一字迹单一颜色的最佳方法，是其他方法无法比拟的。可惜的是这种单一颜色的文献极少，凡是能成为珍贵文献的复印件和电脑打印件，都是多种字迹、多种颜色的复合件。仅仅靠简单的复印方法，根本达不到复原复制的效果。复印件出来之后，去掉非打印字迹和不应有的字迹，再用复印机复印出一张，然后在其上加填被去掉的字迹，描摹签署意见和加盖印钤，实际也就是进入了复原复制的过程。两种复制方法相结合，就是光电字迹复制的方法。对于复印字迹当然还要用复印方法。对电脑打印机字迹，按复原复制原则，还应当重新逐字输入打印，

图 7.4　应用彩色喷绘打印机印制的复制用公文纸笺

但重新排版打印，速度慢，打出的字迹形象、字距、行距也不会完全一致，不如用复印机复印出主体文字快捷便当，并且字迹形象不会走样。然后再补加其他字迹，重复复原复制的过程。

　　两种代表物是制取光电字迹的主要设备，两种复制方法相结合是复制光电字迹的策略。

第二节　利用光导体复制光电字迹

一、光导体与复印机

1. 光导体特性及其分类

　　光导体是光敏半导体的简称。半导体是介于金属导电体和绝缘体之间的非离子性导电物质。半导体的导电性能直接受温度、湿度、光照及纯度的影响与作用。其中对光线特别敏感的半导体就是光敏半导体。光敏半导体的特性就是，在高压静电场作用下，表面能感应产生电荷，电荷能吸附微小颗粒，一见光线就失去吸附微小颗粒的能力。导电性能表现在表面电位（电压）的高低、暗衰期的长短、光（亮）衰的快慢、剩余电位的大小、光谱的变化、疲劳期限等诸多方面。

　　光导体物质材料粗略分为两大类：其一，无机光导体，常用的有硒、氧化锌、氧化铝、硫化镉、硫化锌、氧化钛等。其二，有机光导体，有聚乙烯基咔唑、三硝基芴酮等。

2. 复印机的关键核心材料光导体

　　众所熟知，复印机是一种高精度现代化机械设备，集光学、电学、机械学、化学等知识于一体，普遍广泛运用，为快速传递文字信息作出了贡献。而其核心关键部件，就是涂布、喷镀光导体材料的滚筒或版面。光导体材料在高压静电场作用下，在暗处产生电荷，电荷并能保持一定时间，保留吸附微小颗粒的能力，但一见光便失去吸附微小颗粒的能力。复印机内的光导材料充电后，便产生了电性，通过一系列光学系统转换，将原稿件上的字迹影像反射在光导材料感光鼓表面上，受光部分即非字迹部分失去电性，不能再吸附墨粉一类颜料。未受光部分即字迹笔道部分仍保留电性，经显影后，吸附墨粉，形成由墨粉组成的字迹笔道，再经过定影处理，墨粉被固化在纸张上。复印机就是利用了光导体的特性制造成功的，其内部结构与运行程序都是围绕光导体进行的。光导体的具体表现及其成分构成直接关系到复制质量，也是相当复杂与深奥的，非专业人士弄不懂，也没有必要去研究。作为复制工作者只要知道其基本原理，能够操作就行了。如果能够充分利用复印机，能够准确排除各种故障，判断出各种光导体复印出的字迹，那就相当不错了。

二、复印前的准备

1. 确认原复印机的品种与类型

因为复原复制，要用原复印机进行复印，所以见到需要复制的复印件后，就得确认是由哪种品类的复印机复印的，以便去选定相应的复印机。这是件难办的事情。复印机的品类太多了，在发展过程中不断产生新的类型。迄今为止还没有人能准确说出有多少种复印机。仅是广告显示就有40种类型，700多品种。复印机进入我国初期普遍流行的有日本的小西六、富士、理光、佳能四厂家的40多种，英国施乐公司的大幅面复印机，美国的彩色复印机。我国制造的上海海鸥大型卷筒复印机，武汉出产的长江牌复印机，天津SXF-1型复印机等等，无法罗列全部。这些复印机在充电方式、曝光控制、显影墨粉颜料、定影能量、转移形式、纸张规格等诸多方面不同，各自有其特点，也因此衍生出多种品种。其中比较容易区别的有两点：一点是显影的方式，湿法和干粉显影，在复印件上表现出明显的特征。湿法显影的纸张上都有一层浅淡的底灰，字迹表面显得平滑，因为是从液体染料中捞出来的，必然被挂染一些颜色。干粉显影的字迹笔道垄起，并有一点亮光，纸面上有些污迹，但没有普遍的底灰。另一点是，纸张的大小，凡大于A3（29.7cm×42cm），都是圈卷纸大型复印机复印的。这两点确定之后，对于选定复印机的范围要小了许多，适用面宽了不少。

2. 分辨所使用光导体材料和墨粉颜料

要准确地分辨清楚是哪一种光导体材料和墨粉颜料组成的字迹，更是一件难事。因为没有一本能详细记录各种光导体和墨粉颜料构成字迹特点的书籍、资料，只得凭经验。而有经验的复印工作者也不可能用过那么多光导材料和墨粉颜料。如何分辨？应变取巧的办法是，用经常普遍使用的硒、氧化锌、硫化镉和湿法光导材料的复印出来的字迹样品，与要分辨的复印字迹进行比对，接近哪一种就选用哪一种。

3. 原复印用纸的识别

复印机在我国普遍运用前，开始并没有专用定型复印纸，在纸质和规格上也比较杂乱，一般选用的是胶版纸和厚一点的新闻纸，有的用极薄手工抄纸裱合起来。由于没有消电设施和清电处理，经常因摩擦产生静电出双张，致使定影困难，字迹模糊褪色。后来专用复印纸生产之后，双张和卡纸现象少多了，但仍然存在进纸规矩不准，字迹脱落现象。相对来讲，原复印用纸的识别要简单容易些，只要与现有纸张一比对就清楚了。不过在使用之前，应加以平展，晒晾一下，单张裁剪成B5、A4、A3等幅画的标准尺寸。

4. 调整检测复印机各项指数

选定所使用的复印机后，不要急于操作，首先检测一下进入复印机的电压，这对于没有稳压设备的尤为重要，进电压的高低直接影响复印质量。一般复印机进电压标准是 220v，可容范围 200v－240v，超过或低于这个范围，充电和定影都出现异常现象，精密复印机甚至无法启动。电压核准之后，还要测试一下复印机机壳和金属部件，看是不是漏电，有没有感应电产生，充电部位是高达几千伏的高压电往往产生很强的电磁场。操作者若不会测试，可请专业电工帮忙给测试。

其次，要检测、查验光导体的寿命。每种光导体版面都有额定的复印份数，如氧化锌版是 400 张，有的感光鼓 10 万张，版面外包装上都有说明。使用复印过多少次，复印机上也有计数器，一看也就明白了。达到额定复印份数后光导体版要更换，不能凑合。显影粉也有疲劳现象，最好更换新显影粉。更换显影粉不要戴机械手表，以免被充磁。

再次，检测曝光灯源和定影设施。曝光灯源老化程度较快，往往出现闪烁，亮度不够，一头发黑，尤其是冷光源荧光灯管，要及时更换。定影方式有热辐射式、直（接）加热式、热板式和冷压式四种，都有固定的装置设备。前三种都有标准额定温度，一般在 200℃－370℃。低于这个温度墨粉颜料熔化不了，固定不住，高于这个温度有可能把纸张烧糊烤焦。冷压式定影要调整压力，两支压印滚筒上不能有任何灰尘和沙砾脏物。

三、操作技艺、技巧

1. 复印禁忌

一般资料性复印是没有什么禁忌的，但是使用具有文物品质的珍贵文献进行复印，或用于复原复制的复印禁忌就比较多。一是不准用热光源曝光灯管，如碘钨灯、高压氙灯、红外灯、高压钠灯等含有强有害射线、热值很高的灯源，它们会严重伤害纸张纤维和字迹材料，只能用冷光源灯管。二是不能用稿动复印机，原文献在复印机内随机转动，容易撕毁文献。三是不能湿手徒手操作复印机，要戴干软的棉质白手套。四是不宜穿戴易摩擦生电的化纤衣物、鞋袜、帽子、手套。五是曝光灯管不能无遮挡露光开启，以防伤人眼睛。六是不可多张连续快速复印。七是禁止复印中途关闭电源，特别是有纸张在定影阶段，以防纸张停留集热过高而燃烧。八是不要预热温度未到时，启动复印按钮，启动复印后便会出现一系列故障，曝光量不足，充电压不够，更严重的是无法定影，墨粉满纸。

2. 毛边、宣纸等不规范纸张的复印

早期的复印用纸比较杂乱、不规范，手工抄制的毛边纸、宣纸、棉纸、皮纸，以及机制片页纸等，薄软粗糙不平的纸张都用来复印。因为最初是手工分页续纸、铺纸。现流行的复印机都是自动续纸、所用纸张都是规格的专用纸，要求挺括且有一定厚度，薄、软、粗糙不平的纸张不能再用。再用就会出现撕、卡、卷、塞、烧等现象，还会硌划压坏光导体表面。

复原复制还必须用这些原纸张，就得经过一番技术处理，达到专用复印纸的标准。一是先用尖刀（刮脸保险片也可以）剔刮去纸面上的凸起物、沙粒、草梗、土疙瘩等，俗称扫纸。二是用压辊碾轧平整，没有双轴压辊，可用单轴反复压轧，直至压平。三是用两张厚度相同的薄纸托裱黏合，达到一定厚度与硬度标准后晾干压平，裁剪成固定制式规格；或用标准复印纸做底衬，将复制用纸与之四周黏合在一起；有空压设备条件的，可以进行空气压结合。四是复印之后，根据需要进行分离，黏合在一起的用手分离，或用水浸泡后再揭开烘干。

3. 防止进纸时摩擦生电

有些手工抄纸摩擦起电严重，过去多数复印机没有进纸消电设置。为防止纸张摩擦产生静电，复印前先在 45% — 70% 湿度的房间内，将纸张晾摆 20 分钟以上，或用喷雾器远距离喷涂清水，使纸张稍潮润一下。

4. 避免双张进纸的绝招

有些纸张不仅因摩擦起电进双张纸，还因空气压力形成的贴合，而使纸张紧密地结合在一起，手工都难以揭开。避免双张进纸的绝招是，只放一张复印纸，下边垫放玻璃板或塑料板或纸壳板等同大小的平展板块，即使发生再大的摩擦力也不会把垫板块吸走，绝对不会发生双张进纸。此招灵验，就是麻烦一些，要多拉出几次纸盒。

5. 清除卡纸的技术

卡纸现象在复印过程中是难免的，无论发生在哪一环节和部位（一般卡在定影环节较少，也看不到），都必须关掉电源，开启罩盖和门栏观察，一看发生在什么部位，如果卡在定影环节，有可能就有糊纸味，其他环节容易见到。二看折压皱情况，如果卡在齿轮或轨道之间，塞纸现象严重，手戴薄棉手套轻轻顺势，按机器运行方向往外拉拽，绝不能逆势而拉拽。拉出之后，可能有残碎纸块留在轨道齿轮之中，手伸不进去，可用带橡皮头的镊子顺势夹出，然后再开动机器空转运行，将碎纸末纸屑带出。

6. 其他故障排除

除进双张、卡纸故障经常出现外，复印过程中还经常出现机器不运转、不进纸、不出纸、出白纸、墨粉脱落等故障。在一些产品说明中或教科书中都有专门讲解与排除方法。一般也比较容易解决，没有独到的招数和经验，也就不再赘述了。

7. 复印品上污点脏迹的清除

复印效果良好，只是有点瑕疵、斑点、污迹、折痕、条缕、多余的笔道等不应有的痕迹。这是由于多种原因造成，废弃相当可惜。遇到这种情况，如果是湿法显影复印件，确实没有办法，只好废弃重新复印。如果是墨粉干法显影复印件，可用刮脸刀片或手术刀尖轻轻地剔刮即去。

8. 黑红双色遮挡字迹的复印

有不少复印字迹的文献，上有红色标题、栏目字迹，下盖有单位部门公章。按复原复制原则，先复印字迹，然后再印制和加盖红色印章就是了。问题是出在红色字迹与复印黑色字迹叠压在一起，相互交叉遮挡，复印不出来，或者相互错位。遇到此类情况，比较简单的处理办法是，先用比较好的纸张复印一张，用手术刀尖剔刮去红色笔道，大面积的红色字迹可用白纸遮挡，

再用此剔刮件复印一张，出来之后加印、加盖红色字迹和印章。（图 7.5）

第三节　电脑打印字迹的复制方法

一、利用复印机直接复印

1. 毕其功于一役的方法

作为传递信息的资料性复制，在无存储的情况下，电脑打印字迹的复制，社会上普遍地采用复印机直接复印的方法，它比重新打字输入电脑打印，快捷便当多少倍。作为复原复制也可采用复印机复制，因为复印机与电脑打印机同属于光电转换字迹，是同时代现代科技产品，所用纸张都是洁白细腻类似的纸张，字迹笔道构成成分差别不大，更比重新打字输入电脑打印快捷，省略了诸多环节，实是毕其功于一役的方式。

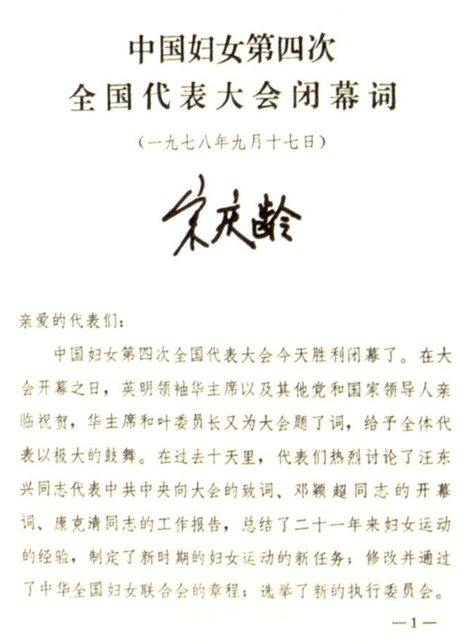
中国妇女第四次
全国代表大会闭幕词
（一九七八年九月十七日）

宋庆龄

亲爱的代表们：

中国妇女第四次全国代表大会今天胜利闭幕了。在大会开幕之日，英明领袖华主席以及其他党和国家领导人亲临祝贺，华主席和叶委员长又为大会题了词，给予全体代表以极大的鼓舞。在过去十天里，代表们热烈讨论了汪东兴同志代表中共中央向大会的致词、邓颖超同志的开幕词、康克清同志的工作报告，总结了二十一年来妇女运动的经验，制定了新时期的妇女运动的新任务；修改并通过了中华全国妇女联合会的章程；选举了新的执行委员会。

—1—

图 7.5　应用直接复印技术制作的宋庆龄在中国妇女第四次全国代表大会上的闭幕词复制件

2. 复印机及颜料等材料选用的要与不要

众所周知，黑白与彩色两大类复印机各有不同的规格型号，性能和功能也不尽相同，不是随便找一台就能适用的，必须经过选择。首先从文物保护的角度讲，为了避免文物原件在复印时受到光热辐射伤害，必须选择冷光源复印机，同时，能够使用纸张与专用胶片两种材料，应用专用胶片制作的胶片墨稿，可以用于制作印刷印版。其次是选用能分离分步进行的，肉眼能观察到曝光、显影、转移、定影各个过程，并且能及时调整。因此要选择慢速的，不要高速的；要小幅面的，不要大幅面使用卷筒纸的；要手工续纸的，不要自动快速进纸的；要干法显影的，不要湿法显影的；要低熔点颜料的，不要高熔点熔化的；要黑白复印的，不要彩色复印的；等等。在本章第二节也曾谈到复印机及颜料的选择，那是针对用复印机复印原复印件，与用复印机复制电脑打印字迹还不完全相同。复印机复制电脑打印字迹重点考虑的是，复印出来的字迹要与电脑打印字迹完全相同，让人看不出破绽。

3. 复印品的欠缺与补救

利用复印机复制电脑打印字迹，毕其功于一役，有不少优点长处，但也不是百分之百合格，还有好多欠缺。一是总有违反复原复制原则之嫌，因为不是原有工艺过程，尽管字迹形象很逼真，有经验的人一眼就能辨认出来。二是字迹笔道的构成成分显然不同。激光打印字迹质量最好，也都是硒鼓光导体转印出来的，墨粉的成分是不同的，仔细观看也能分辨出来。针式与喷墨打印机使用的色带、颜料与复印机所用的墨粉明显不相同。三是黑、红两色电脑打印字迹，不能用最初的彩色复印机复印。因为当时的彩色复印机要专用表面有涂层的纸张，有一定光亮，而原打印字迹没有。要用黑白复印机复印要经过几次处理，黑白字迹出来之后，彩色字迹就没办法了。那就要重新用电脑打字来补救。如果要补填彩色字迹，定字型字号、调颜色、找规矩等一系列麻烦接踵而来，而且不能一次成功。干脆就不如重新用电脑打印，一气呵成更方便些。当然用电脑打印也不是一挥而就的，也会遇到许多麻烦。它只是复印机的一种补救，也是复制电脑打印字迹的法定办法。现在的彩色复印机能够使用普通复印纸进行复印，但是红色字迹墨色会有色差。

二、电脑打字输入用原型打印机打印

1. 电脑与打印机的选用

①分析原用电脑打印机类型

电脑与打印机发展变化迅猛，型号与功能在扩充，不同时期打印出来的字迹形象色彩不相同，差别较大。见到原打印字迹，要分析是由哪一种计算机软件与打印输出设备制作出来的。这要靠经验判断，现在还没有这方面的总结资料做参考。举个例子，286 电脑时代用针式打印机打出的字迹，字迹笔道是由小方圆点组成的，笔道呈现锯齿状；到 486 时期又有了一些变化，小方圆点加密，仔细观察还能分辨出来，多是粗细一致的黑体字。喷墨与激光打印机出世之后，字迹的形体与笔道细腻度有了显著的提高。喷墨与激光打印机制取的字迹形象形态也不完全相同。喷墨打印机用的是液体颜料喷涂上去的，激光打印机用的是墨粉熔化黏附上去的，两者有比较明显的区别。分析判断的目的，就是为了选用原类型机器设备进行复原复制。

②核查电脑内存字库的字型字号字数

各种电脑内存字库所储有的字型、字号、字的数量是不同的。电脑与打印机选定之后，要核查一下有没有所需的字体、字型、字号以及标点符号。起码宋体、楷体、仿宋体、黑体等常用字体要齐全，一般的冷僻字、异体字能拼凑再造。

③再辨由何种方法输入

电脑打字输入法不知有多少种，普遍常用的有拼音、五笔字型、搜狗和智能 ABC 等方法。电脑应用的最初阶段各种输入法打出来的字迹，字体的形象与间距有一些细微的区别。这种区别无法描述，只能长期观察，才能发现其中奥秘。有时通过错别字也能分辨出来。如果是音同字形相异的错别字，那很有可能是拼音输入，由于选择误击造成的。如果是字形相近而字义相差的错别字，那就是五笔输入，由于笔画误击造成的。辨别输入法的目的，就是要尽量应用原输入法打字。计算机硬件、软件发展至今，运用不同输入法对字体形象与间距不会产生影响。

2. 操作过程与步骤

①按原文献逐字输入电脑

选定好电脑与打印机核查字库内存之后，查验一下打印机颜料墨粉。开启电脑，新建 word

文档，用熟悉的输入法逐字输入原文献上的文字，文字输入完毕后，根据原件字迹的字体、字号，以及版式安排进行调整并认真核对文字内容，避免出现不应有的错误。

②打印预览，修正错误

页面调整完毕，进入打印程序，单击"打印预览"，页面影像出现后，再逐字逐句地与原文献校对，并注意观察字迹字体、字号、字距、行距、标点等，有没有差异和错误。如有差错，及时修正。

③选择纸张，确定打印

预览确认无误后，把准备好的复制用纸放入纸盒，确定打印纸张规格、打印范围，打印方向、打印类型、打印模式等一系列技术参数，然后即可启动打印。（图7.6）

图7.6　通过计算机用与原件相同的字体、字号重新进行排版打印，复制制作的原国家副主席荣毅仁办公用信笺纸。

3. 经常出现的问题与原因

①内存字库缺字，特殊符号不全

尽管经过字库核查，也避免不了出现缺字，特别是生僻字、古字、特殊形状符号。电脑也会出现程序错乱与疲劳，有些字显示不出来。遇到这些情况，最好去找软件设计人员帮忙。如果有条件可以采取在电脑上绘制图形，经过一番技术处理，再补添（填）到缺字的部位。也可以采取录像方式，摄录下所缺字迹影像，再输入电脑，由电脑转移到缺字部位。

②行距、字距的差异

由于应用软件的差异，有时新打印出来的字迹，与原文献相比，每页字数行数相同，每行的字数也相等，并不见得每行之间、每个字之间与原文献一样，每个字的高矮肥瘦也不见得完全一致。这种差异是不可避免的，也是无法克服的，一般人看不出来就可以了。

③无法补救的差别

计算机的快速发展，科学技术的不断进步，使得我们在文献复制中的应用，出现一些无法克服的情况，比如：尽管字迹的形象、颜色、结构等与原文献完全一致，甚至到了难以分辨的程度，但其字迹笔道的构成物质成分、比例是不相同的，这种差别是无法补救和改正的。同时Photoshop等多种图像处理软件的广泛应用也为计算机与各种打印输出设备在文献复原复制工作中的运用，提供了更多的选择空间。

第八章　数字技术在文献复制中的应用

　　数字技术是一项与电子计算机相伴相生的科学技术，它是借助一定的设备将图文、声像等信息，转化为电子计算机能识别的二进制数字 0 和 1 后进行运算、加工、存储、传送、传播、还原的技术。数字技术一般包括数字编码、数字压缩、数字传输、数字调制与解调等。由于在运算、存储等环节中要借助计算机对信息进行编码、压缩、解码，因此也称为数码技术、计算机技术等。

　　传统的文献复制工作是通过印刷、描摹、仿旧、装潢等一系列技术手段，在新的载体上再现文献上的一切图文信息和历史痕迹。运用原工艺、原材料、原工序进行文献复制是应该遵循的基本原则。全面准确地复制复原文献原件上一切固有的图文、颜色、形状、质感等，是文献复原复制工作的理想境界。然而，社会的快速发展，使文献最初形成的有些原有制作工艺早已被淘汰，在无法运用原工艺进行复原复制的情况下，数字技术在文献复制工作中的运用应运而生。通过扫描仪、数码相机等输入设备，将文字图像转换为电子文本，经过计算机进入 Photoshop 程序对数字化文件进行技术处理，再输送给激光打印机、喷墨打印机、数码复印机等输出设备，形成文字图像，完成文献复制工作中修版、制作墨稿等一些印前工作和部分印制任务。数字技术在文献复制工作中的运用虽然是一个全新的课题，但其拥有广泛的应用空间，并与传统的文献复制技术有着很多的契合点。在此，我们结合数字技术在文献复制工作中若干应用实例的解析，从数字扫描、Photoshop 软件的运用、数码印刷、激光雕刻技术等几个方面，解读数字技术在近现代文献复制工作中的应用。

第一节　数字扫描与数码拍摄

　　数字扫描与数码拍摄是获取纸质文献电子图像的重要方法。不论是传统复制技术中所需要的纸质或胶片制版墨稿，还是数码印刷技术所需要的电子文件，获得色彩还原准确、文字图像清晰的电子文件是进行文献复原复制的重要前提。

一、数字扫描获取文件电子图像

　　数字扫描是获取文献原件文字图像电子文本最便捷、最准确的方法之一。根据文物保护要求在应用扫描仪将纸质文献扫描成为电子文本过程中，必须克服扫描光源对文物原件造成的光热辐射损坏，避免对文物原件不必要的拆装、挤压、折叠、粘贴等一切破坏性行为。冷光源扫描仪的应用对纸质、丝织品等有机类文物不会产生光热辐射损害。冷光源最大的特点就是把能量几乎全部转化为可见光，其他波长的光很少，工作时发光体不发热，其温度不比环境温度高，避免了与热量积累相关的一系列问题。扫描仪的种类很多，滚筒扫描仪与平板扫描仪都是现代印刷专业常用的扫描设备。在文献复制工作中不论是印刷制品，还是描摹件大部分是单页纸质的历史文献，根据这一工作性质，本着够用、实用、耐用、好用的原则，我们选用了（中晶）MICROTEK SCANMAKER 1000XL 彩色平板扫描仪，最大扫描范围为 A3 幅面，光学分辨率为 6400×3200dpi，冷阴极荧光灯光源。它具有发光均匀，颜色还原率好，扫描清晰度高等优点，同时对被扫描的文物原件不会产生光热辐射损害。

应用数字扫描技术获取电子文本进行文献复制有两种情况。一是运用 Photoshop 软件对数字信息进行分图层、图文修整、各图层的设色处理，在 Photoshop 程序内通过数字印刷输出设备完成文献复制印刷的全过程；二是扫描获取电子文本后，根据文献原件的分色情况，通过Photoshop 软件分出若干图层，对每个图层文字图案进行修整处理，打印出用于胶印、油印、树脂版、PS 版等传统印刷所需的若干张纸质或胶片分色墨稿。在使用平板扫描仪获取电子文本时，要先把文献正面向下平放在扫描仪稿台玻璃面板上，打开扫描软件进行设置。扫描类型的设定要依据电子文本使用的目的而定，用于数字印刷设为彩色印刷模式，即 RGB 或 CMYK，用于制作印刷印版墨稿设为灰阶模式。分辨率设定为 300dpi，缩放比例选择 100%。各项设置确定后，点击预览对话框中的预览选项，选取反射稿扫描区域，单击批处理选项，点击批扫描对话框中的黄色文件夹图标，在出现的另存为对话框中选择图像存储位置、命名文件名、确定存储格式（TIF 或 JPG）后单击保存，点击批扫描对话框中扫描选项开始进行扫描，待扫描工作停止后，点击批扫描结果对话框中的完成，结束数字扫描工作。扫描前的各项设置不仅要符合技术要求，更要便于修版、印制等后期制作。缩放比例选择 100%，能够获得与文物原件大小一样的电子文本，为进入 Photoshop 程序进行修版、打印等处理工作提供方便；分辨率设定在300dpi 扫描获取的数字图像同样也是为了后期制作的便利，分辨率设置得过高，在扫描成像时文献载体纸张纹路就会在电子文本上显现得过于清晰，干扰下一步的分版、修版工作。不是分辨率越高电子文本越清晰使用效果就越好，要依据文献原稿的实际情况适时调整并确定扫描分辨率，使之做到图像清晰，层次分明，色彩还原准确。数字扫描的各项设置要根据每一件文献原件文字图像的构成、纸质纹路清晰程度、文献原件的底色深浅等不同情况进行设定，其总的原则就是突出文献载体上的文字图像部分，尽量淡化背景，为下一步工作提供便利。使用扫描仪获取的电子文本，可以确保文献整体的每一个部位都非常清楚都不会发生变形，得到非常清晰的数字图像。（图 8.1）

在文献复制工作中有时也会遇到一些古籍善本、装订成册的古旧书刊、珍贵历史文献需要获取电子文本。应用平板扫描仪时装订处不易扫描完整、用数码相机拍摄也会出现一些变形，都会给下一步工作带来一些不必要的麻烦。目前适用于此类工作的台式顶置扫描头非接触高端扫描仪已经普遍应用，采用投影式无眩目冷光源技术，低亮度光源为珍贵的历史文献和档案资料提供了极其充分的保护，高精度彩色扫描完美再现文物原件的真实细节，扫描幅面也有很大

图 8.1　冷光源平板扫描仪

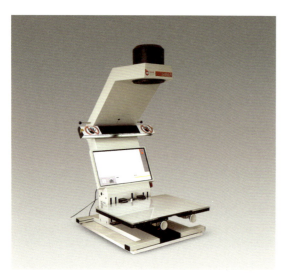

图 8.2　A2 幅画台式顶置扫描头非接触扫描仪

图 8.3　翻拍工作台

扩展，同时还具有弯曲修正、中缝删除、影像遮幅、影像对中、黑白模式和照片模式等附加功能。无接触、冷光源的技术性能，大大降低了文物在扫描过程中对原件损害的风险。在保障文物安全的前提下，较好地解决了成册珍贵历史文献在不拆装、不挤压、不折叠、不粘贴的情况下完成扫描工作，获得完整准确的电子文本。（图 8.2）

二、数码拍摄获取文件电子图像

数码拍摄是获取文献图文数字信息的另一种重要方法。数码相机相当于一台便携移动式扫描仪，可以为我们的工作带来更大的便利。在使用照相机拍照时最好将相机固定在三脚架或翻拍工作台上，用快门线揿动快门进行拍摄，相机光圈可以调小，速度可以慢下来，以保证文献数字图像的层次丰富，清晰准确。一般光圈调到 32，速度 1/25 秒，焦距在 50mm 左右的拍摄效果比较理想。为了使文献电子文本图像不变形，层次分明清晰、色彩还原准确，拍照时要做到布光均匀、文献平整、相机镜头与被拍文献保持在同一平面内。文献电子文本图像的完整准确，为下一步进入 Photoshop 程序操作提供便利。数码拍摄获取文献电子文本图像与应用扫描仪获取数字图像一样，也要根据文献文字图案构成、载体纸质色度、纸质纹理疏密等情况，通过调整光圈、速度，对比拍摄的电子图像，找到适合进入 Photoshop 程序操作的数字影像。手持相机利用自然光拍摄，最好将光圈、快门速度设置在自动模式。层次分明的数字图像可以使下一步的工作事半功倍。在拍照时一般用中度灰色卡纸作为底衬，使文献边缘与拍摄背景区分开，有的文献纸张比较薄，背景底衬灰卡纸会使整个电子文本图像出现底灰，为了克服底灰的出现可将一张与文献同样大小的白纸衬在文献下面，挡住映出的灰色。有的历史文献不仅仅是纸薄，而且双面有字，拍照时背面的文字图案也会映现到正面，为了避免背面文字图案墨迹的映出，需用一张与文献大小一样、与背面墨迹颜色相同的颜色纸衬在文献下面，尽量淡化背面文字图案在文献正面数字图像中的出现。装订成册的古籍线装书可将衬纸插入书页双合页中间，起到挡住背面文字映出的作用。数码拍摄也有一定的局限性，受照相机技术参数、拍摄环境等因素的影响，被摄文献幅面稍大，焦点以外部分就会发虚，边缘部分甚至会出现一些变形，这是数码拍摄的不足之处。（图 8.3 ）

第二节　Photoshop 软件的应用

Photoshop 是当今世界上采用最广泛的图像处理软件，应用领域涵盖了影视、广告、网页设计、出版印刷等平面设计的各个方面。它有强大的图像修饰功能，色彩调整功能和良好的绘画与调色功能。Photoshop 发展至今其强大的图像处理功能愈加完备，已经成为平面设计业界常用的修图软件之一。我们在文献复制工作中，仅是运用该项技术很小的一部分功能，即使是这样对我们帮助依然很大，不仅提高工作效率，而且其强大的图像修饰、色彩调整、调色、绘画功能为文献复制工作的准确复原提供了可靠的技术支持。文献复制中数字图像的修饰、调色、打印工作都是在 Photoshop 程序中操作完成的。

一、分制图层

在印刷类历史文献复制的印前制作工作中，应用 Photoshop 软件图像修饰功能中的选取工具，将文献数字图像中的诸多内容，根据原件分色情况分别选取下来，设置成不同的图层，使其图像中每一个图层中的内容都可以独立地进行修饰、去色、填充颜色等项工作。下面仅以复制沈钧儒先生的选民证为例（图 8.4 ），对 Photoshop 软件的几点应用进行解析。

此件选民证有四部分内容组成。一是选民证、姓名、性别等宋体字与四周边框的黑色墨迹；二是北京市西单区选举委员会印章的大红色印迹；三是"已选"二字的粉红色戳记；四是用毛笔墨书填写的姓名、性别、年龄等。应用数字印刷技术进行复制，要将这张选民证分

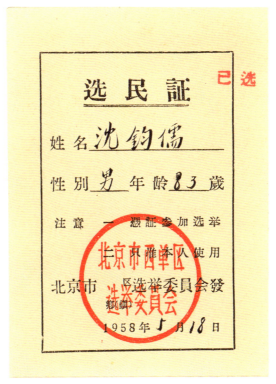

图 8.4　沈钧儒选民证原件

为三个图层分别进行修饰、去色、填充颜色等操作，然后调试打印效果。图层1：选民证等宋体字与四周边框的黑色墨迹部分；图层2：北京市西单区选举委员会红色印章部分；图层3："已选"粉红色戳记部分。毛笔墨书填写部分在打印后由手工描摹完成。

分制图层：①用 Photoshop 打开选民证的电子文本图标。②调正图像画面。选用标尺工具沿画面左边自上而下拉一条标尺线后，在图像工具栏中点击旋转画布下任意角度，出现旋转画布对话框，点击确定调正图像画面，然后点击移动工具取消标尺工具选项。③确定选择区域，在左侧与上方的标尺处用鼠标箭头分别拉出两条辅助线，沿图像四边框住画面后，用矩形选框工具从图像的左上角向右下角斜向拉动将图像画面框住，单击工具栏中的"√"选项确定选择范围。④打开编辑工具栏点击拷贝（快捷方式：ctrl+c），为将图像复制粘贴到新创建的图层里做准备。⑤建立新图层。在图层、通道、路径界面内点击创建新图层选项（快捷方式：ctrl+shift+N），创建两个新图层，加上电子文件原始图层共有三个图层。分别单击图层标志使之变蓝后，双击蓝色图层中的文字处，编辑重命名该图层；图层1：选民证，图层2：选举委员会印章，图层3："已选"戳记。⑥点开图层可见性标志，在编辑栏中点击粘贴（快捷方式：ctrl+v）将预先复制的图像分别粘贴在新建的两个图层里。⑦操作图层1：打开图层1，关闭图层2、图层3可见性标志。用多边形套索工具、橡皮擦等工具去除图像中的选举委员会印章、"已选"戳记、毛笔墨书填写的内容，保留选民证上宋体字、四周边框黑色墨迹部分。⑧操作图层2：打开图层2，关闭图层1、图层3可见性标志。去掉选民证上宋体字、四周边框、"已选"戳记、毛笔墨书，保留选举委员会印章部分。⑨操作图层3：打开图层3，关闭图层1、图层2可见性标志。清除选民证上宋体字、四周边框、选举委员会印章、毛笔墨书，保留"已选"戳记。完成三个图层的建立后要点开文件栏，点击存储为，在出现的对话框中选择保存区域，确定 Photoshop 保存格式，点击保存，在格式对话框中点击确定完成图层的分制工作。

二、制作分图层墨稿

在选择某一图层操作时，必须在图层面板中点开该图层的可见性标志并关闭其他图层，在选中的该图层中进行编辑。在使用橡皮擦工具时，要根据擦拭区域需要，点右键调整橡皮擦主直径大小，大面积擦拭可将橡皮擦主直径调大一些，擦拭细节部位时可以把橡皮擦主直径调小一点；或按住 alt+ 向上推动鼠标滚轴将图像局部放大后进行擦拭。操作完成后再按住 alt+ 向下滚动鼠标滚轴将图像缩小复原。在擦拭过程中如果操作失误，可在编辑栏中点击后退快捷键进行调整修改（快捷方式：ctrl+z）。通过画笔工具、多边形套索工具、橡皮擦工具等对文献文字图像中的残缺或模糊部分进行修饰，使其局部与整体协调一致。

选民证的数字图像在填充颜色、打印之前，三个图层需要分别变为黑白墨稿形式（图8.5）。图层1自身为黑色墨迹不需要调整为墨稿。点开图层2可见性标志，使之呈蓝色，关闭其他图层；在图像工具栏中点击去色选项，呈现底灰与图案交融在一起的黑白图像，这时需要用色阶或曲

图 8.5　选民证分图层墨稿。自左至右分别为合并图层墨稿、图层 1 墨稿、图层 2 墨稿、图层 3 墨稿。

线功能进行调整。点开图像，在调整中点击曲线选项（快捷方式：ctrl+m），出现曲线对话框，用鼠标调整曲线，使文字或图案图像与背景形成黑白分明的墨稿，调整完毕点击确定，保存调整好的图像。图层 3 "已选"戳记黑白墨稿的制作与图层 2 操作程序相同，要注意关闭图层 1、图层 2 后再进行操作。墨稿制作完成后的填充颜色与实施打印，将在下面数字印刷技术的应用中，以解析实例的方式继续进行介绍。

在用普通相机镜头拍照获取电子文本的过程中，由于镜头焦点在被拍物体的中间，导致数字图像边缘出现水平变形，为了恢复文献原有的本来面目，需要应用 Photoshop 软件进行调整。方法是：用 Photoshop 打开文件，选用选框工具框住整个图像；在编辑栏中点击自由变换选项；将鼠标放在图像上按右键，在出现的对话框中点击变形选项，使图像上呈现井字分布状态，把鼠标放在需要调整的区域内，按住左键拖拉鼠标分别进行调整，调整后点击工具栏中的"√"选项，保存确定调整操作。如果使用定焦镜头进行拍摄就可以避免图像变形。

Photoshop 的功能相当强大，我们在文献复制工作中的应用只是冰山一角，我们的做法也只是众多方法中的一种，有很多工具的使用、功能的运用、操作步骤的实施，都是在具体工作中灵活运用的结果，我们这里只是一种思路的介绍，还有很多方法需要不断地在工作实践中去探索开发。

第三节　数字印刷技术的运用

计算机、自动控制、激光等高新技术应用于印刷行业，数字印刷技术应运而生。使短版印刷、按需印刷成为现实的同时，也为博物馆文献复制工作提供了新的技术支持。数字印刷输入输出的同样是图文信息数字流，直接或通过网络传输记录到承印材料上。数字印刷与传统印刷一样也需要经过原稿的分析设计、图文信息处理、印刷等工作程序，只是减少了印版制作。相对于传统印刷模式来说，只是输出方式上的区别。同时，静电印刷、喷墨印刷等数字印刷方法在文献复制工作中与传统印刷技术又有很多契合点，两者相辅相成，互为补充。下面用实例解析的方式诠释数字印刷技术在文献复制中的应用。

图 8.6　1926 年 7 月 15 日，蔡元培为留法事宜致驻法国公使陈录信札复制件。

目前，我们在文献复制工作中应用的喷墨打印、电脑喷绘、激光打印、数码复印等数字印刷技术，均属于喷墨印刷或静电印刷的印制方法。特点是印制工作由打印输出设备完成印制，无须制作印版上印刷机印制，所有操作均可在桌面上完成。

一、彩色喷墨打印制作复制件

经过数字扫描获取文献的电子图像，应用 Photoshop 软件制作分图层墨稿，然后根据原件印制墨色，填充颜色后实施打印。

在近现代文献复制工作中遇到的各种信笺纸，多是应用木版水印的技术方法单色印制而成。使用的纸张以宣纸、毛边纸等手工纸为主。运用在木版水印中的颜料大多是我国传统的矿物色和植物色，或以此调兑所需要的颜色，使其能够长久地保持色度和光泽。木版水印主要以水为媒介完成印刷过程，使用的颜色也是水溶性的颜料，因此信笺纸上印出的字迹、线格笔道线条就会有向外洇散的感觉。彩色喷墨打印、电脑喷绘使用的是水溶性染料，打印在宣纸、毛边纸、元书纸、连史纸、棉纸等手工或机制纸上会使字迹、线格笔道有一种非常自然的洇墨感觉，用彩色喷墨打印方法印制的信笺纸就能够较好地还原木版水印的效果。

1926 年 7 月 15 日，蔡元培为留法事宜致驻法国公使陈录（字任先）函是毛笔墨书，宽 17.3cm、高 28cm，共 3 页，使用的中法大学用笺纸是宣纸木版水印而成，中法大学用笺字迹与信笺纸线格为橘红色（图 8.6）。此件文物的复制要求是原样复制，制作过程主要分为两步，一是印制信札用信笺纸；二是描摹蔡元培手书墨迹。为了再现原件信笺纸的木版水印效果，我们在复制制作中法大学用笺纸时应用了喷墨打印技术。制作信笺纸关键是根据文物原件印制墨色填充颜色。

填充颜色：①用 Photoshop 打开文件图标，显示经过修饰、去色处理后的中法大学用笺黑白墨稿。②在通道选项下点击将通道作为选区载入图标，选取信笺纸文字、线格以外部分。③单击选择工具栏中的反向选项，选中信笺纸文字、线格部分。④填充颜色前按删除键，删除文字、线格笔道内的黑色墨迹，以保障所填充的颜色不会受到笔道内黑色墨迹的干扰。⑤向笔道线格内填充颜色有两种方法。方法一：点击设置前景色工具，出现拾色器对话框，在中间长方形颜色板上点击选取与原件信笺纸字迹、线格墨色相近的颜色区域，使左侧方形颜色框中出现这一颜色区域的不同色阶，单击最接近原件印制颜色的部位，点击确定，使设置前景色工具处显示所选择的颜色。在编辑栏中选择填充选项，点击填充对话框中的确定完成颜色填充，然后点击选择栏中的取消选择选项，去除图上的选择区域显示的虚线。方法二：打开原件彩色模式文档，在工具栏中选择吸管工具，用吸管工具点击字迹或墨线颜色，使设置前景色工具处显示吸管工具吸附的颜色。关掉文件彩色模式文档，打开墨稿文件时设置前景色工具处已经存有吸管工具吸附的颜色，再按上述方法完成颜色填充工作。

实施打印：在文件工具栏中打开打印对话框，设置纸张大小、调整图像尺寸，确定打印位置进行打印。由于我们使用的扫描仪、打印机、显示器没有进行统一的色彩管理，各种纸张吸墨性能上的差异，计算机设置的颜色与实际打印的效果会有一些差异，打印时可通过图像栏下的调整选项中的饱和度／色相、亮度／对比度等选项进行调试，也可以通过调整不透明度进行调整，使打印件无限趋近于原件的颜色、虚实、明暗等的印制效果。运用喷墨打印进行文献复制时要选用与文物原件纸质相同的纸张进行印制，使用放置多年有自然陈旧感的旧纸最为理想。我们一般是在打印前用花青、赭石、藤黄、墨、红茶水等，根据文献原件陈旧程度，调配颜色水染色仿旧，晾干压平后上机印制。喷墨打印机用墨属于水溶性墨水遇水就会洇散，以前印完后不能再用颜色水进行仿旧处理，只能用干布蘸上颜色粉末或尘土，采用涂抹干染的方法进行仿旧染色，随着技术的进步，现在打印后的墨迹材料遇水不会再洇散。宣纸、毛边纸、片页纸等薄而绵软的纸张如果直接上机打印非常容易把纸撕破或卡在机器里，为了解决这一问题，可用固体胶棒涂抹在薄纸的四周将其黏附在相同大小的制式复印纸上，压平后上机印制，打印完成后迅速将其与复印纸揭开分离。最后经过描摹手写字迹等技术手段复原文物载体上的其他内容，完成整个文献复制工作。

喷墨打印比较适用于单一色稿的打印。对于有颜色渐变的字迹图案，打印出的色彩还原效果不理想，会使画面有一种不干净的感觉。

二、静电印制印刷类复制品

不论是彩色还是黑白激光打印机或复印机，都是利用激光扫描，在硒鼓上形成电荷潜影，然后吸附墨粉，再将墨粉转印到承印纸上。激光打印机的原理与喷墨机不同，所用颜料为墨粉，对各种纸张都不会造成颜色还原不真实或洇墨现象，适用于文物原件图像墨迹带有一定光泽的复制印刷工作。

（一）张奚若先生讲话稿的复制

文献复制的目的主要是满足陈列需求。成册历史文献一般不进行全文原样复制，可根据陈列要求复制封面、做成假本，或制作内容对开页。张奚若先生 1960 年 10 月在缅甸文化代表团

图 8.7　张奚若先生讲话稿。左为原件右为复制件。

访华首次演出开幕式上的讲稿（中、缅、俄、英文），高 26.1cm、宽 18.9cm，共 6 页，用骑马钉形式装订成册（图 8.7）。历经半个世纪的岁月洗礼纸质已经泛黄，但是封面上橘红色标题字清晰完整，首页版面上的字迹透过封面隐约可见。

　　这本讲话稿的复制要求是复制封面、制作假本。为了把复制件做得更加逼真，我们在复制时特意制作了讲稿的第一页衬在封面的下边，使观众透过封面可以隐约看到下面的文字，让人们感觉这是一本真实完整的讲话稿。

　　张奚若先生讲话稿封面和首页的印制与前面应用喷墨印制技术复制制作信笺用纸的方法与程序基本相同。这件讲稿与上面介绍的信笺纸都是单色印刷，不存在分图层多色打印的问题，只是使用的输出设备不同。张奚若先生讲稿原件是平版胶印，墨色发亮，字口墨迹没有洇散，因此我们选用能够满足原件印制特征的彩色激光打印技术进行制作。

　　墨稿填充颜色的步骤与方法在应用喷墨印制技术复制制作信笺用纸中已做介绍，在此不再重复。这里就纸张的准备以及打印中遇到的一些情况略做说明。①选纸：复制件的用纸非常重要，一定要选用与文物原件使用的纸质相同或相近的纸张进行印制，纸的薄厚、粗糙度、平滑度尽量接近原件用纸。②染旧：为了使复制件的颜色趋近于文物原件，要用藤黄、赭石、墨等调配的颜色水对打印用纸进行仿旧染色，晾干压平备用。用颜色水染纸要在打印之前进行，若打印完成后再用颜色水刷染，晾干后纸张就会缩水变小。③打印：在打印对话框中确定打印机、打印位置、打印尺寸，并在页面设置对话框中确定打印方向、打印用纸尺寸、打印份数、输出方式等，最后点击确定实施打印。

　　高精度打印机对打印用纸尺寸、薄厚的识别要求较高。打印时应注意以下几点。①页面设置：在页面设置对话框中根据机器预置的 A4、A3、B4、B5 等标准规格尺寸进行设置，或设为自定义尺寸输入相应数值；并依据纸张薄厚在纸张类型处进行设定。张奚若先生讲稿宽 18.9cm、高

26.1cm，共有 6 页。我们准备用 A3 幅面的 60g 染旧胶印纸进行打印，打印方向设为横向，纸张类型设为普通纸。②打印位置：根据原件装订形式输入距顶、距左的相应数值确定图像打印位置。由于讲稿用骑马钉形式装订成册，因此我们要把封面上的文字打印在 A3 仿旧纸的右半面，装订时将左半面折到后边作为封底。③缩放比例：如果扫描时缩放比例没有设在 100% 或是用数码相机拍照获取的电子文本，则要根据文物原件尺寸设置图像大小。扫描时缩放比例设为 100% 的电子文本，不用调整图像尺寸。④色彩调整：各种打印机的性能存有差异、打印用纸与墨色的结合不尽相同，墨稿填充颜色时所设置的颜色与实际打印的效果会产生一些偏差。我们要用矾染的仿旧纸进行打印试样，与原件进行比对，查看印制效果，通过对饱和度／色相、亮度／对比度、不透明度、色彩平衡等选项的调整，使打印件无限趋近于原件的墨色、虚实、明暗等印刷特点。最后根据原件装订形式装订成册，剪切完成。

（二）沈钧儒先生选民证的复制

1958 年 5 月 18 日，北京西单区选举委员会发给沈钧儒的选民证，纸质，铅印，宽 8cm，高 11cm。选民证上的宋体字与北京市西单区选举委员会印迹为黑、红两色套印，姓名、性别、年龄等内容为毛笔墨书填写，粉红色"已选"戳记为参加投票后盖上的。

这件文物的复制要求是原样复制。过去的做法是拣铅字重新排版，选举委员会印章则是外加工制铜版，然后上铅印机分黑、红两色套印。"已选"戳记则是手绘纸质墨稿或通过拍摄胶片墨稿，腐蚀烂制铜锌印版，或是找到与原件字体、字号相同的铅字捆绑在一起蘸印色钤盖在上面。最后描摹毛笔手迹填写的内容完成复制工作。

数字印刷技术的应用为我们的工作提供了极大的便利。在上文介绍 Photoshop 软件的应用时，我们已将沈钧儒选民证的电子文本制作成有三个图层的黑白墨稿。由于在扫描时确定的缩放比例为 100%，因而用 Photoshop 打开电子文本，显示选民证的黑白墨稿与原件大小相同。在图层、通道、路径界面里分别显示图层 1：选民证，图层 2：选举委员会印章，图层 3："已选"戳记。在打印前需要将黑白墨稿填充颜色。单一图层填充颜色的方法在前文应用喷墨印制技术复制制作信笺用纸中已经做过介绍，在此以沈钧儒选民证墨稿填充颜色为例介绍三个图层的填充颜色方法。根据文物原件显示的颜色，图层 1：选民证等宋体字与四周边框为黑色；图层 2：北京市西单区选举委员会印章为大红色；图层 3："已选"戳记为粉红色（图 8.8）。图层 1 自身为黑色不需要填充颜色；图层 2 为大红色印章，填充颜色时要在图层、通道、路径界面内关闭图层 1、图层 3 可见性标志，点开图层 2 可见性标志，使之呈蓝色，按照单一图层填充颜色的方法进行操作完成颜色填充；图层 3 为粉红色"已选"戳记，填充颜色时要关闭图层 1、图层 2 可见性标志，点开图层 3 可见性标志并使之呈蓝色，同样按照单一图层填充颜色的方法填充颜色。分别操作后完成各个图层的填充颜色工作。多图层填充颜色方法就是哪个图层填充颜色就打开哪个图层，关闭其他图层后进行操作。

墨稿填充颜色完成后进入打印工作程序。打开选民证 Photoshop 图标，在打印对话框中确

图 8.8　选民证分图层填充颜色稿。自左至右分别为合并图层稿、图层 1 稿、图层 2 稿、图层 3 稿。

定打印机、打印位置、打印尺寸，在页面设置对话框中选择打印方向、打印用纸尺寸、打印份数、输出方式等，点击确定实施打印。多图层打印效果的调整，同样是在各个图层分别进行，调整哪个图层的颜色打印效果，就打开那个图层的可见性标志，使图层标志呈蓝色，关闭其他图层。利用色彩调整功能中的色相／饱和度、亮度／对比度、不透明度、色彩平衡等功能调整色调，纠正扫描或翻拍过程中颜色出现的偏差，通过各个图层对图像色彩进行调整，校正颜色，然后合并图层进行打印，使打印件与文献原件达到相同的印刷效果（图 8.9）。

选民证是由硬卡片纸印制而成。如果用卡片纸直接进行打印，厚硬的卡片纸张与激光打印机硒鼓无法很好地贴附在一起，硒鼓上吸附的墨粉，不能完全转印到承印纸上，印件墨色不饱和且有虚有实，颜色不能很好地还原，出现偏色。同时，用厚卡纸打印也无法完成选民证上毛笔字迹的描摹工作。若原件是厚硬卡片纸，要先用染色仿旧的普通纸打印、描摹，然后通过托裱的方法增加复制件的厚度与硬度，使之达到文物原件的要求。托裱时不宜采用湿法托裱的方式进行处理。虽然墨粉遇水不会洇散，但机制纸的伸涨幅度均比较大，湿法托裱晾干后，纸张都会产生一些收缩导致图像变小。运用干法托裱的方法进行加厚可以避免印件缩小或伸涨。

三、数码喷绘技术的应用

不论是彩色喷墨打印机还是彩色激光打印机，在文献复原复制工作中的应用都有一些局限性。首先是对印制尺寸有限制，最大印制用纸为 A3 幅面，其次是彩色打印使用的颜色不够丰富。数码喷绘打印机的应用可以弥补上述不足。若使其在文献复原复制工作中与传统的印刷工艺、手工描摹技术相结合，与彩色喷墨打印、彩色激光打印技术相互补充，会使近现代文献复原复制技术手段更加丰富，不但可以提高工作效率，而且还能够大幅度提升文献复制件的品质。

在近现代文献复原复制工作中应用数码喷绘技术进行文献复制分为两种情况。一是数码喷绘与传统的印刷工艺、描摹技术相结合；二是应用喷绘成像技术直接进行文献复制件的复原制作。

（一）喷绘成像与传统复制技术相结合

喷绘成像与传统复制技术相结合进行文献复原复制，应用的范围非常广泛。现以罗工柳先

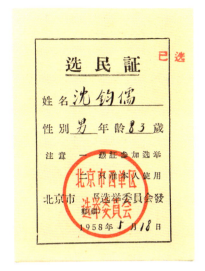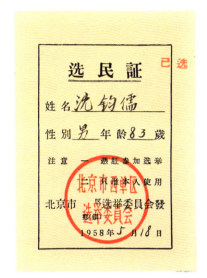

图 8.9　沈钧儒选民证。左为原件右为复制件。

生延安时期创作的《坚持团结　反对分裂》套色木刻版画为例，简述数码喷绘成像与传统手工描摹技术相结合的复制制作技艺。

　　抗日战争时期延安木刻版画是 20 世纪 30 年代初期鲁迅所倡导的新兴木刻运动的延续，在创作形式风格上也受到西方木刻艺术的影响。罗工柳先生 1938 年到延安，进入鲁迅艺术文学院，不久参加"延安鲁迅艺术文学院木刻工作团"，深入太行山等敌后抗日根据地进行艺术实践，形成了独特的延安木刻风格，其鲜明的民族化倾向，成为抗日根据地木刻艺术的代表。罗工柳创作的《坚持团结　反对分裂》套色木刻版画，纵 35cm、横 29.5cm；纸质为正面光滑、背面粗涩、质薄而脆、半透明状的粉连纸，纸色灰白泛黄。版画的着色染料为水溶性植物颜料，分为五种颜色套版印制而成，同时也存在一些色块的覆盖叠加。

　　复原复制套色木刻版画的方法多种多样。最原始的方法是根据原件分色情况，雕刻数块分色木质印版套版印制。此法，虽然采用了原工艺、原技术、原材料进行复制，符合文献复原复制的基本原则，但是制作周期长、成本过高。在 20 世纪七八十年代是通过照相制版，拍摄数张 1：1 黑白分色胶片稿，然后修胶片稿、晒制铅锌印版，修印版，最后调配油墨，上胶印打样机套色印刷。复制印制时一般只印刷版画上的两三种主要颜色，那些点缀性质的颜色则用水彩涂色的方法加工完成。

　　数字技术的快速发展也为文献复制工作提供了更好、更便捷的制作方法。《坚持团结　反对分裂》套色木刻版画的复制制作大致分为数字扫描、软件修版、喷绘成像、手绘着色和托裱加固五个部分。

　　数字扫描。打开扫描软件，把版画原件放在扫描仪取景器上，将扫描类型设为 RGB 彩色印刷模式；分辨率设为 300dpi；缩放比例设为 100%；存储格式设为 JPG，单击保存确认上述设置后，按照操作提示进行扫描，获取木刻版画 1：1 的彩色数字图像。这样获取的数字图像能够满足修版和印刷输出图像的质量要求。

软件修版，制作分图层墨稿。在整个画面的色彩中，共涉及黑色、大红色、草绿色、蓝紫色、灰蓝色五种颜色。用 Photoshop 打开版画 JPG 电子图标，进入软件修版过程。①在图层、通道、路径界面内点击创建新图层选项，创建四个新图层，加上原始图层共有五个图层。②重命名图层，图层 1，黑色墨迹；图层 2，大红色墨迹；图层 3，草绿色墨迹；图层 4，蓝紫色墨迹；图层 5，灰蓝色墨迹。③将原始文件图像分别复制粘贴到四个新图层中。④打开图层 1 标志，关闭其他 4 个图层，用橡皮擦、剪裁、多边形套索等工具去除黑色墨迹以外的其他所有墨迹后，再用橡皮擦、画笔工具等对黑色墨迹图像进行修饰，使之恢复原始状况。然后，用曲线功能，将图像调整成没有底灰、黑白分明的墨稿图像。另外其他四个图层墨稿的提取，制作亦如上述方法，只是在应用曲线功能前，需先用去色功能去除图像颜色。在清除与该图层无关的颜色墨迹过程中，切记要尊重原件的客观存在及原貌，不可破坏原件画面中应有的线条、颜色肌理、图案和文字等。最后将分图层墨稿存为 PSD 格式。

喷绘成像。喷绘制作之前，应尽量选择与原件纸质相似的纸张进行打印；如果复制品的纸色与原件纸色有差异，可以用煎煮的红茶水加入适量的国画颜色，根据原件旧色旧气染色仿旧，使之与原件纸色相近。喷绘成像印前技术处理，主要是在 Photoshop 程序中，把图像需要输出的颜色，根据原件颜色设置分别填充到图像分图层黑白墨稿中。填充颜色的方法是：打开文件图标，点击设置前景色工具，在出现的拾色器对话框长方形颜色板上，选取该图层所需要的颜色区域，使方形颜色框中出现这一颜色区域的不同色阶，单击最接近原件该图层印刷墨色的部位，点击确定，使设置前景色工具处显示所选择的颜色。在编辑栏中选择填充选项，点击填充对话框中的确定，完成颜色填充。填充某一图层颜色时要关闭其他图层标志，将五种颜色分别填充在五个图层中。然后，合并图层打开菜单栏中的文件选项，点击打印，在弹出的对话框中单击页面设置，调整纸张尺寸与画面横竖方向后，实施喷墨打印。印制的虚实、深浅等效果可通过对比度、饱和度、不透明度等进行调整。彩色喷绘成像的最终结果往往会与墨稿填充颜色时的颜色设置有差异，造成颜色饱和度不够或偏色，这些需要用水彩、水溶性彩色铅笔、透明水色等颜料进行局部手绘涂色进行补救，细致刻画木刻版画的肌理特征。

手绘补色。喷绘成像对载体要求非常高，使用的纸张一般需要用由瓷土、碳酸钙、胶黏剂等配制的涂料进行涂布处理，以保障颜色的准确还原。文献复原复制则不能对复制载体纸张加工涂布，因此喷绘成像颜色的还原不尽理想。只有通过手绘涂色进行补救。主要是运用描摹复制的方式对照原件颜色，对复制件进行涂色。原件应用的是套色木版水印技术，颜色均匀、透明度高。由于存放时间较长，色调有些暗淡，为了使复制件涂色效果更加趋近原件，在颜料的选择上也需要进行精心的准备。通过各种调试后，发现水彩颜料、透明水色、水溶性彩色铅笔比较接近原件的印制效果，透明度高、饱和度好、上色后易均匀。在用笔方面，准备一只小号狼毫毛笔和一只软毛的中号水彩笔；水彩笔用来涂色；小号毛笔用来勾勒细节，塑造效果。由于原件的颜色是套色木刻印刷，颜色区域的边缘线较实、线条偏硬，在用毛笔描绘的时候要注意边缘线的软硬变化和造型变化。待所有颜色都填完之后，用水溶性彩色铅笔或采用水彩干画法在纹理比较明显的颜色区域内描绘出一些有深浅变化的线条笔触，以体现原件印刷时留下的不规则纹理（图8.10）。

托裱加固。版画原件使用的纸张为薄软脆弱粉连纸，已有残缺破损，因此已用宣纸进行托裱加固。这件复制品使用与原件纸质相近的白毛边纸印制，喷绘的复制品经水彩涂色后，纸张出现很多褶皱，对复制件进行托裱加固，不仅增加了纸张强度，而且平整了纸张表面的褶皱。由于喷绘染料、水彩颜料易溶于水，使用湿法托裱方式，会使颜色洇散掉色污染画面。为了使托裱后的复制品显现木版水印的效果，又不至于使颜色洇散跑色，应采取干法托裱法中的覆托方式进行托裱加固。让托纸上糨糊的水汽，慢慢渗化手绘涂色，使复制件上的水彩颜料、水溶性彩色铅笔笔迹颜色遇湿略有洇化，更加凸显复制件，使用水溶性颜料印制的外观特性。

（二）喷绘成像技术直接用于文献复制

利用喷绘成像技术直接进行文献复制，主要用于复制制作19世纪末至20世纪70年代的商品招贴画、企业广告、公司海报、电影海报、领袖肖像画、宣传画、张贴布告等。上述原件一般尺寸比较大，色彩也比较丰富，不论是若干种颜色的套版印刷，还是手绘原创作品，进行复原复制均有一定难度，不但制作周期长、成本高，而且复制效果有时还不理想。应用喷绘成像技术进行复原复制，成本低、时间短、复原效果好。下面以喷绘成像复制制作水粉宣传画为例，介绍喷绘成像技术在文献复制中的应用。

这件20世纪80年代绘制创作的《人民的卫士　光荣的职责》水粉画，色彩效果浑厚、柔润、鲜明、艳丽。纵100cm、横73cm。纸质为较厚的水粉纸。复原复制的大致步骤分为：数字扫描获取文件的电子图像、承印材料的加工，图像色调处理，输出喷绘打印。为了保证色彩还原的准确性和稳定性，需要用色彩管理软件对扫描仪、显示器、打印机进行色彩管理，保障扫描、调色、输出打印时色彩一致。精心的色彩管理能够获得以假乱真的复制效果。

普通平板扫描仪无法完成大幅面水粉画的扫描工作，只有使用大型台式顶置扫描头非接触高端扫描仪扫描才能获取清晰完整的数字图像。把水粉画正面朝上平铺在扫描工作台玻璃板下。打开扫描软件，将扫描类型设置为CMYK彩色印刷模式；分辨率设为800dpi；缩放比例设为100%；存储为TIF格式，单击保存确认上述设置后，按照操作提示实施扫描，

图8.10　《坚持团结 反对分裂》木刻版画复制件。

获取水粉画 1 ：1 的彩色数字图像。使用高精度立体扫描系统对油画、水粉画进行扫描时，为体现保留画作的笔触，表现凸凹感，要用单方向灯光，使画面上的凹凸处形成光影效果，再现画面纹理特征。保证在最初的扫描时就能从原稿中获得最多的颜色层次信息，忠实还原原稿。

为了使喷绘复制件尽量再现原件的图像色彩与层次，复原复制水粉画使用的承印材料，要选用与原件纸质厚度、质感、纹路相同或相似的水粉纸进行涂布加工处理。涂布印刷纸的涂布处理包括：原纸的选择、涂料的制备、涂布机涂布、干燥、压光或表面处理、分切或复卷。就是用高岭土、碳酸钙等材料与胶黏剂、助剂等配合制成涂料，经涂布机装置涂于水粉纸表面而制成的一种高级印刷纸。经过涂布加工，能够使纸张纤维形成的凸凹不平与孔隙，涂盖上一层由细微粒子组成的对墨色吸收性能良好的涂料，以得到均匀性与平滑性良好的纸面，提高纸张对喷绘打印网点的还原能力。承印纸的选择与涂布加工的质量，决定着水粉画喷绘复制的效果。

数字扫描图像在印刷输出之前，还需要进行细致的调整，保证图像在色彩、层次和清晰度等方面与原作接近。图像调色需要有丰富的工作经验、对原件和复制要求有充分的理解。根据水粉画的特点、打印载体的性能，利用 Photoshop 软件中的色阶、曲线、校色等功能，在理解画作意境的基础上对画面色调进行调整。图文处理的关键是图像的处理，对图像处理也是印前处理中最为复杂的一项工作。在对图像做印前处理时，必须综合考虑数字印刷机的输出特性以及对复制件的印制要求等方面的因素。水粉画喷绘复制打印的整体效果，局部特征，虚实明暗变化，颜色的对比度、饱和度、不透明度等都需要在喷绘输出前完成。

喷绘输出打印时，要先用经过涂布处理的小块水粉纸打印试样，经过与原件图像仔细比对，进行校色，发现问题及时调整处理，使复原复制件，体现出水粉画特有的肌理效果，细腻的质感，以及丰富的色彩关系与色光效果（图 8.11）。

图 8.11 《人民的卫士 光荣的职责》水粉宣传画复制件。

第四节 数字技术与传统印刷工艺相结合

传统的石印、铅印、胶印、油印等印刷技术是我们多年来进行文献复制的重要手段。在条件允许的情况下，文献复制工作应该遵循原工艺、原材料、原工序的文献复原复制原则。传统印刷是将图文信息通过摄影成像输出记录在胶片上，制成印版，印版涂敷上黏附性色料，在机械压力的作用下，使印版上一定量的黏附性色料，转移到承印物表面，得到成批量印刷品的技术。在过去的文献复制工作中，文物原件是凸版铅字印刷件的，我们就利用相同字体、同样字号的铅字根据文物原件原有版式内容排铅字版上铅印机印制。原件是油印件需要仿刻蜡纸版；或手工描摹誊清原稿，用光电誊影机制作塑胶印版后上油印机印制。原件是石印、胶印、铜版印刷等平版印制的文献，我们就用印刷专业照相机拍照出胶片稿，经过照相、修片、拼版、烂版、配制感光液、烘干、晒版、显影、定影、修版等工序制作铅锌印版，然后选配与原件相同或相近的纸张用石印机、胶印打样机印制。数字技术的发展也为传统印刷技术在文献复制中的应用提供了新的技术支持。

数字技术在文献复制传统印刷工艺中的应用，主要是运用数字扫描获取文献的电子文本图像，在 Photoshop 状态下分制图层、修饰、去色、打印制作印版用的胶片或纸质黑白墨稿。墨稿要尽量应用图像工具栏调整选项中的色阶或曲线功能，去除底灰，使墨稿字迹图案黑白分明。制作单色印刷印版打印一版墨稿；制作多色套版印版，需要根据原件分色情况打印多版分色墨稿。分制图层、修饰、去色，打印墨稿工作在前文已经分别进行了叙述，下面以复原复制《义勇军进行曲》歌片、《仪陇报》、《蔡元培任北京大学校长的任命状》为例，解析数字技术在文献复制传统印刷工艺中的应用。

一、油印《义勇军进行曲》歌片的复制制作

《中华民国国歌》及《义勇军进行曲》歌片是 1939 年至 1945 年间油印而成的抗日宣传品，宽 26.7cm，高 39cm，黑色手写字迹，纸质为新闻纸。这件文献是用铁笔刻写蜡纸经过油印制作完成，字体工整，笔道细而均匀，用高倍放大镜观察字迹笔道内的小细点依稀可见。在抗日战争、国内革命战争时期有很多的声明、通告、传单、文件是油印件。油印的特点是：设备简单携带方便，便于普及应用；刻一张蜡纸版可印制数百份，有大量的复制件；对承印纸的纸质基本上没有要求；最初的印制品字迹清晰墨色均匀，随着印数的不断增加字迹笔道随之变粗发肿，墨色不匀且有断道出现。

复制油印类文献，最初的方法是蜡纸誊写，用铁笔在钢版上直接往蜡纸上仿刻原件上的字迹图案制作印版，然后进行油印，这种办法与原件相比出入较大，复原效果不理想。随着科学技术的发展，我们开始采用手工描摹誊写墨稿，用光电誊影机制作油印塑胶版，上油印机印刷的方法制作复制件。运用光电誊影机可以制成与墨稿文字图案完全一样的油印塑胶印版。近年来，数字技术的快速发展特别是在文献复制工作中的应用，不仅大大提高了工作效率，而且使制版墨稿更加细腻准确，有效地再现复原文物原件的油印字迹，以及字里行间的历史信息。数字技术在复制油印类历史文献中的作用，就是把手工描摹誊写墨稿的工作通过计算机完成。

应用数字技术复制《义勇军进行曲》歌片，主要是制作打印纸质黑白墨稿。步骤是：①数字扫描获取《义勇军进行曲》歌片电子文本。②用 Photoshop 打开《义勇军进行曲》歌片图标。

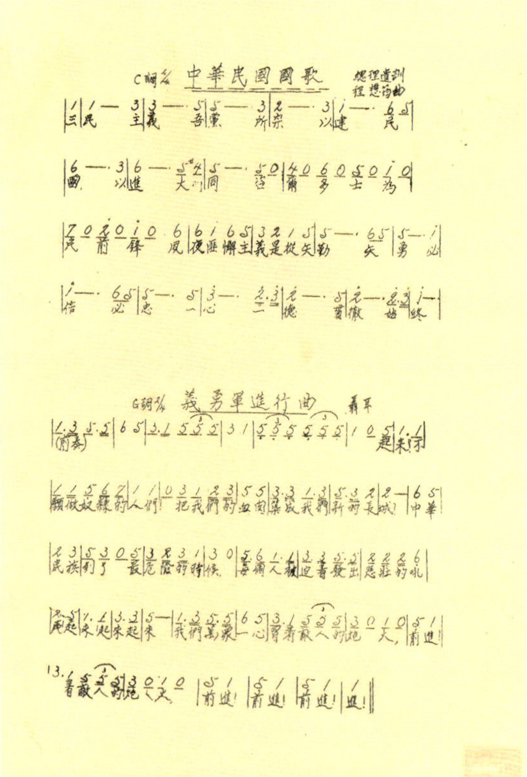

图 8.12　《中华民国国歌》《义勇军进行曲》歌片复制件。

③应用矩形选框工具、多边形套索工具、画笔工具、橡皮擦等工具修饰图像。④在图像调整选项中点击去色选项去除文字图像底色。⑤运用图像调整选项中的曲线或色阶功能进行黑白灰的调整；操作时需从最暗的地方开始对黑白灰分别进行调整，点击确定确认调整数值；若仍有底灰可用上述方法进行二次调整，直至使墨稿黑白分明，点击确定确认调整有效。⑥利用矩形选框工具或橡皮擦等工具对墨稿进行再次修整、擦拭清除墨稿残余底灰和污迹。⑦打印纸质墨稿。

目前，我们使用的是华北光学仪器厂生产的天坛牌光电誊影机，上海三五纸厂生产的火花牌塑胶誊影纸。光电誊影机利用传真烧灼，光电扫描原理为誊写、影印等方面开辟了新的途径，使复制文字、图像摆脱了人工刻写，描绘的繁琐劳动，效率高，复原效果好。光电誊影机采用滚筒式扫描方法，把《义勇军进行曲》歌片纸质墨稿上的文字图案黑白变化通过光电转换形成电信号，经过电路调制，在誊影针尖上产生相应变换的脉冲电压，针尖与塑胶誊影纸接触产生脉冲电火花，击穿成网状微孔，制成与墨稿图文一致的油印塑胶印版。印版正面向上平铺在手推油印机纱绢框下，卡住四边绷平印版。墨辊蘸滚油墨试印，利用墨辊的压力使油墨从印版字迹笔画的缝隙处漏沾在承印纸上，待墨色均匀后，定好规矩，使用与原件相同或相近的纸张印制。最后经过仿旧染色，完成《义勇军进行曲》歌片的复制工作。（图 8.12）

印刷技术革命不仅使铅字印刷、铅锌版印刷受到影响，文献复制中的油印技术也面临困境。油印用誊写油墨的黑、蓝、红三种颜色目前社会上仅有黑色；光电誊影机与塑胶誊影纸也早已停产多年；油印类历史文献的复原复制也将会走向数字印刷的道路。

二、铅印《仪陇报》的复制制作

1960 年，朱德委员长回家乡四川仪陇县视察，4 月 1 日出版的《仪陇报》刊登了《朱委员长回到家乡》的报道。2005 年，我们应用固体感光树脂版制版技术为朱德纪念馆复制了这张报纸。报纸宽 37cm，高 53.7cm，共四版、纸质、铅印。报头、通栏标题为手写体，报眼和第一版左下位置刊印朱德与家乡人民合影，为仪陇县委题词两幅图片，其他文字是铅字排版。复制要求为复制第一版。

传统的复制方法有很多种。例如运用照相出胶片稿，经过修版、晒版等工序分制两块铅锌版，上胶印打样机，分红、黑两色套印。然而这种复制方法属于平版印刷，无法体现《仪陇报》原有的凸版铅字印刷效果。理想的复制方法是依据《仪陇报》形成的原始方法进行印刷复制。报头、通栏标题、两幅图片通过照相出胶片稿，外加工制铜版，报道内容根据字体、字号、版式拣铅字排版复原，红色标题为一版，黑色报头、图片等为一版，两块印版分红、黑两色上铅印机套版印刷。按照这种方法进行复制，能够很好地体现原件固有的铅字凸版印刷效果，再现文物原件固有的时代特征和历史痕迹。这种方法费时费力，工作周期长，特别是20世纪末印刷技术革命，使文献复制工作中铅字凸版印刷制作工艺出现危机，原材料短缺，

图 8.13 1960 年 4 月 1 日《仪陇报》复制件。

补配铅字非常困难，外加工制作铜版因污染环境很难找到承接单位，运用铅字排版印刷进行文献复制变得举步维艰。为保障文献复制工作中的凸版印刷效果，我们结合文献复制工作实际，对印刷行业的新技术、新工艺进行考察论证，引入固体感光树脂版制版技术替代传统凸版印刷工艺，较好地解决了文献复制中凸印铅字短缺、铜锌版制版不便的难题。

应用数字技术复制《仪陇报》，主要是制作固体感光树脂版制版用胶片或纸质黑白墨稿。把传统工艺中的照相、冲洗、修片、拼版等工作，通过数字扫描、计算机处理，提前到出片之前完成，使修版更加快捷、准确。用 Photoshop 打开《仪陇报》的电子文本。将图像分设两个图层；图层 1 为红色通栏标题的内容，图层 2 为黑色报头、图片、铅字内容。应用修饰、去色、曲线、色阶等功能分别制作图层 1、图层 2 两版黑白分明的墨稿。制作树脂版印版需用白字黑底的阴图胶片墨稿。打印阴图墨稿需要在通道中选定"将通道作为选区载入"选项，在"选择"选项中单击"反向"选项，填充白色后，确定打印阴图墨稿。胶片墨稿可用激光或喷墨打印机直接打印在激光打印胶片或喷墨打印胶片上；也可先打印纸质墨稿后再用数码复印机转印成胶片墨稿。把阴图胶片墨稿覆盖在固体感光树脂版上，在制版机内经过紫外线曝光、温水冲洗、烘干、二次曝光定影等工序制成固体感光树脂版印版，经过修版、排版、上铅印机分黑、红两色套版印制，使《仪陇报》复制件有很明显的铅印效果，体现出 20 世纪 60 年代初的印刷特征。最后经过染色仿旧等工序完成《仪陇报》的复制工作（图 8.13）。

三、蔡元培《任命状》的复制制作

1916 年 12 月 26 日，北京政府总统黎元洪、国务总理段祺瑞、教育总长范源廉以大总统名义下达命令任命蔡元培为北京大学校长，并颁发简字第七百九十二号任命状。《任命状》宽 48cm，高 35.6cm，胶印纸平版印制。文献上的文字图案是由印刷、手写字迹、印章等多种形式构成。

复制由多种形式构成的复合件比较麻烦，没有固定的操作程序，要根据文献的具体情况灵活掌握，一般是先印刷后描摹，两种以上印迹或手迹同时存在则要先难后易，先繁后简，以避免人力物力时间的浪费。以往的复制方法是用印刷专业照相设备拍摄出胶片，胶片经过显影、定影、冲洗、晾干等工序形成胶片稿，通过修片、拼版、烂版、配制感光液、烘干、晒版、显影等工序，制成图案纹饰印版，分为任命状、任命……为……此状、时间落款印版，大总统印印版、段祺瑞名章印版等四块铅锌版，上胶印打样机分黄、黑、红、紫四色套版印制。然后描摹拓写手写字迹完成文献文字图案的复制工作。上述方法不但制作周期长而且同样受到印刷技术革命的冲击面临原材料短缺的困境。

社会的发展进步使文献复制工作中应用的石印、胶印等平版印刷技术，同样受到传统制版材料渐少的影响。近年来，我们经过调研考察并结合现有的技术设备情况，引进了符合文献复制平版印刷需求的 PS 版制版工艺。并将数字技术应用在 PS 版制版工作中，使拍摄 1∶1 胶片稿、修片、拼版等一系列工作通过计算机完成。

应用数字技术复制蔡元培《任命状》，主要是制作 PS 印版用胶片或纸质黑白墨稿。用 Photoshop 打开蔡元培《任命状》电子文本。将图像分设四个图层：图层 1 为黄色图案纹饰，图层 2 为黑色印刷字迹，图层 3 为红色大总统印，图层 4 为紫色段祺瑞签名章。运用修饰、去色、曲线、色阶等功能使之成为四幅黑白分明的墨稿。把传统工艺中照相、冲洗、修片、拼版等工作，通过数字扫描、计算机处理，提前到出胶片稿之前完成，使修版制版更加快捷准确。打印制作 PS 印版用黑字白底的阳图胶片墨稿，可用激光打印机或喷墨打印机用激光打印胶片或喷墨打印胶片直接打印胶片墨稿。如果打印机不能打印胶片，也可先打印纸质墨稿再用数码复印机转印成胶片墨稿。通过晒版机曝光、显影、定影、冲洗、晾干、除脏、修补等工序制作四块 PS 印版，并依据文物原件纸质选配相同或相近的纸张上石印或打样机等平版印刷机分四色套版印制，然后挑选品质较好的印品进行仿旧染色、描摹手写字迹，完成蔡元培《任命状》的复制制作。复制《任命状》时也可以只印黄色图案纹饰、黑色字迹两版，将大总统印、段祺瑞名章制成铜锌版或固体感光树脂版，蘸印泥或油墨加盖印痕，体现原件上的钤盖质感效果（图 8.14）。

为了维护文物复制工作的严肃性，文献复制份数非常有限，一般是 1 至 2 份，多则 3 至 5 份，属于短版印刷、按需印制的范畴，利用数字印刷技术便捷、经济，不仅省去了传统印刷中拍摄胶片、晒制印版、配置印刷机械等大量投入，而且节约了一定的时间成本。数字印刷不会完全取代传统印刷技术的应用，在文献复制工作中两者将并存、互补，相互融合。激光打印、喷墨

图 8.14　1916 年蔡元培任北京大学校长《任命状》复制件。

印制、电脑喷绘等数字印刷技术在文献复制工作中的应用，克服了印刷技术革命给文献复制工作带来的巨大冲击。特别是数字印刷技术与传统印刷技术在文献复制工作中的有机结合，不但提高了工作效率，保障了文献复制品复原的准确性，而且使文物复制件能够更加充分地体现文物原件上所固有的时代特征和历史痕迹。印刷将从传统印刷向数字印刷的各种变换选择中演变。然而数字印刷也不会完全取代传统印刷，两者将在今天的社会中并存互补。

第五节　激光雕刻技术制作图章印痕

各类历史文献上的图章印痕绝大部分是用图章蘸印泥、印油或其他有色介质盖印而成；也有一些证书、奖状、公文上的印章是印制上去的。在文献复制时遇有图章印痕是盖印而成时，我们过去主要是借助社会力量进行制作。照相出胶片稿或描摹纸质印稿，送到制版厂通过腐蚀烂版做铜锌版印章，加装木托后蘸印泥钤盖，或是求助专业厂家对图章进行仿刻。制铜版、仿刻印章均需要单位证明，并外出联络，工作周期长，有时做出的图章无法及时与原件印痕进行比对，复原效果不尽理想。20 世纪末我们引进了固体感光树脂版，拍摄印稿阴图胶片，将胶片覆盖在感光树脂版上，通过紫外线曝光，清水冲洗，使字迹笔道部分因见光而固化，未见光部分被溶液冲洗溶解掉，制成印章。树脂版版材使用期限一般是 3 个月，文献复制用量小，使用又不集中，会使树脂版过期，造成浪费。有时为了应急我们也通过照相制版胶印、手工描摹石印、光电誊影油印等方法印制图章印痕，复制效果尚可，可以弥补外出加工或直接仿刻的诸多不足与不便，但是这种方法也会使文献复制件失去图章钤盖的质感效果。

印章的复原复制不仅要形似，更主要的是神似。为了使文献复制件图章印迹复原得更加准确、

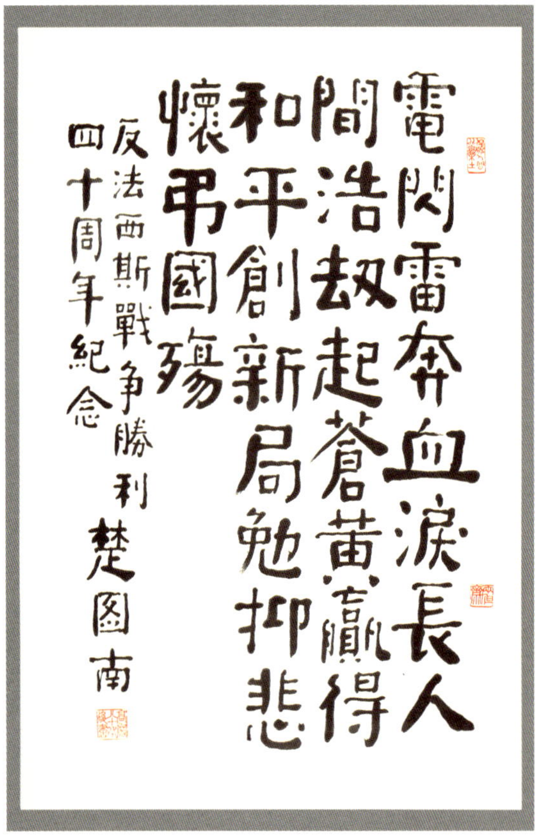

图 8.15　楚图南题词复制件

逼真，体现钤印质感效果。1985 年，楚图南先生为纪念反法西斯战争胜利四十周年题词上印章的复制中，我们应用了激光雕刻技术。"电闪雷奔血泪长，人间浩劫起苍黄，赢得和平创新局，勉抑悲怀吊国殇"的楷书题词由王秋仲先生描摹复制（图 8.15）。题词上有三枚红色印章跃然纸上，右上方的迎首章是"但愿人间皆乐土"，右下方的斋号章是"两但斋"，左下方字号印是"高寒八十以后书"。这三枚印章的复制，是用激光雕刻技术进行仿刻的。

印章的复制首先要用原件扫描，将纸本图文信息转变为电子文本。激光雕刻复制图章需要原大的黑白墨稿，扫描类型设置为灰阶，可以直接出墨稿。比例设为 1：1，扫描原大的电子文本不需要调整印稿的尺寸；分辨率的设定需要根据文物原件印章的清新程度、印章与文物载体的反差情况而定，一般在 300dpi—800dpi 之间，分辨率的设定要以便于 Photoshop 修版，最终获得清晰的黑白墨稿为原则。为适用激光雕刻机，电子文本的格式要存为 BMP 格式。原件在加盖印章时，由于各种原因有时会盖在文字或图案上，有时因印泥的质量不佳，会有印泥溢出使印章笔道变粗变肥，这时就需要用 Photoshop 软件进行修整。用 Photoshop 打开文件，选择多边形套索或橡皮擦等工具剔除或擦拭图章印痕以外的一切笔道墨迹，复原印章原有的笔道粗细，通过曲线、色阶功能调试制作出与原印章有同样神韵的黑白分明墨稿。在进入雕刻程序前，先把用于雕刻的材料卡放固定在雕刻机工作台面上。为防止雕刻过程中字体变形，雕刻材料的放置必须与激光雕刻头保持垂直。雕刻有机玻璃材料时电流一般为 0.8A，雕刻三合板或高密度板时电流为 0.2A—0.3A。为防止雕刻时出现的火花烧煳板材，可在板材上贴一张湿纸避免烧焦雕刻面。雕刻电流的控制需根据不同材质的雕刻效果悉心体会。

雕刻步骤是：双击桌面上激光雕刻图标进入激光雕刻程序，点击雕刻排版系统图像进入雕刻系统，在工具栏中选择方形、圆形、椭圆形、三角形等所要雕刻印章的形状，再从窗口文件栏点击打开，在出现的对话框中，点击文件类型选择 ALL File 选项，显示所有文件图标，点击所需要用的印章墨稿文件图标，在文件名处显示该图标名称，点击所要雕刻的文件。在窗口处点击雕刻输出栏中的全部选项，调整 X、Y 坐标轴，使激光雕刻头对准需要进行雕刻的位置，并根据文物原件图章形制，选择阴图、阳图或是正字、反字。点击位置预览确定雕刻范围，确

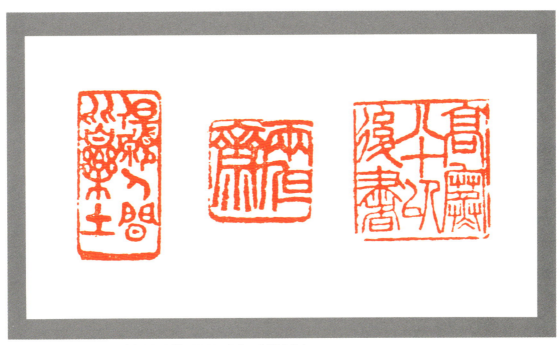

图8.16 应用激光雕刻技术复制仿刻楚图南题词上的三枚图章印痕。

定无误后点击雕刻输出选项进行雕刻。雕刻完成后，加大输出电流，点击位置预览，切割成型。将雕刻的印版用双面胶黏附在印托上，根据原件印色选择或调配印泥、印油或其他有色介质，蘸之印盖在复制件上，钤印质感效果明显，为该复制件增添几分神韵（图8.16）。

TK—40（IV）型激光雕刻机，适用于雕刻有机玻璃、橡胶、牛角、皮革、密度板、竹木等非金属材料，不仅可以雕刻印章，还可以在木质、竹片、密度板、大理石等材料上雕刻浅浮雕性质的文字或图案。在今后的工作中我们将不断拓展其在文献复制工作中的应用范围，使之发挥更大的作用。

做好文献复制工作一是靠理念，二是求方法。不论是应用传统技艺还是现代科学技术，或是传统技术与现代科技相结合，都是多种技术手段综合利用，灵活运用的过程，墨守成规只能是困难重重，只有改变思路，才能求得发展。随着社会、经济、科学技术的快速发展，数字技术渗透到我们工作生活的各个层面，使我们更加真切地体会到传统技术的科学化、理论化、系统化是创新工作方法的基础，只有把传统技术与现代科技很好地融合在一起，才能使文物修复复制工作有一个较大的发展，产生质的飞跃；科学技术是推动传统技艺发展的原动力，传统技术与现代科技的有机结合是文物修复复制工作发展的必然之路。

数字技术的发展比按一下快门的速度还要快，其在博物馆文献复制工作中的应用拥有广阔的发展前景。本章通过数字技术在近现代纸质文献复原复制工作中应用实例的解析，诠释了在保持传统复制方法精髓，充分发挥现有技术设备作用的基础上，将数字技术与传统工艺进行有机的结合，开辟文献复制新途径的工作理念。

第九章　复制品的仿旧、作残与装潢

近现代文献的复原复制要求复制品反映文献本体的现存状态，满足其一切固有特征，不仅要与原物功效相同，而且外观表象与内部结构成分也应完全一致。纸质文献的复制是通过手工描摹、铅印、油印、胶印，以及珂罗版、木版、树脂版、铜锌版、PS版、数字印刷等技术手段，将文献上的字迹、印痕、图饰等项内容形象、原本地重新映现在相应的新载体上，最后经过染旧、作残、装订、装潢等后期技术处理，再现文献流转中所产生的诸多历史痕迹，使复制品从载体质地、字迹图案、笔触风格、颜色光泽、形状构成、完残状况等与文献原件没有明显区别。文献复制仿旧技术的应用就是模拟文献流转经过，再塑历史烙印，使复制件从文字内容、字迹墨色、外观形态酷似原物，无异原物，无限趋近原件，以满足观众的视觉、触觉等感觉器官与心理方面的需求。优秀复制作品的展示功能毫不逊色，在陈列展出时同样真实震撼。

复制件的着色仿旧、作残、装潢等后期加工制作方法多种多样。复制件在字迹图饰等内容部分与原件相同后，纸张的颜色、形状等仍与原件有较大的差异，只有经过染旧、作残、装潢等技术手段进行处理方能使复制件从整体上无限趋近于原件，将两者摆在一起不易分辨。染色、残破仿旧这一确定复制品最终状态的工作是文献复原复制重要的技术环节，直接影响着复制件的品质，在复制品整个制作过程中起到画龙点睛的作用，若不加重视将使整个复制工作功亏一篑。文献复制仿旧工作的方式方法在不同时期、地域都存在差异，本章结合工作实践，通过对文献残旧的形成机理与外观特征、文献复制着色仿旧的基本方法、文献复制残破与装潢仿旧工艺的诠释，阐述文献复制仿旧技术的应用。

第一节　文献残旧破损的形成机理与外观特征

由于自然界不可抗拒的基本规律，文献在历史发展进程中残旧、损毁乃至灭失不可避免。老化残旧是文献从生成到灭亡存续期间的一个非常重要的存在阶段。若要做好文献复制仿旧工作，就必须明晰文献的残旧概念、文献残旧的形成机理与文献残旧的外观特征。

一、文献的残旧概念

纸质文献随着时间的推移而损毁灭失，是由于造纸原料、加工工艺、保存环境、流传经过、使用方法、利用频率等诸多内外因造成的。文献的残旧原因也是多种多样，有机械物理的破损、化学物质的侵蚀、自然灾害的破坏、人为因素的损坏、有害光照的辐射、空气中污染物的侵蚀等等。一般认为文献的残旧就是文献在各种因素的综合作用下，发生的一些物理或化学上的变化，表现为文献载体的残缺、破损、折痕、污渍、变色、板结、焦脆等。

1. 自然损坏

历史上产生的任何物质都将要在社会发展进程中被时间所毁灭。任何事物都有一个发生、发展、壮大和衰亡的过程。随着时间的推移，文献纸张的内部结构将发生变化，导致逐步衰亡。尽管这个过程极其缓慢、细微，要经过几十年、几百年甚至几千年的渐变，但这一进程不可逆转。造纸原料与加工工艺是纸张自然损坏的主要内因；高温、高湿、光照、酸、氧化剂、微生物、以及空气中的各种污染物等是加速这一老化灭失进程的外因。文献纸质载体从泛黄、变脆、硬化龟裂，甚至发展到如同烟叶一般焦脆一触即碎，完全失去能够正常使用应有的强度，是一个漫长的过程，现代科学技术所能采取各种保护修复措施，也只是延缓这个衰亡灭失的进程，若要根本阻止这个过程的发生是不可能的。

2. 虫蠹鼠啮

虫蛀鼠咬对纸质文献的损害最为普遍。虫洞形状各异，洞口边缘光洁锋利。有一种专门吃纸张的蛀虫，其形稍似鱼，其尾又分二歧，故得鱼名，又叫蠹鱼，对藏书、藏画、碑帖、古籍文献的损伤相当严重，有些文献被咬得遍体鳞伤，几至不能阅读，好端端的一本书在没有外界条件的影响下，虫由书中生，把书蛀成千疮百孔，蛀得像刻花一样，上下打通穿成孔，每一翻检，就要损失若干字迹。老鼠是啮齿类动物，啮食是其天性，有些古旧书籍的装潢多为糨糊厚裱之物，老鼠在啮食书上糨糊的同时大肆啮咬文献书籍纸张，使文献边缘参差不齐甚至丢失文字。（图9.1）

3. 机械性损伤与人为破坏

纸质文献自身强度有限，经流传、翻阅，在传递的过程中极易受外力机械挤压变形、撕裂等损坏，同时人为的折叠磨损也相当严重。造成文献残缺破损，出现明显的折痕、折裂、破口、破洞等。运输、保管、使用不当等导致的文献机械性损伤一般均是来自人为的破坏。

4. 霉变污渍

由于受潮湿、高温等环境影响文献受到霉菌侵蚀，霉变不仅使纸张强度遭到损坏，而且霉菌产生的褐、黑、白、绿等各种色素也严重污染文献载体，霉变不仅使纸张变得脆弱，还会造成颜色污染，出现一些不规则的霉点、霉斑色素等霉迹污渍。

5. 各种污染

遭受水、汽、酸、碱、油、盐等液体和气体物质的浸泡污染，导致文献皱褶糟朽，字迹

图9.1　冯玉祥将军题词手迹外观特征为：虫蠹、折痕、残破、污迹。

不清，失去原貌。文献载体出现的水迹、茶渍、油污、墨迹、锈斑等各种污迹，有些会覆盖遮挡文献字迹图案造成无法挽回的损失。

6. 有害光线照射和烟熏火烤

光线是导致纸张变质的重要因素，可使纸张颜色发黄，白度下降，纤维内分子结构断裂、机械性能降低，甚至脆裂、粉化。这些变化除受纸质本身内在因素与所处环境等外在因素影响外，主要是由于有害光线，特别是红外线或紫外线照射导致的纸张干燥脱水，纤维断裂等变化。烟熏火烤和接近温度较高的物体，文献也会变色，失去原来的色彩。温湿度的急剧变化，会使纸张快速吸水或脱水产生膨胀或收缩，使纸张性能改变。

二、文献残旧破损的形成机理

文献的残旧老化是一种尚未得到充分研究的复杂过程。取决于文献纸质载体所用纤维材料的种类与化学成分，黏合剂、填料和染料，酸、金属盐类和其他成分等。对残旧老化过程产生重大影响的还有保存环境的温湿度、空气受污染程度、空气中各种气体杂质含量、紫外线与红外线辐射、虫蛀、鼠咬、霉菌等。同时文献载体上油墨、印油、墨水和墨汁发生的老化也会加剧文献纸质的物理或化学变化。

文献的残旧破损程度受文献载体纸张性质与文献流转过程的影响。造纸技术决定了纸质文献的寿命，造纸原料与加工工艺的不同，使纸张老化速度差异较大。宣纸等手工纸文献可以保存几百年甚至千年，机制纸文献在百年之内就有可能出现纸色泛黄、纸质断裂焦脆等问题。同时，由于各历史时期形成的文献在保存时间，流传经历，载体纸质和保存环境上的差异，也会导致文献载体有不同程度的残缺破损、老化损毁的情况发生。为了更好地做好文献复制仿旧工作，我们首先要了解纸质文献的破损现状与破损机理，明晰文献泛黄、残缺、撕裂、褶皱、虫蛀、污渍、褪色、焦脆等残旧现象的机理，经过分析采取恰当的仿旧作残技艺，模拟文献流传经过中造成的各种残缺破损状况，再现文献历史沧桑与时代烙印。研究文献残旧老化机理是做好文献复制仿旧工作的前提与基础。

造纸原料与加工工艺是引发文献载体材料残旧老化自毁的内因。近现代文献用纸可分为手工纸和机制纸两类。近代文献以手工纸居多，现代文献以机制纸为主。手工纸最早使有的原料可溯自西汉的麻；此后树皮、藤、竹、麦草的茎秆等植物原料也先后被用作造纸原料。古纸的造纸原料多选用麻、植物的韧皮纤维等，加工工艺以手工为主，多呈中性或偏碱性，保存时即便遇有酸性物质，纸张依然会保存相当长的时间。手工纸纸面柔和，质地软而轻，吸水性大，强度小。唐以前所用原料，普遍被认为是较好的原料，这也是这一时期文献能够保存下来的重要原因。明清时期，竹料逐渐成为造纸的主要原料。清末民初，各地纷纷利用本地资源制作手工纸的同时，手工造纸也在日渐衰弱，并向近代机械造纸和印刷阶段过渡，此时造纸原料混杂，制浆工艺与造纸机械落后，生产的纸张多为木浆纸和酸性化学浆纸，纸张呈酸性。机制纸虽然纸面挺括、质地硬重、强度较大、吸水性小，但其保存年限较短。民国时期机制纸文献纸张的PH值约在 4.5 左右，因此这一时期以机制纸为载体的历史文献破损较严重。造纸木浆与动物胶、明矾等添加材料使纸张酸度上升。酸性大是加速机制纸文献损毁的一个重要因素和主要内因。

　　排除不可抗力的破坏，环境中的温度、湿度、灰尘、有害气体、光照辐射是文献纸张受损的主要外因。文献残旧老化的外因有自然因素和人为破坏两个方面。造成的后果有的是渐进的损害，有些是剧烈的毁坏。文献在流转过程中纸质载体受到自然界的各种干扰而发生损坏，其中时间的影响也是不可抗拒的，这种损害的变化速度只是因纸张自身质量的差异而有所不同，但其变质结果都是使文献纸质褪色、断裂、残缺、焦脆、失去应有的强度直至灭失。时间是导致文献残旧老化的主要因素，随着时间的推移，文献载体的物理、化学性能会发生不可逆的变化，逐渐丧失原有的色泽与韧性。文献的人为损坏主要是复杂的流转经过，使用、保藏不当等多种原因。保存环境的恶劣，高温、高湿、有害气体的污染、红外或紫外光线的照射等诸多不利因素的作用都会引起文献载体纸张内部结构的变化，加速纤维降解造成文献的残旧老化。

　　化学作用在文献的残旧老化中是一个渐变过程。最初为纸色逐渐泛黄，纸质发脆，随着时间的推移，表现程度越来越重，直至纸质丧失应有的韧性与强度。其主要原因就是文献在存续过程中纸张的主要成分纤维素和木质素与环境中的氧化剂、酸、水等物质发生了氧化和水解反应。纤维素在光、高温、高湿和氧化剂的作用下，导致文献纸质结构发生改变，产生与原来不同的氧化纤维素，氧化纤维素发黄、发脆。纤维素的水解是在酸的催化作用下，与水反应，聚合度降低，生成短链纤维素，导致纸张脆化。再有纸张中所含的木质素发生氧化反应生成了发黄的氧化木质素，纸张所含的木质素越多，纸张发黄的速度越快，程度越严重。近现代机制纸文献多为木浆纸，这也是纸张自毁的主要内因之一。这些化学反应发生的可能性或发生速度的快慢与文献纸张成分、制造工艺、保存环境条件密不可分。氧化剂在对纤维素发生氧化作用的同时，光照则加速反应进程，称光氧化。光、氧会使纸张中的木质素变为氧化木质素，起到加快纸张发脆变黄、强度降低的作用。潮湿、高温环境中，光、氧、水相互作用，加速化学反应，具有更大的破坏性。纸张老化实质上是内部主要化学成分，木质素、纤维素、半纤维素在光、氧作用下发生微观分子结构改变；光氧化使纸张泛黄，白度下降，机械强度降低，酸度上升PH值减小，纤维素化学性质发生宏观不可逆的改变。

　　物理、生物作用对文献纸张的破坏同样不可小视。文献受到机械外力的挤压，会导致纸张的褶皱、磨损、撕裂、破损乃至残缺。水、油污、墨渍等液态物质的浸湿污染，不但会破坏纸张原有的水平衡，使其强度减弱，还会使纸张吸湿润涨变形。由于纸张纤维为有机物，在造纸过程中又常于纸浆中添加动物胶、淀粉、矾和树脂等，为霉菌和虫害生长提供了条件，一旦温湿度等环境适宜，霉菌会迅速蔓延侵害纸张，其对纸张有很强的分解能力，不但使纸张强度下降，变得脆弱，而且霉菌产生的色素还会造成颜色污染。霉菌侵蚀处的纸张明显减薄甚至霉烂成洞。虫蠹、鼠咬会直接造成文献内容大面积缺失与文献载体的残缺不全。

图9.2 《陕甘宁边区交通干线图》外观特征为：残破、褶皱、折痕、磨损。

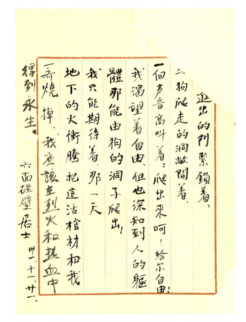

图9.3 叶挺《囚诗》手稿外观特征为：残缺、孔洞、褪色、污迹。

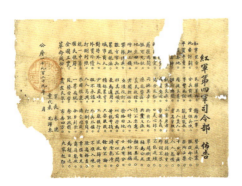

图9.4 毛泽东、朱德署名发布的《红军第四军司令部布告》外观特征为：残缺、折痕、污迹。

三、文献残旧的外观特征

文献残旧的产生不仅有其纸质内部结构的原因，也有外部不良环境的影响，但是不论是内因还是外因的作用都会在文献载体上表现出来，形成不同的外观特征。文献残旧的外观特征千姿百态多种多样，归纳起来大致有以下几种情况：残缺破损、褶皱叠痕、泛黄褪色、污染渍迹等。

1. 完整：文献没有残缺、损伤与明显褪色或变色情况。

2. 残破：局部破损，不影响整个构架与内容的完整。残破的外观特征为破洞、破孔、裂口、裂纹、磨损、边角小面积缺损等。①破洞：局部破损、破处较大。②破孔：局部破损、破处较小。③磨损：摩擦受损伤。④裂口：裂缝已撕开。⑤裂纹：有缝隙未折断开裂（图9.2）。

3. 残缺：缺少某个组成部分致使文献构件或内容不完整。外观特征是缺件，缺页或大面积缺损某些部分（图9.3）。

4. 霉变：文献生霉的种类多种多样，常见的有：曲霉、青霉、根霉、毛霉、木霉等，因其形态不同对文献的危害程度与产生霉菌的色素也不一样，造成绿、黄、棕、黑、白、浅褐、蓝灰等不同颜色的霉斑污染。霉菌清除后，生菌处纸张明显变薄，严重者甚至霉烂成洞。外观特征为霉点、霉斑、霉迹等。①霉点：发霉呈零星小点状。②霉斑：发霉已成块、成片。③霉迹：发霉处经过清洗处理后，仍留有陈迹。

5. 皱褶：由于伸涨、收缩或人为揉搓而形成的翘曲变形。外观特征为皱痕与折痕。①皱痕：褶皱痕迹零乱。②折痕：折叠处出现的磨损痕迹。

6. 污迹：被油、墨、颜料等沾染或不明污染物的痕迹。污迹的外观特征呈点或片状，包括：水迹、墨迹、油污、锈斑、霉斑、烟熏等一切后添污染物痕迹（图9.4）。

7. 褪色或变色：年久颜色的改变。外观特征为深色文献载体由原色变浅为褪色；浅色文献载体由原色泛黄或由浅变深为变色。文字图案墨迹的走色、变色、脱色等。

8. 焦脆：年久的纸质文献失去应有的水分导致板结、变硬、发脆。

第二节　复制品着色仿旧的基本方法

构成文献的物质材料多种多样，造纸技术的成熟，使纸张成为文献载体的主要成员。纸张和提供书写、印刷、记录信息的字迹材料是构成文献的主要物质基础。研究纸张和字迹材料的耐久性，从制成材料的内因方面掌握其受损害的规律；了解温度、湿度、有害气体、光照、虫害、霉菌、灰尘以及水灾、火灾、机械磨损、污染、人为损坏等损害文献的外在因素；根据复制件的构造，分析文献受损、变色的内外因情况，是正确运用各种技术手段进行着色仿旧的前提。

我国文物复制技术有着悠久的历史和丰富的经验，在《履园丛话》《图画见闻志》《梦溪笔谈》《书史》等古籍著录中均有书画作伪之记述，对染色仿旧也早有记载。据说东晋葛洪以黄檗汁浸染黄麻纸，制成既染色又具有防虫避蠹功能的染色药纸——黄麻纸，开创了用天然颜料染纸之先河，书画装潢学"装潢"一词亦由此衍变而来。梁虞龢《论书表》中便有关于书画作伪与染色仿旧的叙述："轻薄之徒，锐意摹学，以茅屋漏汁，染变纸色，加以劳辱，使类久书，真伪相糅，莫之能别。"北魏贾思勰《齐民要术》亦有"凡潢纸灭白便是，不宜太深，深则年久色暗也"的记载。染纸技艺在明冯梦祯的《快雪堂漫录》中有更为详细的记述："黄柏一斤捶碎，用水四升浸一伏时，煎熬至二升止，听用。用橡斗子一升，如上法煎水，听用。胭脂五钱，深者方妙，用汤四碗，浸榨出红。三味各成浓汁，用大盆盛汁。每用观音帘坚厚纸，先用黄柏汁拖过一次，复以橡斗汁拖一次，再以胭脂汁拖一次。更看深浅加减，逐张晾干可用。"黄柏即黄檗，是一种芸香科落叶乔木，内皮呈黄色，其水溶液具有黄绿色荧光。胭脂是一种植物性染料，可做红色染料。橡斗为壳斗科落叶乔木的果实，可做褐色染料。将黄柏、橡斗和胭脂三色套染在纸上，则呈现出一种略带红光的黄色。明苏伯衡《染说》称，染色要讲究："材、色、法、候的要领，则其色之浅深明暗，枯泽美恶不同，其深而明，泽而美者，必其工之善者。"此外，明高濂《遵生八笺》、明周嘉胄《装潢志》、明宋应星《天工开物》、清蒲松龄《聊斋杂记·书斋雅制》等古籍著述中对纸张着色作旧的论述亦均有独到之处。

历史文献一般都不同程度地具有旧气旧色，文献复制要使复制件具有陈旧感就必须着色作旧。经过描摹、印刷等技术手段将文献上的字迹、印痕、图饰等项内容原原本本地复制到新载体上，只是做到了复制件字迹图文形态与墨色等与文献原件趋于一致，但是纸张的颜色、完残状况与原文献尚有较大的差异，需要着色仿旧处理才能使复制件整体感觉尽量趋近文献原件的新旧程度、色彩、色相、颜色、光泽等。复制品的着色仿旧是文献复原复制的重要工作环节，仿旧着色是否到位直接影响复制件的品质。文献复制仿旧着色的基本方法大致可分为：物理方法、化学方法、自然方法与人工快速老化方法、综合方法等。在文献复制着色仿旧工作中，这些方法即可单独适用，有时也需要相互配合综合应用。

一、物理染色仿旧

染色仿旧是文献复制工作中最常用的物理作旧方法。根据文献原件的颜色、色调、色度调配染色用液，经过涂刷、浸泡等方法使色料均匀地附着在复制件表面，达到着色仿旧的目的。

由于纸的质地、吸水性能、色度深浅、伸涨幅度等都存在着很大差异，因而要悉心摸索不断实践与总结，将工作中的基础理论与基本技艺灵活运用到纸张的着色矾染中。染色仿旧不但要了解纸张、颜料的性能，而且还要掌握其使用环境与技巧。明周嘉胄《装潢志》谓："裱房恶地湿而惮风燥，喜温润而爱虚明。"清周二学《赏延素心录》曰："装潢春和秋爽为佳候，忌黄梅、积雨、痴风、严寒。"复制件的染色作旧也是如此，天高气爽，风和日丽可使染色的纸张在短时间内干燥。染旧的工作环境要宽敞明亮，温润暖和，若环境潮湿或室外阴雨连绵，使空气过分湿润则染纸久晾不干，染纸上的颜色就会堆积，造成颜色泛红、色度偏重、染色不均，染纸斑驳。《考工记》云："天有时，地有气，材有美，工有巧；合此四者，然后可以为良。材美工巧，然而不良，则不时，不得地气也。"

纸质复制件的染色仿旧首先要了解纸的性质，熟练地应用颜料、胶、矾等材料，明晰其来源、炼制、调和方法及性能，并按天时、地气等工作环境审思施巧，利用和改造材料，达到得心应手、运用自如的境地。文献复制使用的纸张分为手工纸与机制纸两类，宣纸、毛边纸、皮纸等手工纸质地绵韧，吸水性好，强度较小；胶版纸、道林纸、新闻纸等机制纸质地厚硬而重，纸面挺括，强度较大，吸水性较小。染旧使用的颜料大部分为矿物质国画色，其色泽耐久，不洇不脱。常用的颜料有赭石、藤黄、花青等。赭石其色红嫩鲜艳，略带黄气，而无黑色。藤黄色嫩黄而艳丽，且本身带有胶性，清邹一桂《小山画谱》云："藤黄，取笔管黄以嫩色者为上，不用胶，着水即化。"花青原料系一年生草本植物，属于蓼科的"蓝蓼草"的叶与花，以蓼草沤制的蓝靛，其色幽静艳丽。另外，墨、墨汁、红茶、栀子、橡子壳以及骨胶、明矾等也是染色作旧的重要材料。荆浩曰："水晕墨章，兴吾唐代"，佳墨光色紫润，气味馥郁，质地细腻。用红茶煎煮的红茶水以黄为主，黄中透红。橡子壳煮水其色暗气沉，有天然旧色感。胶以黏度适当，易溶化，不脱性，稠而不腻，没有杂质的黄明胶为最佳，骨胶次之。矾也称明矾或白矾，由矾矿石烧成，其状为半透明无色晶体，水溶液有酸涩味，可做媒染剂和净水剂，有收敛作用。

在调配染旧用液前宜事先将颜料、胶分别置于器皿中用冷水浸泡化开。藤黄浸泡时间需长些，使之细而滋润，染色的效果较好。花青、赭石不可久泡，长时间浸泡容易失胶。胶宜随用随泡，用多少泡多少。颜料与胶要浸泡化开，干块掺入染液中就会产生晕花。用时拿小木棒将其搅拌均匀，使之充分融合，待渣子、杂质沉淀后即可使用上层液体，必要时可以用毛巾、细筛子过滤以便剔除杂质。染色用液需以墨入色时，应以研墨或新墨汁为好，研墨要浓墨淡用，其溶解效果较国画黑色好些，失胶的旧墨汁和宿墨，会凝固成细小的颗粒，染色时就会出现墨线或墨点，使复制品遭到污染。用红茶煮制的红茶水是染色仿旧的重要原料，为增加茶水色度，茶叶宜用冷水浸泡，加热煮沸后文火煎煮，时间可略长些，将茶中的颜色尽量煎煮出来，待其冷却过滤后即可调配使用。用红茶水与国画颜料调配染色用液离不开胶，熟纸的加工制作也离不开明矾。为保证矾染质量，一定要配置浓淡相宜，合乎需求的胶水，染色用液加入适量胶水可起固色作用，且有益于颜色的均匀。胶以无色不臭，没有杂质的黄明胶为好，骨胶颜色深褐，做胶水时只可利用上层清液。胶用冷水泡开后用开水冲化或隔水炖化。炖化时间不宜过长，化开为止，放凉沉淀后即可使用。胶要当天用当天化，热天不可隔夜，久置失去胶性后不可勉强再用。适量添加胶水可增加染液密度，使染旧用液色度均匀，颜料与水融为一体，染制的复制品不致发花不匀。胶的加入还会增加染纸的抗水性，减少其伸缩性。矾即钾明矾，熟纸的加工制作离不开矾的应用。将矾块研磨成粉，用热水溶化后能固定在纸绢的表面，外水不入。矾水的泡制方法，以清水浸泡装瓶内备用，存储时间越长的"陈矾水"越好用。

上述以赭石、藤黄、花青、墨、红茶水、栀子水、橡子壳水为主材调配染旧颜色水的做法是比较经济、传统的方法。若用量不大可使用颜色丰富的管装国画颜料、瓶装幻灯投影透明水彩等调制染色用液。国画颜料透明亲水，不洇色，染色耐久。有些原件的颜色比较特殊，当红茶水、藤黄、赭石或国画色、幻灯水不能满足需求时，也可用一些化工染料。化工染料透明度高，附着力强，但色相不易掌握，容易产生偏色，染出的复制品发新，易褪色，使用时亦极易挥散漂浮造成污染，用时宜特别加以注意。调兑染旧用液的颜料多种多样，方法千差万别，若用漂洗旧画用水、浸泡旧裱褙纸的颜色水或在此基础上调制染液，着色染旧效果亦比较自然。

纸张的矾染作旧素有"三矾九染"之说，以多次罩染、由浅而深、循序渐进的方法达到预期的效果，试图一蹴而就反而事倍功半，欲速则不达。

调配染旧用液时，首先要全面分析文献原件上的颜色构成，是一般黄旧还是黄中泛红，是黄中有褐还是黄中偏绿，旧气是否十足。其次是分析复制件上的图案、字迹墨色分布情况，所用纸张性质与自身颜色构成，以及它们之间的相互影响等因素，综合总体情况进行考虑，使染旧用剂颜色基本符合染制要求。在传统的染旧工作中，红茶水是主要的染色用剂，根据原件色调加入藤黄、赭石、花青、墨等颜料，并视用量兑入清水调配染色用液，其中加入适量胶水可保障染色的均匀。原件略有黄迹，红茶水中加入少许胶水；原件发黄泛红，调入适量藤黄与赭石；原件旧而昏暗，除调入藤黄、赭石外，还需加入微量墨色；原件黄中透蓝，在红茶水中调入适量的藤黄与花青。有的原件表面旧中泛亮，可适当加入白色提亮，或染旧晾干后刷白芨水提高亮度。颜料的投入量谁主谁辅，要依据文献原件的色度、色感灵活掌握。一般情况下染制后的纸张晾干后颜色会变浅，调配染旧用液时宜事先考虑颜色与各种纸张的匹配。

染旧用液调制完成后，需查看其颜色是否符合要求。一般要用与复制件同样质地的纸张或多余的复制品试色。试样应自然晾干，不宜置于阳光下曝晒或用炉火、灯具烘烤，否则颜色往往偏重并略显陈旧。试纸与原件比较时，要在光线充足的室内自然光下进行，光线不足色调不准，在灯光或阳光下校色，会受到灯光中所含红、黄色素的干扰，或阳光偏色的影响，造成偏差。为使复制件的色度色感尽量趋近于文献原件，试样经与原件比较后，色重可加水稀释，色浅或偏色用颜料水进行调整，缺哪种颜色就补哪种颜色，直至符合要求为止。复制件的染制、晾干方法和漂染次数要与试样时相同，以保证染色的准确。不要用这样的方法试染而用另一种方法染制复制件，也不要今天试色他日再染。隔天会使染液中的水分丧失，浓度增加，颜色变重。不要在染制过程中随意兑水稀释，使颜色发生变化。若遇有纸张不易着色，可将染液加温使用。

制作复制件所用纸张一般要比原件尺寸大些，在染色仿旧时要漂染后再按原件尺寸、现状进行剪裁、作残或装池。若先裁后染，复制件边沿会因晾晒过程中颜色水流到纸边而出现沉积色块斑痕，无法去除。复制件的染色和晾干方法要根据其载体纸质、文字图案墨迹与载体的结合方式区别对待。染色仿旧的方法一般分为：刷染、浸染、拉染、托染、喷染、干染等。

1. 刷染

比较适用于用新闻纸、道林纸、胶版纸等机制纸印刷制成的复制件。纸张强度大，字迹遇湿不会跑墨掉色。将复制品成叠码放在桌案上，下面垫上两层大于染件、吸水性强的干净衬纸，其作用是吸附刷到染纸边缘以外的颜色，避免浸泡或污染其他复制品或弄脏桌案。刷染时要用排笔搅匀颜色水。第一刷要提笔轻刷，自左至右，由上而下依次刷染，用刷宜逐渐向下用力。为使染色均匀，刷上颜色水后要待纸张完全湿润伸展后，再用较干的排笔自上而下，由左向右刷平刷匀染件。排笔要上下左右刷出染纸的边缘，使之能全部刷到，也可避免排笔走动时把纸粘带起来。刷时要用指尖按住染纸，防止其移动错位。刷染时运刷速度适当，运笔均匀，染就的颜色也就均匀。排笔的重合部分不宜太宽，否则染纸就会深一道浅一道。每件复制品刷染的遍数要相同以求色调一致。复制品的染旧一般刷染二至三遍为宜，一遍染就的颜色发死，不自然，如染两遍欠色，三遍偏重，可在复制品的背面再刷染一遍，用背面旧色衬托正面颜色，这种方式染成的旧色自然柔和。每次刷染均要待前次染色干透后再进行。颜色水刷匀后将纸搭在木杆上晾干，木杆之间要留有一定间隙，以便于空气流通，使染纸易干，也避免相互粘连造成污染。有的纸张在搭杆处容易产生一道印痕，为此可将染纸的一端留出3cm左右宽不刷染液，在此抹些糨糊将染纸粘在晾杆上挂晾。染纸晾至九成干时取下，平放摆齐在桌案上，用木板及重物将纸压平晾干，使之平展无皱。若待纸完全晾干，纸的边角就会翘起卷曲不易压平。染旧着色偏重可用清水或温水漂洗褪色，晾干后，重新调配颜色水再染（图9.5）。

刷染同时亦适用于原件旧气不重的宣纸、毛边纸、东昌纸等手工纸的染旧。刷染时可用排笔蘸少许染液，将纸润湿，刷平吸附在桌案上，然后将排笔蘸足染液依次行刷染色仿旧。有时手工纸的染色极易出现晕花和排笔刷痕，染时除在染色液中加入适量胶水外，也可先将所染纸张，用清水润湿闷润后，平铺吸附在桌案上再施刷染，或用排笔蘸上颜色水，在桌案上刷出大于纸张面积的底色，然后将纸平铺其上，再行刷染之，以克服染纸的晕花与排笔刷痕的出现。刷染要掌握好排笔的含水量，干湿适度，运笔刷均刷透染纸。刷染晾干时可用挂晾的方法，也可以平吸贴伏在桌案上，待自然晾干后揭起压平。手工纸强度小，湿强度更小，刷染不可反复进行，争取一遍即可，否则极易刷破刷裂纸张或使纸身起毛。有些纸张幅面较大且纸色深重，如反复刷染会导致染色不匀并出现花斑、刷痕，为了减少刷染遍数，可以选用与原件纸色相近，未经过漂白处理的本色纸，或使用放置多年的旧纸制作复制件，在此基础上进行染色可以取得较好的仿旧效果。（图9.6）

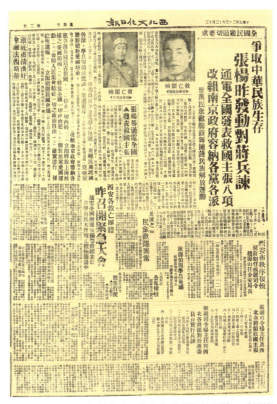

图9.5 用新闻纸印制的《西北文化日报》复制件，采用刷染的方法着色仿旧。

2. 浸染

旧气较重的手工纸原件其复制品的仿旧着色，一般是将复制件放入盛有颜色水的器皿中浸泡一段时间后取出晾干压平。简便的方法是：将复制件平铺在桌案上，刷颜色水浸染之。这样可使复制件饱含颜色水的浸泡，达到色泽均匀饱满的目的。宣纸、毛边纸、东昌纸、高丽纸、皮纸等手工纸比较适用于此法，但要保证复制件上的字迹墨色遇湿不会脱落洇散。为省时、省力、省料，染前可按原件尺寸裁好。染时用排笔搅匀颜色水，拿笔尖轻轻刷扫潮润染纸，并使之吸附在桌案上，而后用笔蘸足颜色水刷平刷匀染纸，赶出纸下气泡，待其干后揭起压平。此法染液中宜加入少许胶水，以保障染色的均匀。为避免染纸粘在桌案上无法揭取，可在潮干时揭起压平。若遇无法揭取时，可用针锥挑起染纸一角后，再将竹启子轻轻插入纸下，向外平行移动揭开相邻两边，然后用手捏住染纸向外向上用力掀起揭下。用胶过量，纸会与桌案粘贴很牢，不易揭去，这时可在纸上刷些清水将胶化开后，

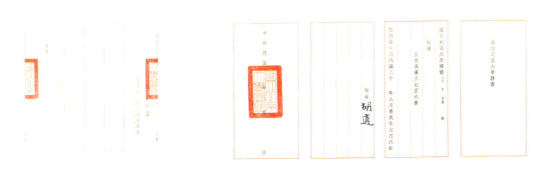

图9.6 采用刷染方法着色仿旧的国立北京大学聘书公文纸笺与信封复制件

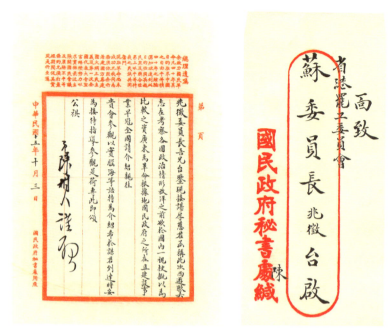

图 9.7　采用浸染方法仿旧着色的陈树人致苏兆征信札复制品件

再撤去多余水分揭起晾干压平。机制纸亲水性差不易与桌案吸附粘住，不宜采用此法。（图 9.7）

3. 拉染

亦称拖染，即将纸浸入颜色水槽中再拉出来的染色方法。此法须备有染纸槽和一个丁字木架、染槽用搪瓷、塑料均可，大小依需要而定，一般长 80cm、宽 60cm、高 8cm，讲究一些的染槽，在其右侧四分之一的位置安放一根玻璃棒，潜伏在染液中，染件在其下方穿过，避免纸张浮在水面上着色不匀。如用化工颜料染制，需用热水调配才好上色，颜料用开水冲化试色后，要将染纸槽保持在 70℃的恒温状态，温度过高，颜色水起沫，纸会染花，温度不够，染纸不着色。若用国画颜料染色则不需要加温加热，此法仅适用于宣纸、毛边纸等手工纸的染制。染前把纸的一端用糨糊粘成一纸筒，将晾杆穿入，或将纸的一端粘在晾杆上。待糨糊干透粘牢后即可进行拉染。右手执晾杆中部，将纸平放在染槽内，左手用丁字木架在靠近玻璃棍部位向下按纸，使之浸入颜色水中，右手将纸紧贴玻璃棍均匀缓慢地拉出挂晾。拉染着色均匀，一次成型，也避免了染纸上的纸球、笔毛或刷痕的出现，比较适宜瓷青纸、大红纸等批量色纸的染制。（图 9.8）

图 9.8　采用拉染方法对复制件进行仿旧着色

4. 托染

原件旧色较浅，复制件在染旧作残后不能达到正常使用的强度，则需要对复制件进行托裱加固处理。为方便起见，复制品作残后可在修补残缺托裱加固时，把颜料兑入浆水，将浆

图 9.9　运用托染仿旧着色的方法制作的吴铁城致孙中山亲笔信复制件

水均匀刷在复制品背面，修补残缺、上平托纸后排实上墙晾干，在修补托裱的同时完成染色仿旧。此法适用于宣纸、毛边纸等较薄的手工纸。复制件文字图案墨迹遇湿易润散的可把浆水刷在托纸上，将染旧的托纸采取覆托的方法黏附衬托在复制件上，达到既避免墨迹润色掉墨，又整体着色仿旧的目的。有些复制件描摹、印制后需要托裱装潢，也可采用托染的方法着色仿旧，若原件旧色深重，复制件的作旧不宜如此操作，如浆水颜色浓重染就后会有花斑刷痕（图 9.9）。

5. 干染

宿墨、红、蓝墨水等水溶性颜料描摹书写的复制件，墨迹遇湿极易掉色润散，必须采用干染的方法进行染旧处理。将细小的灰尘埃土、不含砂性的干黄土、复印机墨粉、粉状的水粉水彩颜料，以及刷染和浸染剩余的颜色水，待水分自然蒸发后析出的颜料粉末作为染料，用棉球、纱布或棉丝蘸上一些调配好的颜色粉末，均匀涂抹在复制件上，由浅入深，循序渐进地反复擦拭涂抹，着力适度，轻而匀缓，不能性急。否则容易染花或撕坏擦破染纸。这种方法虽然可以避免字迹墨色的润烘跑墨，但是纸上着色不细腻，粗糙的颜色颗粒依稀可见，纸面与粉状颜色的结合也不牢固。此法可作为复制件成品局部着色仿旧精细处理的辅助手段。（图 9.10）

二、高锰酸钾等氧化剂的腐蚀仿旧

高锰酸钾 ($KMnO_4$)、次氯酸盐广泛用作氧化剂、漂白剂和消毒剂等。在文献复制仿旧工作中运用这些高强度氧化剂，不仅可以使复制件载体的白色纸张着色变黄，而且还会让彩色纸张褪色变浅，使细腻的纸质表面失去光泽，

图 9.10　采用干染方法对复制件书口做仿旧处理

图 9.11 应用次氯酸钙溶液漂洗褪色仿旧的杨振声致孤帆信札复制件

变得粗糙，使复制件字迹墨色略有褪变，从而使复制件纸质载体与字迹墨色在整体上有一种历史的陈旧感。

1. 次氯酸盐的使用

次氯酸盐有次氯酸钠、次氯酸钾、次氯酸钙等。在文献复制仿旧工作中常用的漂白粉主要成分是次氯酸钙，是由氯与熟石灰反应生成的白色粉末状物质，一般含有效氯约 35%，主要用于彩色纸质复制件的褪色仿旧。文献复制有时需要用一些现有的彩色纸进行描摹或印刷，然后根据文献原件褪色程度与部位，调制漂白粉溶液对复制件实施褪色仿旧处理。方法是：①用水调配 2% 的漂白粉溶液，搅拌沉淀后，用定性滤纸过滤，清除杂质与未溶颗粒，使之成为较纯的漂白剂；②漂洗褪色时可用漂池或瓷盘浸泡，也可将复制件平铺在桌案上，用排笔蘸漂白粉溶液依次淋刷，并随时观察颜色变化，有的局部褪色严重可着重漂白；③漂洗褪色达到要求后，需用清水充分淋洗，以尽量去除残存的漂白粉溶液；④复制件起台晾干压平。目前市场上以次氯酸钠为主要成分的龙安 84 消毒液亦有同样的漂白褪色功能。由于复制件载体纸张的染色方法、所用染料、颜色深浅、褪色程度均有较大差异，因此调兑漂白剂的比例与漂洗时间也会有所不同。褪色仿旧是一个渐进的变化过程，漂白剂的调兑比例不宜过大，要留有观察操作的时间。漂洗褪色也可采用刷染着色试样的方法，以确定漂洗液浓度与漂洗时间。（图 9.11）

在文献复制使用的机制纸中，有些纸张表面涂有保护层，使刷染或浸染的液体无法与纸张结合，复制件不能着色作旧。这时需要调兑漂白粉溶液刷在机制纸表面，通过氧化去除纸面涂层与光泽，然后调配染旧液体，刷染或浸泡使复制件着色仿旧。绢本文献的复制一般是先作旧后描摹。为使丝绢的酥旧程度符合复制要求，需对新绢进行作旧。用漂白粉溶液将绢浸透后以清水淋洗，取出放在桌案上，吸出水分，用薄浆将其粘贴在水油纸上，待平挺揭起，下衬素纸晾干。试看葆光旧气是否与原件相近，如感不够，再罩刷一遍稀释的胶矾水。待晾干后进行比较，若仍觉不足，再按前法反复多遍，可使新绢产生酥脆和旧气葆光与旧绢相近。

2. 高锰酸钾的使用

高锰酸钾为深紫色晶体，稀释溶液呈紫红色，氧化后显黄色。其溶液既可以用于着色仿旧，也可以用于彩色复制件载体的褪色仿旧。用高锰酸钾溶液比较适合黄色较浅，旧色不重的机制

图 9.12　应用高锰酸钾溶液浸泡着色仿旧的五四运动时期上海南京路五芳斋参加罢市的情景图片复制件

纸复制件的着色仿旧。方法是：用凉开水调兑浓度 3％－5％的深紫色高锰酸钾溶液，待其充分溶解后用桌面淋洗或瓷盘浸泡的方法进行处理。桌面淋洗就是将复制件平铺在桌案上，用排笔蘸高锰酸钾溶液依次淋刷，待纸色黄旧变化达到要求后，即刻用清水洗去复制件上的高锰酸钾溶液，然后晾干压平。用瓷盘浸泡的方法比较适合黑白照片的着色仿旧。浸泡照片的高锰酸钾溶液一定要完全溶解，否则照片进入瓷盘后接触到未溶化的高锰酸钾颗粒，照片上就会出现无法清除的黄色斑点。照片在浸泡时要用竹夹子夹住照片一角不停抖动或晃动瓷盘，以免旧色不匀。浸泡照片至旧色符合要求后，要即刻捞出，清水冲洗后挂晾风干。用高锰酸钾溶液对彩色复制件载体进行褪色仿旧的做法，与上述漂白粉溶液的使用方法相同。高锰酸钾溶液具有刺激性和腐蚀性，放置两小时左右液体就会变成褐紫色，失去作用，宜随用随配。由于各种机制纸的造纸工艺、原材料、添加剂有一定的差异，因此高锰酸钾溶液的使用浓度与浸泡时间，也要因纸、因时、因所需旧色而定，需要悉心体会，不断摸索和实践。（图 9.12）

　　用于书写春联、喜字、福字的大红纸，是用水溶性极好的酸性染料刷染而成，遇湿极易掉色洇散。这类彩色复制件纸张的褪色仿旧不能用上述方法操作，宜采用下文介绍的光照辐射褪色仿旧技术进行处理。

三、自然与人工快速老化仿旧

　　在文献复制着色仿旧工作中，除运用染色仿旧、烟熏作旧等传统技术外，还可利用化学试剂氧化、阳光晾晒、人工光源照射等方法对复制件进行着色或褪色作旧。温度湿度、有害污染、光线辐射、昆虫危害、微生物繁殖等是造成文献纸张老化残损的外因。对纸质文献造成伤害的并非某一种因素独立在起作用，而往往是几种因素相互关联，彼此影响，其中光对文献载体的伤害最为严重，它对丝织品、纸张等有机类物质有着较大的破坏作用。自然光、人工光源都含有大量的紫外线或红外线，利用阳光、紫外线或红外线的光热辐射，对新闻纸、道林纸等酸性机制纸复制件进行老化仿旧效果十分明显，不但使复制件载体纸张白度下降、泛黄变色，颜色纸的纸色褪色变浅，笔迹墨色染上旧色旧气；而且使纸质内部结构发生变化，机械性能强度下降，耐久性降低，甚至脆裂、粉化。这是一种由表及里的老化仿旧处理。

自然放置的酸性机制纸受存储环境的影响，随着时间的推移其内部结构在发生着渐进的变化，表现为纸质板结变脆，白纸泛黄，色纸褪色。虽然这种变化相当缓慢和细微，但是这一变化过程一刻也没有停止。据有关资料显示，新闻纸的一般寿命为50年，有些印刷纸是80年至100年。耐久性差是机制纸张的特点。在文献复制工作中使用存放多年的旧纸，可使复制件旧色自然，凸显载体固有旧气。有的旧纸可以直接用来描摹或印刷，有的在旧纸基础上稍做着色仿旧处理便可陈列展出。利用旧纸进行文献复制在选配纸张时，有时需要刻意选用边缘有自然形成的过渡旧色与残边破口的纸张，这样的复制件从整体上能够克服一些人工仿旧的痕迹。夏日，阳光充足，光照时间长，紫外线含量高，可以利用这一时段有意识地晾晒一些纸张，加速纸的老化进程，使之泛黄或褪色，留以备用。运用旧纸直接进行文献复制不但省时省力，节约成本，而且仿旧效果自然逼真。宣纸、毛边纸等手工纸在自然环境下受时间影响纸色的变化不大。（图9.13）

阳光照射着色仿旧。阳光中除有可见光外还有大量的紫外线、红外线等不可见光，这些不可见光对纸张的破坏性最为严重。一般纸张的含水量是其自身重量的5%—12%，如果纸张的含水量小于3%，其性质将发生变化，会促使其发脆，耐久性降低。利用阳光照射复制件，波长较短的紫外线与波长较长的红外线，会使纸张表面与内部温度急剧上升，湿度迅速下降，形成脱水，失去应有的含水量，破坏了纸张的水平衡，在其内部产生应力，出现变色、翘曲不平等一系列变化。

图9.13　用自然放置老化的纸张印制的孙中山任命李国定为中国国民党四川主盟人委任状复制件

操作时可将复制件平置于阳光下直接晾晒或置于玻璃柜内长期接触光照，直至与文献原件旧色相近。有时也可将复制件用清水浸湿后晾晒，待干燥后再浸湿晾晒，经过反复多次破坏纸张的水平衡，达到加速纸张老化处理的目的。

光辐射人工快速老化仿旧。运用紫外线、红外线等人工光源的照射，在较短的时间内模拟文物原件实际储存年限，对复制件载体纸张与字迹墨色进行人工快速老化处理，可加速纸质、墨迹、印痕等材料的老化进程，达到复制件仿旧的目的。

　　纸张的性质取决于造纸的原料和制作工艺。纸张的主要成分是由酸性、碱性或氧化性的化学物质从植物纤维中离解出来的纤维素纤维。植物纤维是造纸的重要原料，其主要化学成分是纤维素、半纤维素和木质素，它们都是由碳、氢、氧三种元素组成的高分子化合物。纤维素或纤维素纤维具有不溶于水和一般有机溶剂的特点，是一种耐久性很好的物质；半纤维素是植物纤维中非纤维素的碳水化合物，它的聚合度小、易吸水膨胀、易水解、耐久性差；木质素是造纸植物原料中呈网状空间立体结构的物质，它存在于纤维素的外围，并具有塑性，易氧化等特点，在光照条件下，氧化更快，极易变黄发脆。

　　在干热、湿热、盐雾、光辐射等各种人工快速老化试验中，以紫外光对纸张的损坏最明显、速度最快。紫外光波长短、能量大、穿透力弱、转变成材料内能效率高，容易引发有机物的高能态变化与能量传导。机制纸的主要化学成分是纤维素和木质素分子在光能作用下，导致分子内与分子间结合力减弱，某些化学键断裂，高分子化合物发生光降解或光氧降解时，纸张机械强度下降，纸质脆化变质。纤维素和木质素分子在光能和氧化剂的共同作用下产生新的有色基团和发色体系，使纸张原始白度下降，泛黄变色。

　　光辐射所产生的光解作用、氧化作用破坏了复制件载体纸质与墨色的结构和成分，使之失去光泽、褪色变黄、机械强度降低、发脆或发黏。光照对纸张纤维的破坏作用是积累、渐进的变化过程，即使光照停止，在暗处仍继续起着侵害作用。光对有机物的破坏作用表现为降低强度、造成翘曲褶皱。此外，光照辐射对纸张颜色的变化最为明显，可使白纸变黄、色纸褪色。对光的稳定性很弱的有机物称为光敏性物质，在潮湿环境中将加速变质的过程。运用光辐射人工快速老化技术仿旧时，可将复制件用水浸湿后，平铺在玻璃板上，放在日光或人工光源下均匀照射，使之变为陈旧。将纸质复制件浸湿后照射可加速光解作用，但要随时观察变化情况，不断进行调整。光照着色仿旧色感不暴不火，自然柔和。

　　人工快速老化的手段很多，其中热老化实验也是较为普遍应用的方法。在鼓风干燥箱内设定相应的温度、湿度和时间，可加速复制件老化进程，使纸张的性质结构与表面颜色发生变化。1972年9月，国际标准化组织通过决议，推荐的纸张快速老化的方法是：在103℃±2℃下放置72±1小时，相当于纸在没有日光的室温条件下自然存放25年。这也是目前较为公认的热老化条件。

　　由于文献原件陈旧程度不同，各种复制用纸的造纸工艺、原材料、添加成分等存在较大的差异，快速老化设备工作室紫外线或红外线照射强度也各不相同；因而复制件的老化仿旧要根据文献原件黄旧程度、复制用纸的纸质、老化设备光源种类与光照强度，设置所需用的时间、温度、湿度。老化设备光照强度确定后，老化仿旧的时间、温度、湿度的设置，要在工作实践中对各种纸质进行不断试验测试，积累经验和数据，为文献复制仿旧工作的科学化、数据化、标准化奠定基础。时间、环境是导致纸张性质和颜色变化的主要外在原因。强光、高温、高湿对纸张的破坏性最大。营造或利用对复制件纸张与墨迹材料有破坏作用的空间环境，经过物理、化学、生物等反应对复制件进行仿旧处理，是文献复制仿旧技术发展的必然趋势。

运用紫外光人工快速老化箱开展纸质复制件仿旧工作的设想已有数年，目前这项工作已经逐步展开，希望通过不断探索与实践，找到紫外线人工照射强度、时间与不同纸质、墨迹颜色的变化规律，为文献复制品着色仿旧工作提供新的更加科学的技术支持（图 9.14）。

四、各种着色仿旧技术的综合应用

文物原件的表象特征千姿百态，复制着色仿旧的要求千差万别，纸张的染色方法多种多样，各有优势。为了使复制件从整体上无限趋近于原件，有时一页复制品的着色仿旧不但需要运用刷染、浸染、干染、托染等物理方法处理，也需要化学、人工快速老化等技艺的综合、灵活应用。复制件着色仿旧方法多种多样各具特点，在实际工作中既可以单独运用，也可以把若干种方法结合起来使用，以保障复制件仿旧的最佳效果。

整体效果与局部刻画的协调统一。如果文物原件表面旧色深浅不一，则复制件染色既要整体着色又要局部作旧。遇有这种情况宜先浅色后深色，先整体后局部，要待整体作旧干透后再局部染色刻画细节。局部染色作旧一般是用调配好的颜色水通过涂抹的方法进行处理。具体操作时应准备两支毛笔，一支蘸颜色水，一支蘸清水；先用蘸颜色水的毛笔在复制件相应的位置上按原件旧色形状进行刷染，随即再用蘸清水的毛笔沿所刷旧色边缘涂抹，将旧色边际润化洇散，生成一个过渡色，使整体旧色与局部染色之间不会产生明显的制作痕迹。若原件上局部旧痕边缘界限清晰，染旧后则不需要用清水润化旧色边际。

单页文献经常手持的位置，成册文献书脊、书口等时常手把之处的旧色会比文献其他地方深些，处理这种情况需要做好复制件整体旧色，晾干压平后，用棉丝蘸上尘土或颜料粉末进行干染，局部擦拭加重这些地方的颜色。（图 9.15）

复制件着色仿旧有些是要在描摹或印刷工作完成后进行，有时也可在其制作过程中随时进行。一些毛笔字迹的文献复制件在摹写制作前，需要对所用宣纸、毛边纸、皮纸等手工纸进行染色、施胶矾水处理。描摹前染纸可以避免拓写后染色过程中造成的墨色脱落洇散。有些手工纸在书写过程中极易洇墨，无法控制笔墨，需施浓淡适宜的胶矾水封堵或部分封堵纸张纤维间的空隙。调配的胶矾水不论是一矾一胶还是一矾二胶，在使用时都要兑水稀释，胶矾水的浓淡要因纸而异，因环境气候而定，矾

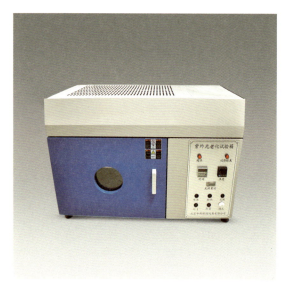

图 9.14　紫外线快速老化试验箱

多则涩滞难用，通过纸样试笔确定胶矾水的浓淡与施矾遍数。处理后的纸处于半生半熟之间为佳，既能托住墨色又不会产生润墨现象，保障行笔顺畅，不涩不滞，又不会使墨色浮在纸面上。手工纸染色与施矾是不能同时完成的，染旧用液与胶矾水应分别配制，切不可调配混合在一起，否则染剂与胶矾水会产生严重的分离沉淀，使之无法再使用。对既要染旧又要施矾的纸张，宜先染后矾分别处理，要待染纸干后再刷胶矾水。若先矾后染，纸张纤维间的空隙则被胶矾封堵住不易吸水，使之无法着色，也会产生花斑、刷痕印迹，如确实需要在矾纸上染色，则在刷上颜色水后下垫上铺撒潮纸，用棕刷排透，若色度不够可做多次上色处理，直至达到要求。矾染描摹用纸要晾干压平后再用。

用胶矾水处理过的手工纸往往纸面涩滞、行笔不畅，笔迹墨色浮在纸面上，需要润墨的地方效果做不出来。为了克服使用胶矾水出现的这些弊端，可用豆浆汁或糯米汁，或加入少许骨胶的石花菜液浸透纸张，制成纸面润墨性介于生熟之间的半生半熟手工纸。制作方法是：将磨好的豆浆煮熟晾凉，沉淀后取其上层豆浆清汁备用；用排笔蘸豆浆清汁均匀地涂刷在手工纸上并使之浸透；挂晾阴干、压平即成。此法制备的纸张纸面具有微小的抗水性，润墨缓慢，吃墨不浸墨，有渗化性又能控制，适于毛笔墨迹的摹写复制。此纸宜随用随制，切忌受潮，否则纸身容易发黄，同时它与纸张的染色加工也不发生冲突，调入红茶水、国画色同样可以染制各种旧气的色纸。

文献上的旧色旧气是光照、湿气、污染、生物侵蚀等不良因素长期作用的结果。复制件上的旧气陈色制作也应由层层罩染而成，如同人们日常生活中的乔装打扮，化妆是要先打粉底再上色，这样可以反映出丰富的层次，给人以自然和谐的感觉，复制件的着色仿旧也是如此，反复罩染可造就自然、沉着透气的效果。由此可见传统工艺中所称的"三矾九染"是有道理的。

纵观文献复制仿旧工作主要包括两个方面：一是白色或浅颜色复制件载体的着色仿旧；二是颜色纸复制件载体的褪色仿旧。但不论是传统的染色、烟熏着色，还是光辐射人工快速老化、氧化剂氧化还原着色或褪色，都是通过物理变化或化学反应达到仿旧的目的。为了保障文献复制件能够达到理想效果，上述这些方

图 9.15　应用综合仿旧着色技术制作的毛泽东致胡适明信片复制件

法在实际工作中既可以单独适用，也可以将它们结合起来综合运用。

第三节　残旧破损、折痕、污迹的仿旧制作方法

优秀的复制作品不论是外观特征，还是内容信息的表达，要经得起时间的考验，观众的审视，技术上的严格推敲。复制件上残缺、破损、磨痕、污迹等细节的制作，以及装潢仿旧技艺的应用是文献复制工作的重要组成部分。

分析掌握文献原件的残破形成机理、外观特征，特别是复制件载体纸张性质，是做好残破仿旧工作的前提。文献载体历经岁月磨蚀，遭受物理、化学、生物等因素的侵蚀破坏，以及自然损坏、人为机械损伤，造成不同程度的霉变、虫蛀、鼠咬、断裂、破碎、残缺、污迹、锈斑，发生变色、褪色、泛黄等变化。在复制品上重塑这些历史痕迹，便是文献复制的作残仿旧工作。

文献复制用纸主要是手工纸和机制纸。由于造纸工艺、原料的不同，其性质亦有很大差异。手工纸纤维长，拉力大，纸质绵韧、纹理清晰，吸水性好，伸涨幅度小；机制纸多属酸性，耐久性差、伸涨幅度大、缺乏韧性，易折损。了解不同纸张的性质，有助于做好文献复制作残仿旧工作。

复制件在着色仿旧晾干压平后，要依据文献原件大小，磨损、缺失现状，进行残破制作与剪切加工。为使复制件上的残缺破损与文献原件趋于一致，需把复制件叠放在原件上，通过拷贝灯箱把复制件与原件上的字迹与图案完全重合后，用较硬的铅笔在复制件上轻轻勾勒出原件上残破缺损的轮廓形状，描画时切忌用力过大，稍有印迹即可，以免损伤原件。然后用裁刀、针锥等沿铅笔线作残仿旧。也可将原件复印，在复印件上做出残缺破损，并以此为蓝本，对复制件进行作残仿旧。复制件的作残仿旧要先做整体效果，后做细部刻画，先做中间部位后做边沿，先施物理方法，慎用化学方法；在做完全部残缺破损后，再根据原件尺寸进行边缘的剪切。

文献上的残缺破损、局部污渍现状千姿百态，形成原因多种多样，作残仿旧的方法也是林林总总。下面简要介绍文献上残缺、磨损、虫蛀、油迹、锈斑等常见现象的通用仿旧制作方法。

一、折痕、断裂的仿旧制作

将复制件按原件折叠痕迹折好后，用细砂纸轻轻打磨折口。如是一般折痕，折口磨出毛茬即可，若是折裂断痕，要将折口处磨断为止，然后用棉团蘸尘土擦抹打磨处，使其显现为自然磨损断裂。也可将复制件按原件折痕折好，放在衣袋或书包内，经过这种不经意的反复磨损使之产生折痕、断裂痕迹，如此模拟文献流转过程的作残作旧方法，虽然需要较长的时间，但形成的折痕断裂效果自然逼真，没有人工斧凿的痕迹。一些刀割、撕裂、装订洞、针孔的制作宜依据其在原件上相应的位置，使用刀、剪、针等工具进行制作。刀剪损坏痕迹按原样刀割剪裁；撕扯痕迹，应在其断裂撕口处留有毛茬，宜用针尖沿撕裂痕迹轻划几遍，然后撕开；原件有针孔、装订洞、犬齿边口，在使用专用工具制作时要上铺下垫三或五层衬纸，以避免制作效果的呆板；针孔的缝纫痕迹，可

用棉线蘸上旧色在针孔之间轻轻一抹，即可呈现用线缝纫过的痕迹。邮票、印花等呈现犬齿边口，可用缝纫机打孔或钢锯条冲齿，撕去多余部分后，用细砂纸轻磨齿口，使之显出撕扯断开后又经磨蚀的感觉。（图 9.16）

二、残缺、破损、虫蠹、鼠咬的仿旧制作

　　一般虫蛀、鼠咬或机械性破坏产生的残缺破洞形状各异，其残破部位边口往往有极细的齿状痕迹。此类残破的制作可用细针锥沿破损边缘痕迹扎出类似邮票齿孔状的密集小孔，然后用针锥沿破损边缘轻轻划断齿孔，撕去多余部分后用细砂纸轻擦残破缺口，使之边口薄而不规则，做出虫蛀、鼠咬效果。原件若是经过自然磨损或粘贴揭取造成的残缺破损，其残破纸口往往呈半圆形，薄而卷曲。复制件的作残仿旧宜先用针锥沿破损边缘划断纸张，撕去多余部分，手工纸可用橡皮擦磨残口，机制纸则用细砂纸，在复制件的背面磨薄残口及周围部分，使之产生自然磨蚀的感觉。凡经作残仿旧处理的地方，残破缺损处均会产生新茬，必须采用干法着色染旧的方法进行局部作旧，使残破缺口陈旧自然。潮湿沤烂残损痕迹的作旧可用毛笔蘸上清水，沿破损边缘浸湿复制件，降低局部强度，然后沿浸湿的水印痕迹轻轻撕开形成破损边口。此法可使残边破口留下毛茬，产生该处破损是经历较长时间侵蚀破坏形成的效果。（图 9.17）

图 9.16　《每周评论》执照复制件折痕、磨损的仿旧制作。

图 9.17　方声洞致妻子遗书复制件残缺、破损、虫蠹、霉斑的仿旧制作。

图 9.18　使用已有霉斑污迹旧纸印制的石达开 1862 年远征四川时，给浴州民众的训谕复制件。

三、水渍、油污、蜡斑等污渍的仿旧制作

　　水渍、墨水迹等水溶性色斑污迹的制作，需要将复制件用清水潮湿闷润后，用毛笔蘸上少许染旧颜色水或墨水根据污迹在原件上的相应位置与形状进行涂染，使之产生与原件相类似的水渍或墨迹；用清水潮湿闷润复制件的目的就是使做出的污迹边缘有自然洇散的感觉。油污的制作可按原件污迹大小、形状剪一张纸样，将其刷上一层不易挥发的油脂，放在复制件相应的位置，上下铺垫干纸轻轻按压，晾干后就可出现新的油迹；一般油脂容易黏附尘土，油迹产生时间越长颜色越显重，为使油迹陈旧自然可在其上面撒一层薄薄的细土，稍等片刻掸掉浮土后用棉球轻轻涂抹擦拭，陈旧油迹即可形成。蜡斑也可如法炮制，纸样上涂以厚蜡，放在复制件相应的位置，上下铺垫干纸，用热熨斗，熨烫含蜡纸样，使蜡熔化转印到复制件上，蜡斑随之产生。

四、霉斑、锈迹等污渍的仿旧制作

　　霉斑在文献中是一种较为常见的污迹现象。霉菌产生的色素会造成颜色污染形成霉迹污斑。由于霉变的严重程度不同，霉菌分泌的色素，霉斑呈现的颜色也有所不同，有时纸张的性质也影响霉斑的颜色。受到霉菌感染的纸张一般呈现为黄褐色斑痕。此类霉斑的仿旧制作有两种方法。一是用熟褐、柠檬黄等国画颜料调配颜色，根据霉斑的形状与分布，用干皴的笔法，把霉迹斑痕画到复制件上。二是营造相对湿度为 70% — 100%，温度为 30℃ — 40℃左右的高湿高温、阴暗密闭的环境，将复制件置于其中，使霉菌滋生繁殖产生斑痕。再有就是在文献复制时利用已有霉变斑迹的旧纸进行制作，可使复制件上的霉迹斑痕自然真实（图 9.18）。书订、曲别针、大头针、图钉等铁锈斑迹，可用熟褐、赭石等国画颜料调配颜色画出锈迹形状。同时也可用化学方法进行制作，先用毛笔蘸上浓度高一些的高锰酸钾溶液按锈迹形状勾画，晾干后即呈铁锈斑迹；或将生锈的曲别针等别在复制件相应的位置上，使锈迹随着时间的推移感染在复制品上；

图 9.19　毛泽东《新民主主义论》复制件残缺、磨损、污迹的仿旧制作。

对于大面积斑点状锈迹，可将复制件略微潮湿后平铺在桌案上，用稍带湿气的牙刷之类的小刷子蘸上高锰酸钾颗粒，使牙刷的毛朝上，用小棍棒轻轻敲打牙刷，震动抖落的高锰酸钾颗粒掉在潮湿的复制品上，慢慢溶化后就会出现紫色斑迹，晾干后即为铁锈斑点痕迹。此法只能做到与原件锈迹斑痕的相似。

五、褪色、泛黄的仿旧制作

有些原件在保存或展出时，由于码放或折叠等原因，暴露部分长时间受到光线的照射，导致纸色局部褪色或泛黄。作旧时要根据纸的性质灵活处置。对于机制纸复制件，可用厚卡片纸对未褪色泛黄部分进行遮挡，或将其折叠后露出褪色部位，置于阳光下晾晒。为加速褪色泛黄进程，可用清水反复潮湿晾晒部分。对于颜色纸复制件的局部褪色，可用漂白剂对褪色部位进行漂洗褪色，然后用清水彻底淋洗，以清除漂白剂的残存。不论是本色纸还是染色加工纸，手工纸的颜色变化受光照的影响均不明显。如果是本色纸局部泛黄，要根据泛黄部位的颜色变化情况，在刷染时用染纸颜色水多刷染一两遍泛黄部位，或另调颜色水罩染加重旧色。有颜色手工纸的褪色也可用漂白剂进行漂洗褪色。（图 9.19）

第四节　复制件的装订与装潢仿旧

博物馆文献复制工作主要是满足陈列展览需求。成册的历史文献一般是对封面、目录或内容对开页进行复制，然后按原件装订形制做假本装订成册。常见的装订形制主要有经折装、线装、平装、精装、骑马订装等。此类文献的复制有两种情况，一是复制封面做假本；二是复制封面、目录、内容对开页做假本。全文原样复制的情况不多见。前者是根据原件薄厚装订略大于原件尺寸的空白页假本，粘连着色染旧的封面后，按原件尺寸剪切成册；后者是将目录、内容对开

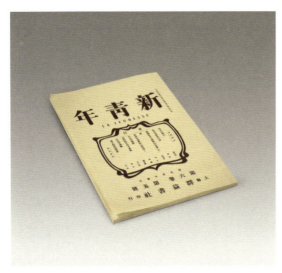

图9.20　平装本《新青年》第六卷第五号复制件。

图9.21　骑马订装《新民主主义论》复制件。

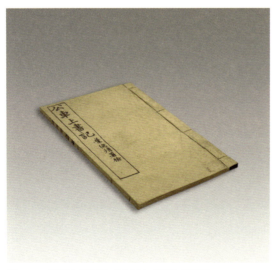

图9.22　线装本康有为《公车上书记》复制件。

页放在空白页假本的相应位置后，再进行装订、粘贴封面、剪切，然后染色仿旧书口。书口的染旧有两种方法。一是用排笔蘸少许染旧颜色水涂抹书口。排笔蘸的颜色水越少越好，若刷湿书口，会使纸张润胀，导致皱褶不平。如书口旧色不足可压平晾干后再次刷染着色。二是分别从正反两面错开书口，用棉丝蘸上尘土或颜色粉末擦拭正反两面书口干染着色仿旧。（图9.20、图9.21）（图9.22）

经过染旧作残后，有些单页复制件已不能达到提取或移动所应有的强度，则需要进行托裱加固；有些根据复制要求需要对复制件进行装潢。在文献复制的装裱工作中，残缺破损复制件要根据其具体状态，选择适当的托裱修补方法进行加固。文物原件原有旧裱，带有一定的时代特征和历史痕迹。如何运用传统技术追寻模拟原件固有的装裱风格，怎样力求形象逼真，恰当地选择替代用料，是复制件装潢仿旧与一般书画装裱的重要区别。装裱技艺在不同历史时期不同地域都有其自身的特征。不同的装裱款式与流派风格，不但能正确反映原裱件的装潢时代、大致区域，而且也能反映出书画家、收藏鉴赏家或其他所有者当时所处的生存环境与社会地位。文物的原装旧裱是原件时代背景遗存的一部分，体现了书画艺术发展的某些侧面。因而文献复制件装潢仿旧能否逼真，能否趋近于原装旧裱，不仅反映文献复制工艺的整体水平，也是复制件成败与否的重要标志。复制件的装裱要从形式、材料到应用技术保持原件装裱的时代特征，一丝不苟地达到原件的装裱水平。

复制件装裱的效果如何，主要取决于材料的选择与技术应用。随着社会的进步、时间的推移、科学技术的发展、生产力水平的不断提高，产品更新换代非常迅速，装潢仿旧材料的选配在给我们提供了一个广阔天地的同时，也给工作带来了一定的难度。要仔细研究原件装裱用料的时代特征，尽量选用旧料或经过染色仿旧处理的材料。只有克服时间、地域等方面的困难，审慎选料、精细加工，才能使装潢仿旧用料与原裱件用料，在质地、纹饰、颜色、新旧程度等方面保持一致，才能让复制件的装潢仿旧在形式与神态上近似原件，使整体格调趋于完善，体现原件的时代特征。

中国书画的装潢品式分为：竖轴、册页、手卷、横披、镜片等。因各自的保存与展示方式不同，致使其残破旧色情况亦不尽相同。总的来讲，竖轴是悬挂欣赏，展示暴露时间较长，受光照、烟熏、尘埃等影响，一般情况下旧色总是上半部比下半部深一些；镜片通常是放入镜框中，册页是翻阅观赏，这两种装潢品式的裱件四周的旧色总比中间多些深些；手卷一般是不轻易拿出来展示的，而且常常置于柜橱中收藏，所以与竖轴、镜片相比，手卷的旧色更要淡一些。在装裱工作中，虽然装潢品式不同，但其所应用的基本原理与技艺是相通的，制作工艺上存在相同之处与内在联系。下面仅以竖轴复制件的装潢为例，介绍复制装潢仿旧方法。

不论是手描件、油印件、石印件、铅印件、打印件、木刻件、印痕件、复写件，还是通过多种方法制作完成的复合件，凡是要进行装裱的复制品，其载体质地最好是宣纸、皮纸、或纤维长、纸质柔软、伸涨幅度小、吸水性能强的手工纸。如复制件载体质地是较为厚硬的机制纸，可将其润湿后从背面揭去半层，减少厚度，降低硬度，从而使之伸涨幅度相应减小，利于装裱成轴。复制件的装潢仿旧与普通的书画装裱技法基本相同，但也不能机械照搬，要根据复制件纸质性质与墨迹构成特征，灵活运用书画装裱的基础理论与基本技艺，因时、因地、因物制宜，使复制件的整体效果与原件趋于一致。

经过染色、作残的复制件在装潢仿旧时，首先要对残缺破损处进行修补托裱。根据复制件质地、陈旧程度染配补残用纸。补纸的质地、厚薄、纹路、色度要与需要修复补缀的复制件相匹配。修补托裱前要检测字迹墨色遇湿是否脱落掉色，并分别采取湿法或干法的托裱补缀方法进行操作，以保障墨色的不洇不脱。将复制件修补托裱完整，待其晾干后与镶料一同上墙蹦平备用。使用的镶嵌用料，无论是手工纸、花绫、丝绢还是锦绫、仿宋锦，在上墙蹦平前都要进行托裱与矾染作旧。镶料的作旧可在托裱时将颜色兑入糨糊中，也可以在使用前根据需要调配颜色水，在绢绫的正面进行罩染，使之旧气葆光、陈旧程度与原件镶料相近，与残旧的复制件画心协调一致。有些复制件的作旧作残是经过托裱、淋洗、揭裱、再托裱数次反复，然后刷上一层白芨水使纸面光润，最后再装裱成轴，造就出一种饱经沧桑的状态。总之，复制件的装裱既要考虑与原件的一致性，也要考虑其自身画心与镶料的匹配。经过装潢仿旧的复制件要能呈现出历经磨难，经过保护修复后获得新生的感觉。（图 9.23、图 9.24、图 9.25、图 9.26、图 9.27）

藏品是维系博物馆开展一切业务工作的基础，文物保护修复复制是藏品科学管理、有效保护的重要组成部分。为加强对藏品的保护，便于陈列展览和科学研究工作的开展，满足社会各

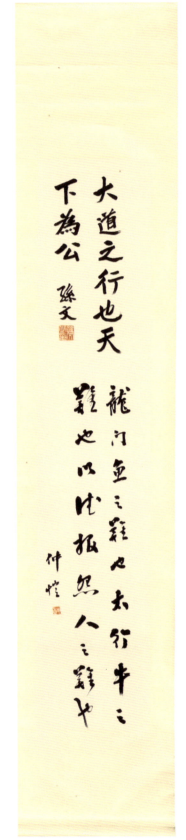

图 9.24　周恩来 1919 年 3 月 "大江歌罢掉头东" 题词横披复制件。

图 9.25　陈毅诗稿蝴蝶装册页复制件

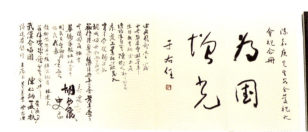

图 9.23　孙中山廖仲恺合题条幅复　　图 9.26　陈嘉庚先生安全庆祝大会纪念册经折装册页复制件
制件

方面的需求，文物复制工作应运而生，纸质复制件的着色仿旧、作残、装潢其实是传统的装裱艺术在文献复制工作的延伸。复制工作要求具有很高的真实性，复制件的内容、形式、风格、特征等，都必须无限忠于原物，不能随意进行增减变化。因此说，文物复制不论是从技术手法上看，还是从保护角度来讲，都可以理解为文物保护修复工作的继续与延续，是一种更深层次的文物修复技艺，是文物保护工作的重要组成部分。同时文物复制又不是对原物的修整，而是重新塑造一个无限趋近于原物的再生物，其方案设计、选材用料、制作实施都要更加精细考究。

图 9.27　陈嘉庚先生《述志诗》推篷装册页复制件。

　　文献复制品的仿旧与作残，在不同时期，不同地域，以及复制用途的不同，其应用技术也有较大差异。这里仅仅介绍了为使复制品能够达到原件的外观形象，我们在工作实践中的一些方法和手段，至于如何处理与恢复原件存在的瑕疵，复制品仿旧作残的发展趋向，则需要更加专业的探讨。

　　清钱泳《履园丛话·画学》谓："作伪书画者，自古有之。如唐之程修已伪王右军，宋之米元章伪褚河南，不过以此游戏，未必以此射利也。"张择端的《清明上河图》现有多种复本；董其昌同样质料、尺寸、构图、诗跋、署款的《烟江叠嶂图卷》在上海博物馆与台北故宫博物院各藏一卷；张大千摹写"四僧"画作也为数不少，可见我国的作伪复制有着很长的历史，高超的技艺，虽然目的不尽相同，却留下许多优秀的复制作品，有些弥补了原件失传的遗憾，为研究当时社会的政治、经济、文化、艺术等提供了可靠的历史资料。在文物复制过程中通过对文物原件的深入剖析解读，也可以挖掘揭示出其更具价值的内涵。

　　文献复制件的品质，应用技术水平的高低，很大程度上取决于传统工艺与相关学科知识的结合，以及各种技术手段综合应用的能力。只有继承传统工艺又不拘泥于传统的工作模式，传承和发扬传统技艺使之与现代科学技术相结合，才能使文献复制工作在继承中有发展、有创新、有提高。传统技术与现代科技的有机结合是提高文献复制工作整体水平的必然趋势。

第十章 文献复制 30 例

在近现代文献复制工作中不论是应用传统技艺还是现代科学技术，或是传统技术与现代科技相结合，都是多种技术手段综合利用，灵活运用的过程。墨守成规就会困难重重，步履艰难，只有改变思路，在继承传统技艺的基础上创新工作方法，才能使文献复制工作得到发展。同时，近现代文献复制工作又是一个系统工程，从复制方案的制定、材料的选择，到描摹、印刷、仿旧、装潢等的技术应用环环相扣，只有认真做好复制工作的每一个环节才能保证复制件的品质。

近现代文献的图案字迹构成千差万别，运用的复制技术更是多种多样。同一件文献也有很多种不同的复制制作方法，而首选的适用技术则应是文献产生的原技术、原工艺、原材料。但是，一些原有传统技术已被淘汰，就必须应用新技术新工艺复制制作；有时也要根据复制要求、复制用途、现有机器设备、技术力量，以及制作成本、制作周期等情况采取一些灵活便捷的复制方法进行复制制作。

下面遴选 30 例在应用复制技术上具有一定代表性的复制作品，通过对文献复制件制作过程基本步骤的解读，介绍文献复制工作中描摹、印刷、仿旧、装潢等技术的应用。

【例 1】林则徐《壬寅除夕书怀》手迹的复制

1842 年 3 月林则徐因禁烟遭诬陷，被道光皇帝下令遣戍新疆伊犁。12 月抵达流放地伊犁惠远城。1843 年 1 月 29 日，旧历壬寅除夕，正当年关，远戍伊犁的林则徐听到清政府被迫与英国签订了丧权辱国的《南京条约》时异常感慨，引起了他对祖国安危的极大忧虑，满怀悲愤地写下了四首《壬寅除夕书怀》诗，寄给他的好友刘闻石，抒发自己忧国忧民的情怀。低吟当哭、荡气回肠的除夕诗，反映了林则徐在流放中对祖国前途无限忧虑之情。林则徐的四首《壬寅除夕书怀》诗稿，墨笔行书，分别写在两页虚白斋制信笺纸上，纵 16.5cm、横 22.3cm，书法柔中含刚，宽博疏朗。

复制制作的基本步骤是：

第一，诗稿信笺纸的复制。林则徐诗稿写在虚白斋制信笺纸上，石印的普蓝色栏框与赭石色线描山水、花卉底纹，凸显清秀典雅。信笺用纸是清末民初常见的粉连纸，其纸性介于手工纸与机制纸之间。信笺纸的制作：①数字扫描获取诗稿的 1：1 电子图像；②运用 Photoshop 去除诗稿毛笔字迹后，打印制作信笺纸，分色阳图胶片墨稿，即：普蓝色栏框和赭石色线描底纹墨稿；③用胶片墨稿经过晒版、显影、定影、修版等工序制作 PS 印版；④选用与虚白斋制信笺纸相类似的纸张，应用平版印刷机分两色，套版印刷复制虚白斋制信笺纸；⑤待油墨干透后用红茶水或国画颜料根据原件纸质旧色染色仿旧，压平晾干后用于描摹复制。

第二，原件字迹的笔墨分析。书法作品的描摹复制离不开扎实的基本功，复制作品的形准神似更离不开对原件字迹用笔用墨的解读，以及对作者内心世界的分析。林则徐不仅是一位卓识远见的政治家，也是一位优秀书法家。其书法功底深厚，主要书法成就是行草，而又以《集王圣教序》为基本路数，属于传统派系。其楷书，从欧、颜入手，但又不拘泥于某家框架，自成一体。在林氏传世的众多尺牍、对联墨迹中，笔墨轻重随意，或错落有致，或倚侧生姿。在对亲朋好友吐露胸怀时，更无疑虑矜持，笔随情发，舒畅自然。有时家书语句，更现朴实真情，读之令人肃然起敬。通过对原件的笔墨分析，确定描摹时的行笔技巧与提按力度，用以表现墨迹的浓淡、润枯、虚实、疾徐变化。

第三，复制件的描摹拓写。将印制的信笺纸覆盖在原件复印件上，上下对准他们的四周栏框与图饰底纹，重叠放在拷贝工作台上，通过灯光照射使复印件上的诗稿字迹清晰地映现在信笺纸上。选用应手的小号狼毫笔，依照字迹笔画与墨色变化，运用各种行笔运笔技巧进行描摹拓写。在摹写过程中要随时查看原件诗稿字迹笔画的笔顺、笔序关系，以及整体墨色变化情况，尽量使笔的起止、转折，字的笔顺、笔序，墨的润枯、虚实等与原迹趋于一致。通过运笔中的提按顿挫与墨色薄厚之间的变化关系，再现林则徐《壬寅除夕书怀》诗稿的劲秀动人。

第四，落款印章的复制与钤盖。诗稿落款加盖"少穆初稿"朱文方印。印章的复制方法多种多样。可以用传统的照相制版，洗印胶片墨稿；或通过数字扫描获取电子图像，经过Photoshop 处理后打印胶片或纸质墨稿；或手工描摹纸质墨稿。阳图胶片墨稿可以晒制 PS 印版印制印痕，阴图胶片墨稿可用于晒制树脂版印版，蘸印泥钤盖印迹。纸质墨稿可用作誊影机制作塑胶印版油印印痕。复制制作《壬寅除夕书怀》诗稿印痕，比较理想的方法是用清晰的印痕墨稿经过腐蚀烂版，制作铜锌印版，然后加装木托，蘸朱红色印泥钤盖印痕，体现印章的质感。（图 10.1）

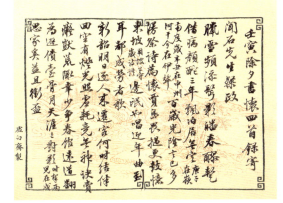

【例 2】陈独秀致高一涵信札的复制

1920 年 7 月 2 日，陈独秀为《互助路》《社会主义史》的翻译出版及《新青年》八卷一号的出版发行事宜致信高一涵。此时的陈独秀已经接受了俄国十月革命的马克思列宁主义思想，开始在上海筹建中国共产党发起组织——上海共产主义小组，进行早期的建党活动。他

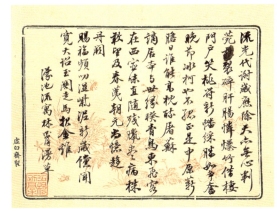

图 10.1 林则徐《壬寅除夕书怀》诗稿复制件。

主办的《新青年》八卷一号，被视为上海共产主义小组公开出版的机关刊物，极具共产主义色彩的《新青年》没有得到胡适等编辑的认可。陈独秀在信中发出了"长久如此，《新青年》便要无形取消了"的感叹。因此，陈独秀特意致信同为《新青年》编辑的高一涵，表达了"请你特别出点力才好"的意思。该信1通2页，纵27.9cm、横21.2cm，单宣信笺纸，纸色泛黄。信札所用的劳工神圣社制"各尽所能，各取所需"信笺纸，也体现了陈独秀当时的思想倾向。

复制制作的基本步骤是：

第一，数字扫描获取电子文本。打开扫描软件，将扫描模式设置为灰阶，分辨率为300dpi，缩放比例为100%，选择存储位置、命名文件夹，确定存储方式为JPG后，根据操作提示进行扫描，获得信札原件1∶1的电子图像。

第二，制作打印信笺稿纸墨稿。用Photoshop打开文件图标，用工具栏中的多边形套索工具、橡皮擦等工具删除图像中所有毛笔墨迹，只保留信笺稿纸上的红色印刷墨迹。同时用画笔工具等对信笺稿纸上不很清晰的字迹、图案或线条进行修饰，使之恢复原状。最后将其确定为Photoshop格式进行保存。

第三，信笺稿纸墨稿的填充颜色。根据原件信笺稿纸印刷墨色，填充颜色实施打印。填充颜色的方法是：打开文件图标，点击设置前景色工具，出现拾色器对话框，在长方形颜色板上，点击选取与原件信笺稿纸字迹、线格墨色相近的朱红色颜色区域，使方形颜色框中出现这一颜色区域的不同色阶，单击最接近原件印刷墨色的部位，点击确定，在设置前景色工具处显示所选择的颜色。在编辑栏中选择填充选项，点击填充对话框中的确定，完成颜色填充。

第四，彩色激光打印信笺稿纸。选择与原件纸质薄厚、纹理相同或近似的宣纸，运用彩色激光打印机实施打印。打印前要根据原件旧色旧气用藤黄、赭石、花青、墨、红茶水等调配染色仿旧颜色水，对选用的宣纸进行着色仿旧处理，晾干压平后上机印制。宣纸纸质薄而绵软，直接上机打印非常容易把纸撕破或卡在机器里，为此可在宣纸四周涂抹固体胶，并将其黏附固定在标准制式的复印纸上，压平后通过纸盒或手工送纸方式上机印制，打印完成后要马上把宣纸与黏附的复印纸揭开分离。打印时要依据原件印制的颜色、明暗、虚实等实际情况，通过对饱和度、对比度、不透明度的调试，确定打印效果，使之尽量趋近于原件信笺稿纸的印制特征。

第五，毛笔字迹的描摹拓写。将印制的信笺稿纸与原件复印稿叠放在拷贝工作台上，并把信笺稿纸与原件复印稿上的印刷字迹与横向、纵向水线上下重叠对齐，同时用曲别针或胶水将它们固定在一起。陈独秀的信笺、书稿、诗文均为毛笔书写，其书法外秀内刚，刚柔相济，清秀中透着一股英气。动笔描摹前要仔细端详，分析原件字迹的书法特征，用笔方法以及墨色变化情况，要做到心中有数，意在笔前。描摹行笔时要注意每一个字的笔顺、笔序，以及用笔的提按顿挫，模仿出方圆粗细的字迹变化，并从整体上把握书写特征和字迹墨色变化，使描摹拓写的字迹再现原件墨迹的笔法结构、书写节奏与气息韵味。（图10.2）

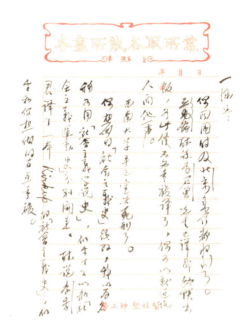
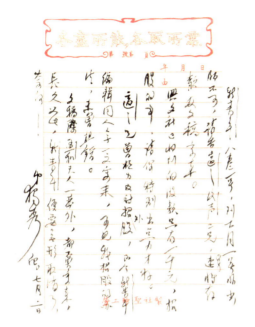

图 10.2　陈独秀致高一涵信札复制件

【例3】毛泽东七律《长征》诗稿手迹的描摹复制

《长征》是毛泽东在长征期间创作的重要诗词之一。全诗高度概括了在长征途中以毛泽东为首的党中央和广大红军指战员创造的一个又一个人间奇迹。毛泽东手书《长征》诗稿有多个版本，在中央档案馆编《毛泽东手书选集》(自作诗词卷) 中就收有四种版本，其书法各具特色。1962 年 4 月 20 日手迹，笔墨之间蕴含着凛然不可侵犯的英雄气魄。"水拍云崖"似闻咆哮江水之声；"三军过后尽开颜"则以一泻千里之势，尽显自由欢快之情。通篇用笔遒劲有力，飞洒灵动，笔墨酣畅，潇洒随意，纵情挥洒，体现出革命的浪漫主义和革命的英雄主义特质。

毛泽东七律《长征》1962 年 4 月 20 日诗稿手迹共 7 页，纵 33cm，横 26cm，纸质为坚致厚实、光洁绵韧的玉版宣，毛笔墨书而成。手稿的复制是根据中央档案馆复印件采用直接摹写方法描摹制作。

复制制作的基本步骤是：

第一，笔、墨、纸的准备。摹写毛泽东行书手迹以选用小号或中号，狼毫或刚柔相济的兼毫毛笔为宜。用油烟墨研磨墨汁成略淡于原迹墨色的浓墨备用。选用放置多年有一些风矾的安徽泾县玉版宣，取其渗墨均匀，润而不燥；若无存放数年的宣纸，可用豆浆汁或糯米汁浸透优质宣纸，从而使宣纸具有微小的抗水性，润墨缓慢，吃墨不浸墨，有渗化性又能控制，纸面润墨性介于生熟之间，这种半生半熟加工纸非常适用于毛笔墨迹的描摹复制。

第二，原件字迹的笔墨分析。书法绘画讲究意在笔前，描摹复制更是如此。该手迹字形较大、笔画细圆，线形以欧体为主，纵斜夸张的结构与错落的点画位置形成强烈的对比。通过对

图 10.3　毛泽东七律《长征》诗稿手迹复制件。

原件的笔墨分析确定行笔技巧与提按力度，用以表现墨迹的浓淡、枯润、虚实、疾徐、肥瘦变化。描摹复制的形准神似不仅要有扎实的书法基础，更离不开对其形成的时代背景与原件字迹用笔用墨的解读分析。

第三，复制件的摹写。将描摹用纸与复印件叠放在拷贝工作台上，通过灯光照射使复印件上的字迹清晰地映现出来，根据字迹形状与墨色变化应用多种运笔方法进行拓写。在摹写过程中要随时与原件进行笔画、墨色的比对，力求使起止、转折、枯润、虚实、笔顺、笔序等与原迹保持一致，通过运笔中的提按顿挫与墨色薄厚之间的变化关系，再现毛泽东七律《长征》诗稿手迹中用笔恣肆，刚劲挺拔，大气磅礴，豪情奔放的独特风格。（图 10.3）

【例 4】《努力织布　坚持抗战》套色木刻版画的复制

抗战时期延安木刻版画是 20 世纪 30 年代初期鲁迅所倡导的新兴木刻运动的延续，同时在创作形式风格上也受到西方木刻艺术的影响。1938 年 11 月，以胡一川为团长，罗工柳、彦涵等为骨干的"延安鲁迅艺术学院木刻工作团"，深入太行山等敌后抗日根据地进行艺术实践，采用民间年画的形式，以写实的手法塑造普通劳动人民形象，表现抗日斗争中生产、生活和战斗的场景，具有强烈的革命性和战斗性，奠定了抗战时期延安木刻画风犀利、造型淳朴、构图严谨、笔墨厚重的艺术风格。《努力织布　坚持抗战》套色木刻版画是 1940 年罗工柳先生的夫人杨筠女士创作的作品，纵 36.7cm、横 31cm，是用水溶性植物颜料，分三种颜色，套版印刷的木刻版画。使用的纸张为当时解放区比较常见的机制粉连纸，纸色灰白，正面光滑，背面粗涩，质薄而脆。原件经托裱修复。复制要求：原样复制。

复制制作的基本步骤是：

第一，数字扫描获取电子图像。打开扫描软件，将扫描类型设为 RGB 彩色印刷模式；分辨率设为 300dpi；缩放比例设为 100%；确定图像存储位置、命名文件名，将存储格式设置为 JPG 后，单击保存确认上述设置，并按照操作提示进行扫描，获取木刻版画 1：1 的彩色数字图像。

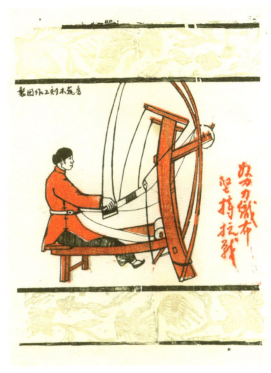

图 10.4　《努力织布 坚持抗战》木刻版画复制件。

第二，分图层，制作胶片墨稿。用 Photoshop 打开木刻版画 JPG 图标。①在图层、通道、路径界面内点击创建新图层选项，创建两个新图层，加上文件原始图层共有三个图层。②重命名三个图层：图层 1，黑色墨迹；图层 2，红色墨迹；图层 3，淡绿色墨迹。③将原始文件图像分别复制粘贴到两个新建图层中。④用橡皮擦、剪裁、多边形套索等工具分别去除与该图层无关的墨迹后，再用橡皮擦、画笔等工具对各个图层的图像进行修饰，使之恢复原始印版状况。然后，应用去色、曲线功能，将三个图层的文件都调整成没有底灰，黑白分明的墨稿图像。⑤用彩色喷墨打印机打印胶片，通过各个图层分别打印三张阳图胶片墨稿，用于制作 PS 印版。

第三，晒制 PS 印版。将胶片墨稿覆盖在 PS 版上，放到晒版机里曝光。一般晒制小幅面文字线条版或色块版，曝光时间在 120 秒左右为宜。这样的曝光量既能使印版充分显影，也能保证印版文字线条的完整。经过晒版、显影、定影、修版等工序制成三块 PS 印版，用于套版印制黑色、红色、淡绿色版画墨迹。

第四，分色套印。调配黑、红、淡绿三种颜色的油墨，用胶印打样机或石印机套色印刷。选用与机制粉连纸纸质薄厚、粗糙程度相似的机制白毛边纸替代原件用的机制粉连纸印制复制件。印制时要分三次套印完成印刷工作，并根据原件墨色的浓淡轻重变化，调整印版上墨的薄厚与转印时的用力大小。

第五，着色仿旧。根据原件旧色旧气用藤黄、赭石、花青等国画色调配仿旧染色用液，刷染仿旧。晾干压平后，剪切作残，最后对残缺破损的复制件进行修补托裱。（图 10.4）

【例 5】巴金、刘开渠、梅兰芳等人布质签名单的复制

1949 年 3 月 25 日，中共中央和人民解放军总部迁到北平，在筹备召开中国人民政治协商会议的同时，于 7 月 2 日至 19 日，在北平召开中华全国文学艺术工作者代表大会。会议期间，毛

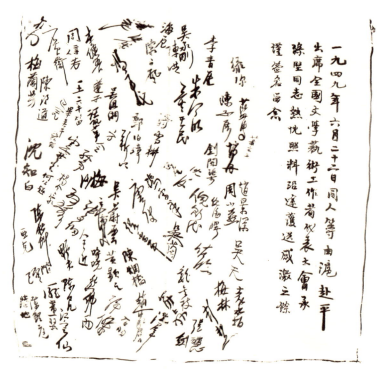

图 10.5 描摹复制用胶片墨稿

泽东、朱德亲临大会作重要指示，周恩来作政治报告。大会宣告中华全国文学艺术界联合会成立。这次大会标志着长期被国民党政府隔绝的解放区和国民党统治区两个地区的全国文学艺术界人士的胜利会师。

1949 年 6 月，刚刚获得解放的上海情况非常复杂，为了保障上海赴北平出席全国文学艺术工作者代表大会代表的安全，组织上安排孙坚同志沿途护送巴金、梅兰芳、刘开渠、赵丹、周信芳等会议代表赴北平出席大会。为了表达对孙坚同志的感激之情，会议代表在一块红布上自右而左，自上而下地写下了"一九四九年六月二十二日同人等由沪赴平出席全国文学艺术工作者代表大会，承孙坚同志热忱照料，沿途护送，感激之余，谨签名留念"四行墨迹，并留下了会议代表的毛笔墨书签名。红布为纯棉平纹棉布，纵 39cm、横 42cm。

复制制作的基本步骤是：

第一，制作描摹拓写墨稿。一般的方法是：用复印机复印原件，经过粘贴拼接得到纸质拓写墨稿。此件描摹拓写墨稿的获取方法比较特殊。黑色毛笔字迹写在大红色平纹布上，用黑白复印机复印的纸质墨稿将是一片漆黑，无法区分红色底色与黑色字迹，根本不能辨认复印件上的字迹笔画。因此只能用透明胶片或半透明硫酸纸覆盖在原件上，通过拷贝工作台描摹原件毛笔字迹，获取描摹用拓写墨稿。（图 10.5）

第二，新载体的用前加工。大红色纯棉平纹布比较容易找到。如果颜色或新旧程度与原件有些出入可用染料进一步染制。为了使复制载体与原件近似，有时也需要用次氯酸钙、温水漂

图 10.6　巴金、刘开渠、梅兰芳等人布质签名单复制件。

洗或在日光下晾晒去掉红布浮色。同时，为了克服在描摹拓写过程中字迹墨色顺布纹洇散，可将红布用稀释的米汤浆洗一下使之托住墨色。然后晾干烫平再用。

　　第三，描摹拓写。首先要研磨摹写用墨。然后把红布平铺覆盖在胶片墨稿上，通过拷贝工作台在红布上描摹拓写巴金、梅兰芳等人的签名墨迹。描摹过程中笔端要蘸墨适度、用笔提按用力稳妥，并要随时察看原件墨色浓淡变化情况，使之原原本本地体现在复制件上。（图 10.6）

【例 6】《受害者家属致青年司机公开信》原稿的复制

　　此件是 20 世纪 80 年代中期崇文区重大交通事故分析会上的发言稿，后经修改发表在 1986 年 11 月的《北京日报》。原稿为 16 开普通红色横线格，片页纸信笺纸，蓝黑色钢笔字，并有编辑较大面积的红色钢笔水修改涂抹墨迹，共 20 页。根据复制要求描摹复制第 1、2 页，并与其他 18 页空白信纸用曲别针别为一叠进行展出。

　　复制制作的基本步骤是：

　　第一，数字扫描获取电子文本。文献蓝黑色钢笔字迹上，有大面积红色钢笔水涂抹，在拷贝工作台上描摹复制时，不论是黑白复印件还是彩色复印件，都不能清晰地辨认红色墨水覆盖下的钢笔字迹，无法用作拓写摹本。传统的方法是用硫酸纸覆盖在原件上描摹墨稿，然后再用硫酸纸墨稿进行摹写复制。数字技术的应用为描摹复制墨稿的提取制作提供了极大的方便。根据文献字迹墨色的构成与用途，设置扫描模式为 RGB，分辨率为 300dpi，缩放比例为 100%，

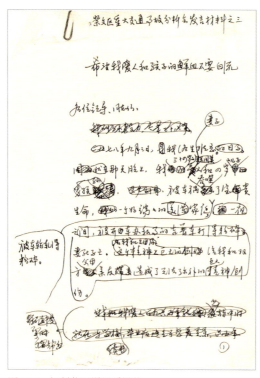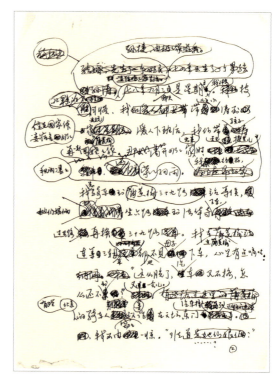

图 10.7　复制摹写用纸质墨稿

存储格式为 JPG。获得图像清晰、层次分明、色彩还原准确，与文献原件 1：1 的电子文本。

　　第二，提取描摹拓写用墨稿。用 Photoshop 打开电子文档，在图层、通道、路径界面内点蓝红色图层，去掉文件中所有红色墨迹，仅保留蓝黑色钢笔字迹。为使图像中钢笔字迹更加清晰，再用工具栏中的图像调整选项内的曲线功能去除图像中的底灰，然后打印出用于描摹拓写的纸质墨稿（图 10.7）。

　　第三，制作复制用信笺纸。用 Photoshop 打开文件图标，在图像调整工具栏中单击去色或黑白选项，将 RGB 模式下的彩色图像变为黑白墨稿。用画笔工具、多边形套索工具、橡皮擦等工具去除图像中信纸红色线格以外的所有内容，制作信纸线格墨稿。在制作过程中可先修出 2 至 3 行后，再经过复制粘贴制作完整的信纸线格墨稿。然后，根据原件线格墨色对墨稿填充颜色，用与原件纸质相同或近似的片页纸，通过彩色激光打印机印制复制用信纸。摹写前要根据原件用纸的旧色旧气染色仿旧，晾干压平。

　　第四，描摹拓写。钢笔字迹的描摹关键在于笔具的选择和墨水的配置。根据原件字迹笔道粗细状况，选用一支笔尖同样粗细的旧钢笔为描写笔具，并依据字迹墨色在现有蓝黑钢笔水的基础上适量加入少许黑色水溶性颜料，调配拓写用墨水。由于不同纸质对墨水的吸收能力存在较大差异，因此笔具与墨水要在新的书写载体上检验一下笔尖的选择与墨水的调配是否符合复制书写要求。一切准备妥当后，将复制用信纸与拓写墨稿叠放在拷贝工作台上，对准信纸与墨稿上的横格线开始描摹。描写行笔时要分析原件字迹书写笔序、笔顺、用笔的提按顿挫，模

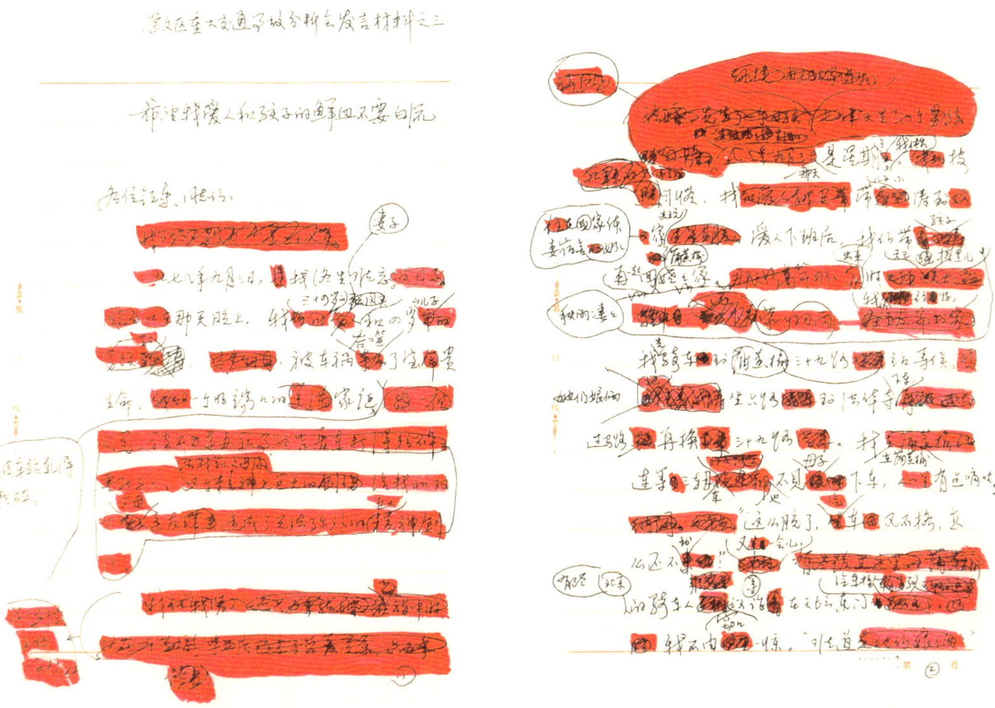

图 10.8 《受害者家属致青年司机公开信》手稿复制件。

仿出方圆粗细的字迹变化，并从整体上把握书写特点和字迹墨色变化，使复制件再现原件的笔法结构、书写节奏、气息与韵味等特征。

最后，待描摹拓写的钢笔字迹彻底晾干后，用毛笔蘸红色钢笔水依据原件上红颜色的分布与形状，涂抹覆盖在蓝黑色钢笔字迹上，做出编辑修改的红色涂抹墨迹。（图 10.8）

【例 7】陈景润"哥德巴赫猜想"简要论文手稿的复制

1966 年初，数学家陈景润解答了 200 多年来悬而未决的"哥德巴赫猜想"，命题证明达 200 余页，5 月，《科学通报》公布了证明结果。1973 年春，《中国科学》发表详细证明结果，轰动了国际数学界，被称为"陈氏定理"。这是 1966 年存档的陈景润简要论文中英文手稿。纵 26.5cm、横 18.9cm。蓝黑色钢笔字迹，300 字的暗红色方格稿纸，共 6 页。略有旧色。存档表格便笺为黑色油印墨迹，填写的内容均为纯蓝色钢笔字迹。纸质为片页纸。（图 10.9）

复制制作的基本步骤是：

第一，印制稿纸与存档表格便笺。20 世纪 60 年代使用的稿纸基本上是铅印。按照原件稿纸字距行距用铅字铅空和铅印水线复排稿纸印版，参照稿纸线格颜色调配暗红色油墨，选用与原件纸质相似的片页纸，上铅印机印制稿纸。存档油印表格便笺则需要在复印稿上修出纸质表格墨稿，通过光电誊影机制成与纸质墨稿完全一样的油印塑胶印版，选用与原件纸质相近的片页纸用黑色油墨上油印机印制存档表格便笺。

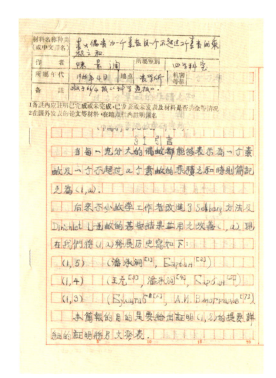

图 10.9　陈景润"哥德巴赫猜想"简要论文手稿复制件。

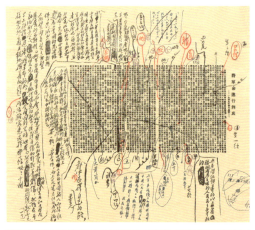

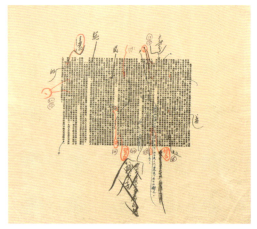

图 10.10　毛泽东《将革命进行到底》清样修改稿复制件。

第二，稿纸的着色仿旧。印刷类复制件的着色仿旧一般是在图案字迹制作完成之后再进行染色仿旧。而手迹描摹类复制件使用的字迹材料通常是水溶性颜料，则要在描摹之前对复制用纸进行染色仿旧，否则染色的颜色水就会使字迹墨色洇散脱落，使复制工作前功尽弃。稿纸、存档表格要根据原件旧色旧气用红茶水、藤黄、赭石、墨等颜料调配染色溶液，刷染着色仿旧，晾干压平后再进行拓写。

第三，描摹拓写。用原件复印描摹拓写墨稿。选用一支笔尖与原件字迹笔道粗细相同的钢笔作为笔具。根据原件字迹墨色在蓝黑钢笔水或纯蓝钢笔水的基础上，通过兑水或加入适量水溶性颜料配制摹写正文和填写存档表格便笺用墨水。然后，将复制用稿纸与拓写墨稿叠放在拷贝工作台上，使稿纸与拓写墨稿上的格子要重叠对齐，为避免字迹错位，用胶水或曲别针把它们固定在一起。描写时要随时察看原件的字迹笔画笔序与整体墨色变化，并使之体现在复制件的字里行间，字迹摹写不但要形准更要神似。

【例 8】毛泽东《将革命进行到底》清样修改稿的复制

在辽沈、淮海、平津三大战役取得伟大胜利，国民党政权面临彻底崩溃的形势下。蒋介石在长江积极设防的同时制造"和谈"的假象。1949 年 1 月 1 日，《人民日报》发表了毛泽东亲自为新华社撰写的《将革命进行到底》的新年献词，深刻揭露国民党"和谈"阴谋，向全国人民发出了"将革命进行到底"的号召。这是 1948 年 12 月底《将革命进行到底》清样修改稿。共两页，均为纵 39cm、横 45cm；纸质为新闻纸，竖排铅字印刷，并有毛泽东等亲笔修改的黑、红、蓝色墨迹。（图 10.10）

复制制作的基本步骤是：

第一，印版的制作。铅字印刷属于凸版印刷，字迹有明显凹进压痕。清样修改稿是由人工按文字内容从活体字库中拣出来、按序排列、拼成铅印版印制的。复制铅印件最简单最实用的方法，就是选用与原件字迹字体、字号相同的铅字，按原件编排形制重新拣字排版；但是由于汉字由繁化简以及字形的变化，这种长篇幅的复制印版，很难用重新拣字排版的方法进行复制。目前，采用铜锌版烂版制版法或固体感光树脂版制版法，制版复制比较现实和容易做到，复制效果比较理想。《将革命进行到底》清样稿印版的制作方法是：①用制版照相机拍摄与原件 1∶1 的高反差阴图胶片墨稿。②用墨汁修去胶片墨稿上，除铅印墨迹以外的一切字迹图案。③将修版后的胶片墨稿覆盖在涂布感光剂的铜锌版上晒版。④经过显影后用酸腐蚀烂版，把铜锌版非字迹笔道部分去掉一层，使字迹笔道在铜锌版上凸起来，制成凸印版。

第二，上机印制。由于凸印铜锌版比较薄，无法直接拼版上机印刷，需要将凸印版固定在一个木托上。然后用铅空、铅条、填木、木楔、版锁等将其拼装固定在四开排版钢框内。选用与原件纸质相当的新闻纸，调配黑色铅印油墨，上铅印机印制。印时要使印版与印刷载体结合得恰到好处，若接触不实则印迹不清，过度接触不但会使字迹变粗还会把纸张压破；同时还要注意墨色的变化情况，墨重时要用废纸撤墨，墨色不足要用墨辊在印版上多走几趟墨后再印。

第三，新闻纸的刷染仿旧。墨迹晾干后，根据原件旧色用红茶水加入适量藤黄、赭石、墨等国画颜料调配成的染色溶液，采用刷印的方法着色仿旧。晾干压平后，描摹拓写手书字迹。

第四，拓写描摹手写字迹。用原件复印拓写描摹墨稿。把铅印复制件叠放在复印的墨稿上，在拷贝工作台上对齐两纸的铅印字迹部分，并将它们固定点粘在一起。用毛笔和钢笔描摹清样修改稿上的黑色、红色与蓝色手写字迹。

【例 9】沈钧儒任最高人民法院院长任命书的复制

沈钧儒是我国著名的法学家、政治活动家、爱国民主人士。早年参加辛亥革命，1936 年因要求国民政府抗日，与邹韬奋、李公朴、章乃器、王造时、史良、沙千里等七人被捕入狱，史称"七君子"。1941 年后任民主同盟中央常委、救国会主席。1949 年春到北京参加政治协商会议筹备工作。1949 年 9 月当选中华人民共和国中央人民政府委员，10 月 1 日在中央人民政府委员会第一次会议上被任命为最高人民法院院长。这件中央人民政府主席毛泽东签署的任命书，纵 27cm、横 32cm，石印套版印制，毛笔墨书填写，钤盖红色中央人民政府方印与蓝紫色毛泽东签名章，纸质为 105g 有光铜版纸。复制要求：原样复制。（图 10.11）

复制制作的基本步骤是：

第一，数字扫描任命书获取电子图像。打开扫描软件，将扫描类型设为 RGB 彩色印刷模式；分辨率设为 300dpi；缩放比例设为 100%。确定图像存储位置、命名文件名，存储格式设置为 JPG，然后单击保存确认上述设置，并按照操作提示进行扫描，获取文件的 1∶1 彩色电子图像。

图 10.11　沈钧儒任最高人民法院院长任命通知书复制件

第二，分图层、制作分色胶片墨稿。用 Photoshop 打开电子文本。①在图层、通道、路径界面内点击创建新图层选项，创建四个新图层，加上电子文件原始图层共有五个图层。②编辑重命名五个图层：图层 1，大红色国旗等；图层 2，黑色印刷字迹；图层 3，橙红色政府印章；图层 4，蓝紫色签名章与编号；图层 5，国旗上明黄色五角星。③将文件图像分别复制粘贴到四个新建图层中。④用橡皮擦、剪裁、多边形套索等工具分别去除与该图层无关的内容，并应用去色功能使之变为黑白墨稿。⑤用喷墨或激光打印机分别打印制作国旗、印刷字迹、政府印章、签名章、黄色五角星等五张阳图胶片墨稿。在编辑某一图层时，要关闭其他图层标志。

第三，晒制 PS 印版、分色套印。将胶片墨稿覆盖在 PS 版上，放到晒版机里曝光。晒制小幅面印版，一般曝光时间在 120 秒左右。晒版的曝光量，以既能保证文字线条的完整，又能显影彻底为好。经过显影、定影、修版等工序，完成 PS 印版的制作。然后，选用与原件纸质相近的铜版纸，用平版胶印打样机或石印机，调配大红、橙红、明黄、蓝紫、黑色等胶印油墨分色套印。分色套印有几点需要注意：一是，先印浅色后印深色，五角星的黄色要先印，并且颜色面积可以印得略大一些，后印的大红色可以把大出的黄色盖住，以免套印时颜色衔接不上。二是，后印的颜色要等先印的油墨彻底干燥后再印，避免污染。三是，印章、签名章、编号等不能印实，印得太实将失去钤盖的感觉；可在印版上墨后，用废纸撤墨或在印制时减小印版与印件之间的压力，使之有钤盖的效果。

第四，描摹填写任命书内容。将印制的任命书与原件复印稿叠放在拷贝工作台上，用毛笔描摹填写任命书内容。铜版纸表面光滑，白度较高，有较好的弹性和较强的抗水性能，毛笔墨迹与铜版纸不能较好地结合，描摹墨迹轻淡。为了使毛笔墨迹能够与铜版纸很好地融为一体，可在墨汁中加入少许的洗洁精或用笔尖在肥皂上搽一搽笔后再蘸墨描摹填写任命书内容，这样墨迹就会与原件墨色相同。

第五，着色仿旧。因为铜版纸具有较强的抗水性，复制件的着色仿旧不宜采用刷染颜色水的方法进行处理，用阳光晾晒、人工光源照射可以获得较好的着色仿旧效果。利用阳光或人工光源的光热辐射，不但会使复制件铜版纸表面白度下降，纸色泛黄，笔迹墨色呈现旧色旧气，而且还会使纸张的内部结构发生变化，导致机械强度下降，耐久性降低，这是一种由表及里的老化仿旧处理。酸性机制纸在光的作用下变化很快，在晾晒或照射时要随时注意观察，与原件旧色旧气接近即可。

【例 10】毛泽东提名周恩来任国务院总理建议书的复制

第一届全国人民代表大会第一次会议于 1954 年 9 月 15 日至 9 月 28 日在北京召开。会议通过和颁布了第一部《中华人民共和国宪法》，选举毛泽东为中华人民共和国主席。毛泽东主席根据宪法规定提名周恩来为国务院总理。提名建议书写在大会秘书处专用信笺纸上，轻细的蓝黑色钢笔墨迹与毛泽东主席铅笔修改字迹相互交错。信笺纸抬头的"中华人民共和国第一届全国人民代表大会第一次会议秘书处"为朱红色繁体仿宋字，纸色黄旧，纸质为偏厚些的片页纸，纵 27cm、横 19.6cm。（图 10.12）

复制制作的基本步骤是：

第一，信笺纸抬头印版的制作。①用制版照相机拍摄与原件 1 : 1 的高反差阴图胶片墨稿。要求图文笔道透明，非图文笔道部分密度高。②把胶片墨稿覆盖在涂布感光剂的铜锌版上，用日光或晒版机晒版。③显影后用酸将非图文笔道部分腐蚀掉一层，使图文笔道在铜锌版上凸起来，制成凸印版。

第二，信笺纸的印制。将抬头铜锌印版固定在一个木托上。根据原信笺纸形制用铜锌版、铅线、铅空、铅条、填木、木楔等拼装印版。铜锌版、铅线着墨材料的高度要保持在一个平面；起填空、拼装、挤版作用的铅空、铅条、填木、木楔等非着墨材料的高度要低于着墨材料的高度。然后，选用与原件纸质相当的片页纸，调配朱红色铅印油墨，上铅印机印制。

第三，片页纸的染色仿旧。信笺纸墨迹干透后，根据原件旧色，以淡红茶水为主，用藤黄、赭石、墨等国画颜料调配染色溶液，刷染着色仿旧。由于片页纸的刷染着色不易均匀，在调配染色溶液颜色时要略浅于原件，经过 2 至 3 次的反复罩染，使旧色均匀并且达到原件的陈旧程度。晾干压平后，描摹拓写手写字迹。

第四，描摹手写字迹。用原件复印描摹用墨稿。将信笺纸与复印墨稿叠放在拷贝台上，并重叠对齐上下两纸的印刷墨迹。根据原件钢笔字迹笔道粗细，选用一支笔尖粗细相当的钢笔进行描摹；描摹用墨水参照原件钢笔字迹墨色，在蓝黑钢笔水的基础上兑水稀释进行调配。铅笔字迹较粗，墨色黑灰，可选用一支 2B 或 3B 铅笔进行描摹。由于铅笔字迹虚而不实，浮在纸张表面，呈黑灰色，因此，描摹时笔尖要磨得圆润些，行笔用力、笔速要适度。

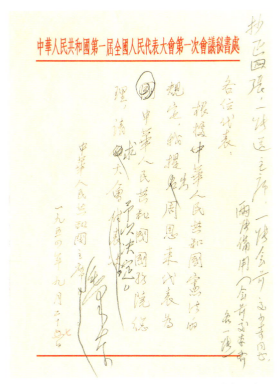

图 10.12　毛泽东提名周恩来任国务院总理建议书复制件

【例11】华东纺织管理局任命荣毅仁为总经理公函的复制

新中国成立后，随着大规模经济建设的开始，全国开展了对农业、手工业和资本主义工商业的社会主义改造。在全国私营工商业实现全行业公私合营的过程中，得到了荣毅仁、胡厥文、盛丕华、杜大公等大多数民族资本家的拥护。公私合营后，进行了人事安排和经济改组工作。这是1955年9月29日纺织工业部华东纺织管理局，批准申新绵纺织印染厂总管理处所属工厂实行公私合营及任命荣毅仁为总经理的公函。公文纵26.4cm、横19cm，线格与楷体字迹所列项目为朱红色铅印墨迹；公函内容是通过中文打字机字盘中的繁体轻钢字敲打复写纸，形成灰蓝色的仿宋体打印字迹；纺织工业部华东纺织管理局印章系大红色；纸质为片页纸；纸色黄中泛红。（图10.13）

印刷技术革命使制作公文运用的铅印、打印蜡纸复写技术被淘汰，数字技术应用为公函的复制制作提供了新的技术支持。

复制制作的基本步骤是：

第一，数字扫描获取电子文本。将文献皱痕、折角展平后，平铺压实在扫描仪稿台上，打开扫描软件后将扫描类型设为灰阶模式、分辨率为300dpi、缩放比例为100%；预扫描后确定扫描区域，文件夹命名为"公函"、存储格式确定为JPG后进行扫描，获取与原件大小一样的电子图像。

第二，制作分图层墨稿。用Photoshop打开电子文本。①在图层、通道、路径界面内点击创建新图层选项，创建两个新图层，加上电子文件原始图层共有三个图层。②编辑重命名三个图层，图层1，公文稿纸；图层2，公函内容；图层3，印章。③将文件图像分别复制粘贴到两个新建图层中。④打开图层1，关闭图层2、图层3可见性标志，应用橡皮擦、多边形套索等工具去除公函内容与印章，保留公文稿纸部分。⑤打开图层2，关闭图层1、图层3可见性标志，去除公文稿纸与印章，保留公函内容部分。⑥打开图层3，关闭图层1、图层2可见性标志，去除公文稿纸与公函内容，保留印章部分。⑦打开文件栏将文件存储为Photoshop格式，完成图层的分制工作。

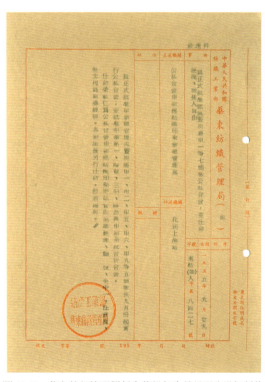

图10.13　华东纺织管理局任命荣毅仁为总经理公函复制件

第三，彩色激光打印。打开Photoshop电子图标，把三个图层墨稿分别填充颜色。图层1公文稿纸字迹墨色为朱红色，图层2打印仿宋字迹墨色为灰蓝色，图层3纺织管理局印章为大红色。各图层颜色填充确定后，通过调整饱和度、不透明度等调试打印效果，最后合并图层实施打印。片页纸比较薄不能直接进机器打印，需要用固体胶棒将其四周黏附在标准制式的复印纸上，压平后放入纸盒或通过手工续纸的办法进行打印。印制完成后需将其与复印纸揭开分离。

第四、着色仿旧。彩色激光打印墨迹耐水，用颜色水刷染着色仿旧可以在打印前进行也可以在打印完成后染色。根据原件旧色旧气，在煎煮晾凉过滤稀释后的红茶水中加入少许鹅黄、朱红、墨等颜料调配染色溶液刷染着色仿旧。由于颜色水不易沁入片页纸，刷染时要用排笔搅匀染液，将片页纸润湿刷平后，上下左右反复行刷使之均匀着色。然后挂晾阴干，在晾干的过程中使颜色水在纸面上再次均匀散开。晾干压平后，按照原件尺寸裁切，并用直径 0.5cm 的冲子冲切装订线上的两个案卷装订圆孔。

【例 12】《百团大战战役部署略图》的复制

为了粉碎日军对华北根据地的分割围困政策。1940 年 7 月 22 日，朱德、彭德怀、左权签发了八路军总部的《战役预备命令》，上报中央军委。8 月 20 日至 12 月 5 日，八路军在华北发动了对日军的大规模进攻，陆续参战的八路军部队达 105 个团，计 20 余万人，史称"百团大战"。战役开始后，著名民主人士李公朴先生造访八路军总部，该部将《百团大战战役部署略图》送给他留作纪念。此图纵 64cm、横 57cm，纸质为机制纸，使用黑、蓝、红三种颜色绘制。标题、落款、交通线路为黑色，我军控制区域为纯蓝色，日伪占领区为深红色；落款处盖有"国民革命军第十八集团军总司令部参谋处"椭圆形朱红色印章。（图 10.14）

复制制作的基本步骤是：

第一，复印拼接临摹墨稿。为了做好文献复制中的文物保护工作，选用冷光源复印机印制描摹用墨稿。用 A3 纸分四个部分进行复印。复印比例设为 100%。为了便于墨稿的拼接，复印时不要随意变换复印方向，每页复印内容都要与相邻部分有一些重复，同时，为了便于在拷贝工作台上描摹拓写，复印件要反差大，黑白分明；拼接时要注意保留单个图案、字迹的完整性，并撕去两页复印纸间的重叠部分，保障整个复印墨稿拥有较好的透光性。

第二，染色仿旧。选用与原件纸质近似的机制纸作为摹写用纸进行染色仿旧。由于该图的描摹拓写使用的颜色均为水溶性颜料，复制用纸的整体着色染旧要在描摹前完成。原件保存较为完好，旧色旧气不重，可用煎煮后的红茶水加入少许墨汁调配染色溶液刷染仿旧。晾干压平后描摹拓写。

第三、描摹拓写。将复制用纸覆盖在拼接好的复印墨稿上，用胶水或曲别针将其固定在一起，通过拷贝工作台的灯光照射描摹图案字迹。此图主要有红、蓝、黑三种颜色组成，为了使描摹时同一种颜色墨迹色调一致，需按黑、红、蓝三色依次进行描摹拓写，做完一种颜色后再做一种颜色，一种颜色尽量一次描摹完成。

第四、印痕的制作。椭圆形朱红色印痕与黑色落款字迹重叠在一起且字迹模糊，辨认起来

图 10.14 《百团大战战役部署略图》复制件。

比较困难。可将其放大 3 至 4 倍后，用半透明硫酸纸覆盖其上，通过拷贝工作台描摹印痕字迹图案，然后，再缩小放大的倍数，复原成原件印痕尺寸，形成印痕墨稿。纸质墨稿经过打印机或复印机转换成胶片阴图墨稿，就可制成铜锌版或树脂版印模，加装木托后蘸印泥钤盖印痕。

　　《百团大战战役部署略图》各地博物馆、纪念馆都有需求，描摹复制的制作成本比较大，而且周期长。在保障质量的前提下也可以应用平版印刷的方法进行复制。方法是：①在制版照相机镜头前加装红、黄、蓝等不同颜色的滤色镜，拍摄四张与原件 1：1 的高反差阳图胶片墨稿。②将胶片墨稿覆盖在涂有感光药液的铅锌版上，晒版曝光，然后，经过显影、定影、冲洗制成四块印版。③选用与原件纸质近似的机制纸上胶印平版打样机，分黑、红、蓝与朱红色椭圆形印章四种颜色套版印刷。④墨迹晾干后，用红茶水、藤黄、赭石、墨等颜料调配染色溶液刷染着色仿旧；晾干压平后根据原件尺寸剪裁。

【例 13】侯德榜致贸易部姚依林代部长请求信的复制

　　侯德榜是中国近代化学工业的奠基人之一，以独创的制碱工艺闻名于世界。1921 年在哥伦比亚大学获博士学位后怀着工业救国的远大抱负回到祖国。1945 年 8 月，侯德榜继任永利化学工业公司总经理。1949 年 5 月，正在印度工作的侯德榜得知中共中央领导非常关心永利事业，十分激动，毅然谢绝高薪聘请，冲破重重阻挠，绕道泰国、香港、韩国，历时 50 天赶回北京，决心加倍努力工作，报效国家。新中国成立初期物资匮乏，永利化学工业公司生产原料燃料紧缺，迫于停产。1950 年 4 月 26 日，侯德榜致函贸易部请求拨发生产所需原料燃料，并附《制造需要各项物料表》。两页用纸均为永利化学工业公司驻京办事处，竖排大红色版框栏线信笺纸；纵 25.5cm、横 18.5cm；字迹为蓝绿色复写墨迹；侯德榜签名为毛笔墨书，下方盖有深红色名章；纸质为片页纸，纸色黄旧。（图 10.15）

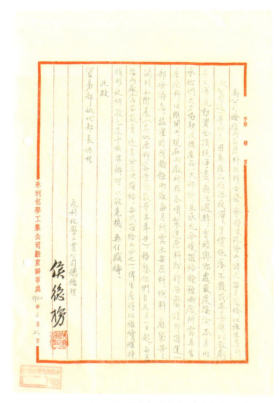

图 10.15　侯德榜致贸易部姚依林代部长请求信复制件

复制制作的基本步骤是：

第一，铅印信笺用纸。此铅印版的复排比较简单，共用 20 个繁体仿宋字、13 根水线、4 根边框线。将四开排版钢框平放在拼版台上。拣出与原件相同字号的繁体仿宋字备用。根据原件信笺纸边框、栏线尺寸，用铅空、铅条、填木、木楔、版锁等非着墨材料按照原件信笺纸形制，将铅字、版心水线和边框线拼装固定在拼版钢框内。然后，选用与原件纸质相近的片页纸，调配大红色铅印油墨，上铅印机印刷。印制时先用废纸印几张撤一撤墨，待墨辊上的油墨在印版上走匀后再用片页纸印制。

第二，染色仿旧。用煎煮后的红茶水加入少许藤黄、墨汁等调配染色溶液刷染仿旧。晾干压平后描摹复写。

第三，复印描摹用墨稿。用冷光源数码复印机按 100% 的比例印制描摹用墨稿。复印时要用复印机背景淡化功能尽量淡化背景颜色，去除复印件上的底灰，使字迹更加清晰。

第四，描摹复写。关键是选配复写纸。复写纸与复写字迹经过长时间氧化，颜色会产生褪色脱落等变化。因此要找到与原文献字迹颜色一样的复写纸非常困难，按照《实用着色与配色技术》等专业书籍中叙述的复写纸制作技术又比较复杂。下面根据此件文献的复制介绍一种简单实用的复写纸配置方法。20 世纪 50 年代初复写字迹蓝中泛绿，这种复写纸的制作方法是：①将蓝色和绿色两种签字笔中的油墨挤在调色盘内，根据原件复写字迹颜色按比例进行调色；②用排笔把调配好的油墨均匀地涂刷在旧的蓝色复写纸上；③挂晾阴干。描摹复写字迹时要把拓写墨稿、制备的复写纸、复制用信笺纸依次叠放在拷贝工作台上，上下对齐拓写墨稿与信笺纸上的版框、栏线后用曲别针将它们固定在一起。用圆珠笔描摹最上层拓写墨稿，使复写纸上的油墨转印到新的复制载体上。最后，描摹侯德榜毛笔墨书签名。

第五，印痕的制作。侯德榜深红色名章印面比较小，字迹有些模糊不清。这种模糊不清有时是印泥蘸得过多，或印泥质量不佳，或在钤盖时纸下垫得比较松软等原因造成的，并不是印章字迹本身的问题，因此要在恢复印章本来面目后再钤盖印痕。方法是：用复印机把印痕部位局部放大，在拷贝工作台上将半透明硫酸纸覆盖到放大稿上描摹印痕字迹，然后，再缩小复原至原件印痕尺寸，制成印痕墨稿。纸质墨稿经过打印机或复印机转换成胶片阴图墨稿，就可制成铜锌版或树脂版印模，加装木托后蘸深红色印泥钤盖印痕。也可将印痕扫成电子版，用Photoshop 修墨稿，再通过激光雕刻机雕刻橡胶或有机玻璃印模。

【例14】《动员起来搞好首都交通秩序》胶片幻灯片的复制

传统的胶片幻灯片有两种制作方法。一是用不含粉质的"幻灯照相透明颜料水"直接在透明胶片涂有胶膜的一面绘制。二是用摄影技术制作幻灯片。①负片翻摄法：把冲洗出来的底片即负片中的影像，用反转片翻拍或翻印成与原景物明暗色调相同的影像，冲洗成幻灯片即正片，优点是拍摄一次可以根据需要翻拍制作若干套幻灯片；②反转冲洗法：将拍摄的片子在显影过程中再感一次光，经过第二次曝光、显影、定影，使负像变为正像，它在只需要制作一套幻灯片时非常适用。20 世纪 70 年代中期，北京交通管理部门为了进行交通安全教育，组织制作了《动员起来搞好首都交通秩序》胶片幻灯片。每幅幻灯片胶片画面尺寸为纵 5cm、横 6.8cm；夹装幻灯片的片框是用两层 0.1cm 厚的草纸板粘贴糊制而成，纵 8cm、横 10.2cm。这套幻灯片的母本是直接绘制在透明胶片上，然后经过翻拍洗印批量发行。复制要求是复制制作的幻灯片复制件能够安装在幻灯机上进行投影播放。（图 10.16）

复制制作的基本步骤是：

第一，数字扫描获取幻灯片画面电子文本。用胶片专用扫描仪或将平板扫描仪安装上胶片扫描架，扫描胶片均可获得清晰的电子文本。先将幻灯胶片正面向下，平放在胶片扫描架上。为了使扫描的电子文件色彩更加丰富、细腻，还原效果更加逼真。打开扫描软件后将扫描类型设置为 CMYK 彩色印刷模式，分辨率设定为 1200dpi，缩放比例选择 100%。各项设置确定后，选择图像存储位置、命名文件名、确定 TIF 或 JPG 存储格式，单击保存确认上述操作，然后点击扫描选项实施扫描，待扫描工作停止，点击完成，结束幻灯胶片的数字扫描工作。

第二，用彩色喷墨打印机制作胶片幻灯片。胶片与纸质介质的打印方法基本一样。用Photoshop 打开电子文档，并将需要打印的若干幅电子图像，编排在新建的 A4 幅面的版面上。为了获得高分辨率的胶片彩色图像，宜选用 6 或 8 色彩色喷墨打印机实施打印，打印前一定要清洗打印机喷嘴。然后，选用适于各种水基染料或颜料墨的 A4 彩色喷墨打印胶片进行打印。打印时要把胶片药膜面向上放入打印机纸盒，否则打印就会失败。

第三，幻灯片纸质片框的制作。为了便于放映和保管，幻灯片制作完成后还要做一些安插

图 10.16 《动员起来搞好首都交通秩序》胶片幻灯片复制件。

片子用的片框。这套交通安全教育幻灯片片框尺寸为：外框纵 8cm、横 10.2cm，内框纵 5cm、横 6.8cm，是安放 120 胶卷的标准片框。幻灯片片框的制作方法是：①将粗糙、略有黄旧的道林纸裱糊在 0.1cm 厚的草纸板上，晾干压平；②将草板纸剪切成纵 8.5cm、横 11.2cm 的若干张小纸板；③用直径 1.5cm 的冲子冲切片框两张纸板上方的圆弧缺损；④在两张纸板左、右、下三边 1cm 处抹上乳胶，并将其粘贴在一起，压平晾干；⑤用直径 0.5cm 的冲子在片框内框四个角的地方冲切四个圆孔，然后用刀子沿相邻两圆孔切线方向剪切，做出片框内框；⑥为使外框整齐，最后剪切外框左、右、下三边各预留出的 0.5cm。

【例 15】中央党校机关刊物《理论动态》的复制

"文化大革命"结束后，党和国家的工作虽然有所恢复，但从指导思想上，没有彻底清理"文革"的错误，继续肯定"左"的理论，导致出现了在徘徊中前进的局面。1978 年 5 月 10 日，中共中央党校理论研究室编印的第 60 期《理论动态》，率先刊登了《实践是检验真理的唯一标准》，5 月 11 日《光明日报》正式发表该文，5 月 12 日《人民日报》《解放军报》全文转载，新华通讯社发了通稿，在全国引发了一场真理标准问题的大讨论，为中国共产党重新确定实事求是的思想路线奠定了基础。因此第 60 期《理论动态》也就成为各博物馆、纪念馆陈列展览的重要内容。

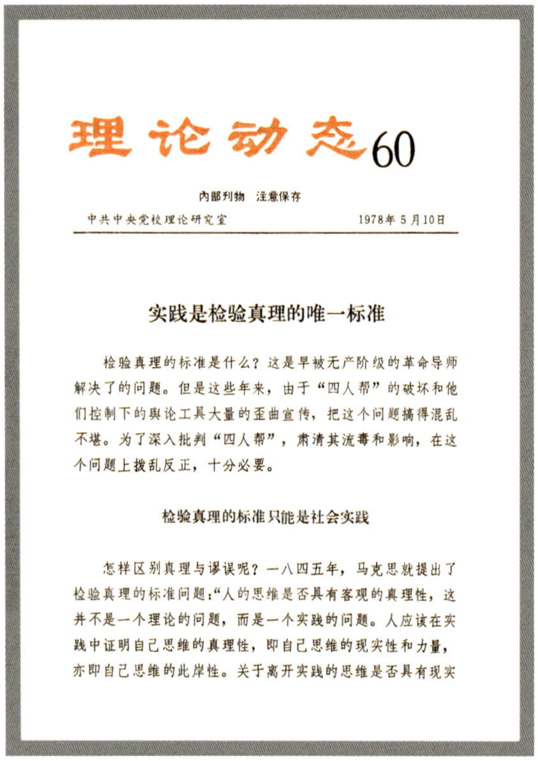
理论动态60

内部刊物　注意保存

中共中央党校理论研究室　1978年5月10日

实践是检验真理的唯一标准

检验真理的标准是什么？这是早被无产阶级的革命导师解决了的问题。但是这些年来，由于“四人帮”的破坏和他们控制下的舆论工具大量的歪曲宣传，把这个问题搞得混乱不堪。为了深入批判“四人帮”，肃清其流毒和影响，在这个问题上拨乱反正，十分必要。

检验真理的标准只能是社会实践

怎样区别真理与谬误呢？一八四五年，马克思就提出了检验真理的标准问题：“人的思维是否具有客观的真理性，这并不是一个理论的问题，而是一个实践的问题。人应该在实践中证明自己思维的真理性，即自己思维的现实性和力量，亦即自己思维的此岸性。关于离开实践的思维是否具有现实

图 10.17　中央党校机关刊物《理论动态》复制件。

《理论动态》高 26.2cm、宽 18.8cm，共 12 页，用骑马钉形式装订成册。首页字迹清晰完整，纸背字迹隐约映现，历经岁月洗礼刊物纸质略微泛黄。复制要求是复制封面、制作假本（图 10.17）。

复制制作的基本步骤是：

第一，数字扫描获取电子文件。打开扫描软件将扫描类型设置为 RGB 彩色印刷模式，分辨率设定为 300dpi，缩放比例选择 100%，选择图像存储位置、命名文件名、将存储格式确定为 TIF 或 JPG，单击保存确认上述操作。然后根据操作提示扫描，获取封面、封面背面文字图像两个电子文件。

第二，分制图层。①用 Photoshop 打开《理论动态》封面电子图标，打开编辑工具栏点击拷贝，为将图像复制粘贴到新创建的图层里做准备；②在图层、通道、路径界面内点击创建新图层选项，创建一个新图层，并将预先复制的图像粘贴到新建图层中；③编辑重命名图层 1，红色刊头；图层 2，黑色正文字迹；④操作图层 1：打开图层 1，关闭图层 2，用橡皮擦或多边形套索工具去除图像中所有黑色墨迹部分，只保留刊头红色墨迹；⑤操作图层 2：打开图层 2，关闭图层 1，去掉红色刊头，保留黑色墨迹部分。完成操作后，点开文件栏，点击存储为，选择保存区域，确定 Photoshop 保存格式，点击保存后，在格式对话框中点击确定完成图层的分制工作。

第三，填充颜色。在填充颜色，打印之前，需将图像变为黑白墨稿形式。①打开图层 1，关闭图层 2；在图像工具栏调整中点击去色选项，将图层 1 中的图像变为黑白墨稿；②图层 2，本身为黑色墨迹，不需要调整为黑白墨稿，但有时也需要应用色阶或曲线功能调整清晰度。③填充颜色。⑴打开图层 1，关闭图层 2，在通道选项下点击将通道作为选区载入图标，选取刊头文字以外部分。⑵单击选择工具栏中的反向选项，选中刊头文字部分。⑶填充颜色前按删除键，删除刊头文字笔道内的黑色墨迹，以保障所填充的颜色不会受到笔道内黑色墨迹的干扰。⑷向刊头笔道内填充颜色。点击设置前景色工具，出现拾色器对话框，在中间长方形颜色板上点击选取与原件刊头字迹墨色相近的颜色区域，使左侧方形颜色框中出现这一颜色区域的不同色阶，单击最接近原件印制颜色的部位，点击确定，使设置前景色工具处显示所选择的颜色。在编辑栏中选择填充选项，点击填充对话框中的确定完成颜色填充，然后点击选择栏中的取消选择选项，去除图上的选择区域显示的虚线。图层 2 字迹本身为黑色墨迹，不需要填充颜色直接打印即可。

第四，彩色激光打印。原件墨色发亮，字口墨迹没有洇散感觉，因此可用能够满足原件印制特征的彩色激光打印技术进行制作。制作复制品的用纸非常重要，一定要选用与原件使用的纸质相同或相近的纸张进行印制，纸的薄厚、粗糙度、平滑度尽量接近原件用纸。根据原件开本、纸质与装订形式，拟用 A3 幅面的 60g 胶印纸进行打印。打印方向设为横向，纸张类型设为普通纸。由于刊物是用骑马钉形式在左边装订成册，打印时要将图层 1、图层 2 同时打开，并根据装订形式输入距顶、距左的相应数值，确定文字内容图像打印在 A3 幅面的右半面；装订时将左半面折到后边用作封底。打印时运用色彩调整功能中的饱和度、亮度 / 对比度、不透明度、色彩平衡等功能调整色相、色调，使打印件无限趋近于原件的墨色、虚实、明暗等印制特点，达到与原件相近的印刷效果。最后，用 Photoshop 打开封面背面文字的电子文档，将首页背面的文字对准正面文字版心打印上去，映衬在封面背面，从正面隐约感到背面的文字，使人感到是一本完整的期刊。

第五，染色仿旧、装订成册。为了使复制件的颜色趋近于文物原件，要用藤黄、赭石、墨等调配的染色溶液对打印用纸进行染色仿旧，晾干压平备用。用染色溶液刷染打印用纸要在打印之前进行，若打印完成后再用染色溶液刷染，晾干后纸张就会缩水变小。最后根据原件厚度、尺寸与装订形式装订成册，压实剪切。

【例 16】康白情致吴弱男明信片的复制

康白情，字鸿章。中国白话诗的开拓者之一。1918 年秋，与傅斯年、罗家伦等人组织"新潮社"，创办《新潮》月刊；1919 年，参加五四运动，同年 7 月与李大钊等人创办《少年中国》；1920 年赴美国留学；1926 年回国后在山东大学、中山大学、厦门大学任教；著有《河上集》《草儿》等诗集。吴弱男是中国最早留学日本的女学生之一。1902 年在日本东京青山女子学院攻读英语；1905 年加入同盟会，任孙中山英文秘书，是中国国民党第一位女党员，中国妇女运动先驱者之一。著名爱国人士章士钊的夫人。这帧 1920 年康白情赴美国留学途经日本东京寄给吴弱男的明信片，纵 9.2cm、横 14.3cm，一面印有彩色人物油画，另一面贴有邮票，写有收件人地址、姓名以及寄件人地址、署名与问候语，在寄出地址墨迹上盖有一方"白情无恙"印章（图 10.18）

复制制作的基本步骤是：

第一，数字扫描获取电子图像。将明信片两面分别进行扫描。为了使明信片印有彩色人物油画面的色彩更加丰富、细腻，还原效果更加逼真，扫描类型宜设置为 CMYK 彩色印刷模式，分辨率设定为 600dpi，缩放比例选择 100%，各项设置完成后，确定图像存储位置、命名文件、选择存储格式为 TIF 或 JPG，单击保存确认上述操作后，开始扫描，获得彩色人物油画面的电子图像。贴有邮票那面的扫描，分辨率设定 300dpi 即可，其他操作相同。

第二，制作分图层墨稿。明信片彩色人物油画面直接打印即可，贴有邮票面则需要制作分图层墨稿，填充颜色后打印。用 Photoshop 打开贴有邮票面的电子文本。①在图层、通道、路

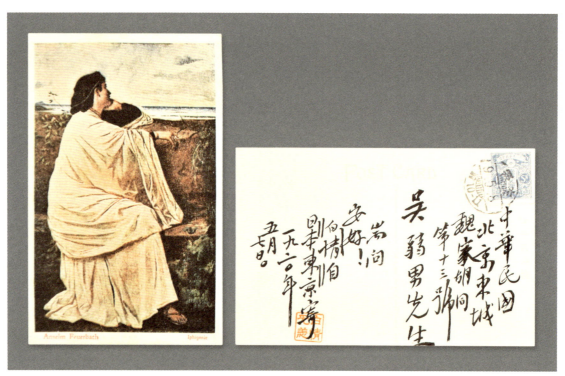

10.18 康白情致吴弱男明信片复制件

径界面内点击创建新图层选项，创建三个新图层，加上电子文件原始图层共有四个图层。②编辑重命名四个图层：图层 1，POST、便邮；图层 2，邮戳；图层 3，"白情无恙"印章；图层 4，邮票。③将文件图像分别复制粘贴到三个新建图层中。④打开图层 1，关闭其他图层可见性标志，用橡皮擦、多边形套索等工具去除邮票、邮戳、印章、毛笔墨迹，保留 POST、便邮部分。⑤打开图层 2，关闭其他图层标志，去除图层 1、3、4 上的 POST、便邮、邮票、印章、毛笔墨迹，保留邮戳部分。⑥打开图层 3，关闭其他图层标志，去除"白情无恙"印章以外的全部内容。⑦打开图层 4，关闭其他图层标志，去除邮票以外的全部内容。⑧打开文件栏将文件存储为 Photoshop 格式，完成图层的分制工作。

　　第三，打印用纸的选用与着色仿旧。根据明信片彩色人物油画面、便邮、印章、邮戳面，以及邮票的原件纸质选用三种纸张分别进行打印。彩色人物油画面光洁度比较高，要用 80g—100g 机制纸打印，便邮、印章、邮戳面用 70g 机制纸打印，邮票用 60g 机制纸打印。印制前要在煎煮后的红茶水中加入少许藤黄、赭石、墨汁等调配染色溶液，根据原件旧色刷染仿旧打印用纸，待其晾干压平后用于打印。

　　第四，彩色激光打印。用 Photoshop 打开明信片彩色人物油画电子图标，通过色相、色度、饱和度、不透明度等选项调试打印效果，直至趋近原件为止。然后再用 Photoshop 打开贴有邮票面的电子文件，打开图层 4，关闭其他三个图层，打印邮票以及邮票上半个邮戳彩色墨稿，其打印效果调试如上述操作。明信片上 POST、便邮字迹，"白情无恙"印章，以及半个邮戳的打印，首先要打开图层1、2、3，关闭图层4即邮票图层，并在图像工具栏调整选项中点击去色，使之变成黑白墨稿。然后将图层1、2、3墨稿分别填充颜色，实施打印。图层1，POST、便邮字迹为浅灰色，图层2，邮戳为黑灰色，图层3，"白情无恙"印章为橘红色。各图层颜色填充确定后，通过调整饱和度、不透明度等调试打印效果，最后合并图层实施打印。打印时邮戳的各项设置要尽量与邮票上邮戳的打印设置相近，以避免粘贴邮票时邮票上的半个邮戳与明信片上的半个邮戳拼对时色度、色相不一致。

第五，描摹拓写墨笔字迹。将有印章、字迹一面的打印稿覆盖在原件复印件上，通过拷贝工作台的灯光照射描摹拓写毛笔墨迹。墨色浓淡视原件墨迹而定。

第六，明信片两面的黏合与邮票粘贴。明信片用纸一般为250g卡片纸，激光打印机直接双面打印卡片纸，会使颜色不饱和，出现较大的偏差，也无法用拷贝工作台描摹手写字迹。因此需要用较薄的纸张分别打印，然后再将它们黏合在一起。用胶水或糨糊黏合会使纸张遇湿润胀，产生应力，出现翘曲变形。为了保障明信片的平整用热熔胶膜黏合效果不错。在黏合过程中为了使复制件与原件的厚度、硬度相近，明信片两面中间需加衬一定厚度的纸张，三者结合使之达到原件的厚度与硬度。根据原件尺寸剪裁后再贴邮票。邮票打印墨稿周边的齿孔可在缝纫机上通过缝纫机针的冲压获得。然后撕去多余部分，将其粘贴在明信片上。粘贴时要尽量把邮票上的半个邮戳与明信片上的半个邮戳衔接对好，若稍有偏差可用墨笔进行接笔补救。

【例17】胡适与夫人江冬秀合影的复制

胡适，字适之，现代著名学者，因提倡文学革命而成为新文化运动的领袖之一；他的白话运动，影响了此后百年中国人的文本和思维方式。1904年，13岁的胡适由母亲做主与邻县旌德望族江家的小脚千金江冬秀订婚。随后胡适到上海求学，后赴美留学，眼界渐宽，对于母亲包办的这桩婚事并不满意，但由于胡适侍寡母至孝，又觉悔婚对不起一直苦等的江冬秀，只得嘱咐其放脚、读书、写字，企图拉近两人距离。1917年胡适留学归国，并于12月30日与江氏结婚。婚后两人育有二子一女。胡适用自己的终生，做了一件大事——与江冬秀携手终老。胡适与小脚女人江冬秀的婚姻，被称为民国七大奇事之一。这帧1925年7月18日在北京拍摄的照片是目前能够见到的最早的一幅胡适夫妇合影。图片纵18.8cm、横13.2cm；粘贴镶嵌在印有"北京同生照相"的灰色硬纸装饰背板上，硬纸板纵29.2cm、横20.2cm，左侧有胡适毛笔墨书："十四年七月十八日照的"（图10.19）。

复制制作的基本步骤是：

第一，数字扫描获取电子图像。将合影照片正面向下平放在扫描仪的稿台上，打开扫描软件后将扫描类型设置为RGB彩色印刷模式，分辨率设定为600dpi，缩放比例选择100%。各项设置确定后，选择图像存储位置、命名文件名、将存储格式确定为TIF或JPG，单击保存确认上述选择，然后根据操作提示，点击扫描选项进行扫描，获取胡适夫妇合影照片及其装饰纸板

图 10.19　胡适与夫人江冬秀合影复制件

背景的电子图像。

　　第二，提取合影照片图像与修整装饰背板打印墨稿。数字扫描获取的是胡适夫妇合影照片与装饰背板整体的电子图像，要通过计算机提取合影照片电子文件，并对装饰背板图像进行必要的修整。用 Photoshop 打开电子文本。选择矩形工具沿合影图片四周复制剪切，另存储为新的 TIF 或 JPG 格式，用相纸数码洗印黑白照片。选用橡皮擦或多边形套索工具去除装饰背板左侧的毛笔墨书，然后复制相邻的颜色，对橡皮擦擦拭过的地方以及剪切合影照片后留出的空白进行颜色的填充修补，制成粘贴照片用的背景打印墨稿。

　　第三，粘贴照片装饰硬纸背板的制作。一般激光打印机或是喷墨打印机均无法用硬纸板直接打印。印有"北京同生照相"的灰色背景色需要先打印在 70g 机制纸上，然后在拷贝工作台上描摹胡适毛笔墨迹，最后再将其裱贴在硬纸板上。打印效果可通过不透明度、饱和度等选项进行调试；打印墨稿上描摹毛笔墨迹不易粘墨，可在毛笔尖上蘸些肥皂水或在墨液中加入少许洗洁精加以解决；打印墨稿与硬纸板的裱贴，最好用双面胶或快速裱画机的热熔胶膜进行粘贴，避免用糨糊装裱引起润胀变形。

　　第四，照片的仿旧。照片纸基、药膜的老化是一个漫长的过程，光洁亮滑的相纸无法进行染色仿旧，可用高锰酸钾溶液浸泡氧化的方法进行着色仿旧。在瓷盘中调配 3 %— 5 %浓度的深紫色高锰酸钾溶液，待高锰酸钾颗粒充分溶解后，将照片浸泡在溶液中，照片浸泡时要随时观察，并用夹子夹住照片不停抖动或晃动盛有溶液的瓷盘，以保障仿旧着色的均匀，待浸泡照片旧色旧气符合要求后，立即捞出，用清水淋洗，去除残余药液后挂晾吹干。

　　第五，照片粘贴与整体仿旧。用热熔胶膜或双面胶将合影照片粘贴在装饰硬纸背板相应的位置上，这样可以避免用糨糊或胶水裱贴，使照片相纸遇湿润胀，导致照片与装饰硬纸背板整体的翘曲变形。然后用细砂纸轻轻打磨装饰硬纸背板的边角硬楞，刻画出原件上流转磨损痕迹，最后用棉丝蘸些尘土或颜色粉末对旧色较重的地方进行局部擦拭仿旧。

【例18】柳亚子先生出席政协第一届全体会议代表证的复制

　　中国人民政治协商会议第一届全体会议于 1949 年 9 月 21 日至 9 月 30 日在北京举行，中国

10.20 柳亚子先生出席政协第一届全体会议代表证复制件

共产党及各民主党派、人民团体、无党派民主人士和特邀代表共 662 人参加会议。会议由中共中央主席毛泽东致开幕词。会议代行全国人民代表大会的职权，代表全国人民的意志。政协第一届全体会议的召开及中华人民共和国中央人民政府的成立，标志着中国人民新民主主义革命的胜利。中国的历史从此进入一个新的时代。著名爱国民主人士柳亚子先生作为中国国民党革命委员会的代表出席了政协第一届全体会议。会议代表证纵 10.2cm、横 7.3cm，红色硬壳漆布封面上印有会议名称、代表证、政协会徽、第　号等黄色擦金墨迹。代表证对开内页左边的蓝色表格为姓名、代表单位、席次、填发日期等项内容，右边上半部分贴有免冠黑白照片，下半部分印有会议注意事项。复制要求为原样复制。（图 10.20）

复制制作的基本步骤是：

第一，数字扫描获取电子文件。由于获取的电子文件是用于制作印刷印版墨稿，因此扫描类型设为灰阶模式，分辨率设定为 300dpi，缩放比例选择 100%。各项设置完成后确定图像存储位置、命名文件名、将存储格式确定为 TIF 或 JPG，单击保存确认上述操作。然后根据操作提示进行扫描，获取代表证封面与对开内容页的两个电子文件。

第二，制作代表证封面印版墨稿。用 Photoshop 打开代表证封面电子文件，应用画笔工具、多边形套索工具、橡皮擦等工具对图像中的文字、政协会徽残缺或模糊的部分进行修饰，使之图案清晰，字迹清楚。由于代表证封面上的字迹图案应用的是传统的擦金工艺，因此首先制作印版墨稿，然后再加工制作凸印铜锌版印制封面。

第三，制作对开内容页分图层墨稿。用 Photoshop 打开对开内容页电子文件制作分图层墨稿。①在图层、通道、路径界面内点击创建新图层选项，创建一个新图层，加上原始图层共有两个图层。②编辑重命名图层，图层 1，蓝色表格；图层 2，红色编号。③将文件图像复制粘贴到新建图层中。④打开图层 1，关闭图层 2 可见性标志，用橡皮擦、多边形套索等工具去除毛笔墨迹、红色编号、黑白照片，保留表格与会议注意事项文字部分。⑤打开图层 2，关闭图层 1 可见性标志，去除红色编号以外的全部内容。⑥打开文件栏将文件存储为 Photoshop 格式，完成图层的分制工作。

第四，彩色激光打印。用 Photoshop 打开对开内页分图层墨稿图标。图层 1 表格，填充普蓝色，图层 2 编号，填充朱红色，将两个图层分别填充颜色确定后，通过调整饱和度、不透明度等调试打印效果，最后合并图层实施打印。打印用纸要选择与原件纸质相近的纸张。印制前要用煎煮后的红茶水加入少许藤黄、赭石、墨汁等调配染色溶液，根据原件旧色刷染仿旧打印用纸，待其晾干压平后用于打印。也可选用与原件纸质及旧色旧气相似的旧纸打印。

第五，描摹拓写手写字迹。将打印的表格纸覆盖在原件复印件上，通过拷贝工作台的灯光照射描摹拓写毛笔墨迹，墨色浓淡视原件墨迹深浅而定；填发日期为钢笔字迹，需调配与原件墨色相近的钢笔水，用钢笔描写。

第六，糊制代表证硬夹与印制封面。根据原件尺寸用 0.1cm 厚的草纸板和与原件封面相似的红色漆布，糊制代表证硬夹，压平晾干后印制封面。代表证字迹图案为黄色擦金工艺。制作方法是：将事先制备的凸印铜锌版拼成印版，上铅印机，用黄色铅印油墨印制封面字迹图案。在油墨未干时，马上用棉团蘸金粉在字迹图案墨迹处擦拭涂抹，使金粉黏附在图文墨迹上，形成仿金效果。待油墨彻底干后，擦去浮在墨迹表面与字迹图案周边的金粉。在用油墨转印图文时，一定要控制好油墨的用量，掌握好油墨的黏稠度。用墨过大或过稀，擦金时图文容易糊版；用墨不足或过稠，墨迹上又不容易黏附金粉。传统擦金工艺用墨与印制载体也有一定关系，需要悉心实践体会。

第七，粘贴表格与照片。代表证封面印制完成后，用糨糊将描摹写好的表格与糊制的硬夹封皮粘在一起，压平晾干后再贴照片。用黑白相纸洗印的照片在粘贴前可用 3% — 5% 的高锰酸钾溶液浸泡仿旧。

【例 19】冯玉祥将军为陈嘉庚先生七秩寿庆题词的复制

陈嘉庚先生是著名爱国华侨领袖、是 20 世纪东南亚最卓越的实业家、教育家与社会改革者。尽毕生之精力、倾全部之家财兴办教育，具有强烈的爱国情怀。为辛亥革命、民族教育、抗日战争、解放战争、新中国建设做出了杰出贡献。生前曾被毛泽东誉为"华侨旗帜、民族光辉"。1943 年为集美学校成立 30 周年、陈嘉庚先生 70 寿辰，社会各界人士纷纷题词祝贺。国民政府政要、社会贤达冯玉祥、何应钦、陈立夫、程潜、张治中、李济深、陈绍宽等人的亲笔题词共计 141 幅，充满着对陈嘉庚育才救国精神的赞誉。贺词均写在用宣纸统一印制的典礼题词纸笺上，纵 38.7cm、横 27.5cm。现以复制冯玉祥将军题词为例，解析集美学校成立 30 周年纪念暨陈嘉庚先生七秩寿庆贺词的复制（图 10.21）。

复制制作的基本步骤是：

第一，数字扫描获取电子文本。该电子图像主要用于制作典礼题词纸笺印版墨稿，因此扫描类型可设为灰阶模式，分辨率设定为300dpi，缩放比例选择100%。确定图像存储位置后、命名文件名、并将存储格式确定为 TIF 或 JPG，单击保存确认。然后根据操作提示进行扫描，取得文件的电子图像。

第二，打印题词笺纸与冯玉祥名章的纸质墨稿。用 Photoshop 打开文件图标。制作分图层墨稿。①创建一个新图层，加上原始图层共有两个图层。②编辑重命名图层，图层1，题词笺纸；图层2，冯玉祥印章。③将文件图像复制粘贴到新建图层中。④打开图层1，关闭图层2，用橡皮擦、多边形套索等工具去除毛笔墨迹、冯玉祥印章，保留典礼题词笺纸上的标题字迹与栏框图饰。通过各种工具的灵活运用，将标题字迹和栏框图饰修整清晰后，打印用于制作铜锌印版的纸质墨稿。⑤打开图层2，

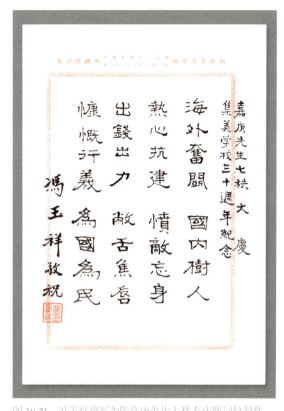

图 10.21　冯玉祥将军为陈嘉庚先生七秩寿庆题词复制件

关闭图层1，删除印章以外的全部内容，用橡皮擦等工具剔除和印痕叠压在一起的图饰墨迹，以及钤盖印痕时印油溢出的虚边，恢复印章原始状态后打印用于制作铜锌印版的纸质墨稿。原件题词纸笺凸版印刷的特征非常明显，因此必须制作凸版印版进行复制。

第三，凸版印制题词纸笺。由于制备的凸印铜锌版比较薄，无法直接拼版上机印刷，需将其用胶或钉子固定在木托上，然后用铅空、铅条、填木、木楔等将其固定在拼版钢框内。选用与原件纸质接近的宣纸，将其潮润压平后，根据原件印制的墨色调配铅印油墨，上铅印机印刷。印制时印版与宣纸之间的压力要恰到好处，压力不够接触不实则印迹不清，过度接触不但会使字迹变粗还会把纸张压破。同时，还要随时观察墨色的变化情况，墨色过重，要用废纸撒墨，墨色不足要添加油墨或用墨辊在印版上多走几趟墨后再印。印刷时宣纸一定要放得平整舒展，否则会造成油墨污染。

第四，题词纸笺的染色仿旧。根据原件载体的旧色旧气，用煎煮浸泡红茶水稀释兑水后加入适量的藤黄、赭石、墨等国画颜料调配染旧用液。宣纸等手工纸的强度很低，湿强度更弱，用颜色水刷染浸湿后非常容易撕破，为了避免把宣纸染破，在染旧时可把印好的题词纸笺正面向下平铺在桌案上，用排笔蘸染旧用液，轻轻刷在宣纸上，把颜色水涂刷均匀后，赶出纸下气泡，将纸刷平。待其在桌案上晾到三四成干的时候，挑起晾干压平。在染色仿旧时可在染液中调入少量用热水化开的骨胶以避免把纸染花。同时，为了使描摹用纸润墨缓慢，有渗化性又能控制，也可在染旧用液中兑入豆浆汁或糯米汁，使纸面介于生熟之间，便于毛笔墨迹的描摹拓写复制。

第五，墨笔字迹的描摹拓写。将描摹题词用纸覆盖在复印件上，通过拷贝工作台灯光照射使复印件上的字迹清晰地映现出来，根据原件毛笔字迹笔顺、笔序与墨色变化情况，运用各种运笔方法进行描摹复制。在摹写中要随时与原件墨迹进行比对，力求使起止、转折、润枯、虚实、笔顺、笔序、墨色变化等与原件墨迹趋于一致。描摹用笔要与摹写的字迹、字体相适应，使之得心应手；用墨要与原件墨色、浓淡相匹配，研磨的墨汁要适当放置一些时间，经过醒墨，便于描摹时的运笔用墨。

第六，钤盖印章。把腐蚀加工好的印章铜锌版固定在木托上。选用与原件印色相同的朱红色印泥钤盖印痕。为了保证印章钤盖位置的准确，可将复印件衬在下面作为参考确定印章的方位。至于印泥蘸得多少，印痕的印迹厚薄，钤盖时下边衬垫的软硬薄厚、用力的大小等都要看印痕效果，都要以原件印迹为准。

【例20】陈嘉庚《南侨回忆录》（一）手稿的复制

太平洋战争爆发后，陈嘉庚积极组织"新加坡抗敌动员总会"，动员华侨从各方面积极抗日，曾屡遭敌人迫害。1941年日军占领新加坡，陈嘉庚被迫辗转到印尼等地避难。《南侨回忆录》是1943年至1945年陈嘉庚在印尼玛琅避难期间所写的回忆录，全书共计30余万字。在当时没有任何资料可供参考的情况下，陈嘉庚凭着惊人的记忆力，详尽地描述了自己四十余年的人生经历，记录了南洋华侨为支援祖国抗战而做出的贡献，陈述了为发展教育和社会进步所进行的种种艰苦卓绝的奋斗。1946年《南侨回忆录》由新加坡南洋印刷厂排版印刷，在新加坡、马来西亚等地发行。《南侨回忆录》手稿共有10册，每册页数不等，尺寸均为纵20cm、横21cm左右。《南侨回忆录》（一）共52页，尺寸为纵20.2cm、横21.2cm，通篇为钢笔字迹。复制要求是：复制封面、描摹第24至25页内容对开页、制作假本、装订成册（图10.22）。

复制制作的基本步骤是：

第一，复制用纸的染色仿旧。复制封面、书签、内容对开页用纸，需选择与原件纸质厚薄、

图10.22 陈嘉庚《南侨回忆录》（一）手稿复制件。

光洁度相似的机制纸，纸张确定后用国画颜料根据原件旧色旧气，调配颜色水对纸张进行染色仿旧。在刷染仿旧前要用钢笔对复制内容对开页用纸，试一试纸张的性能，看钢笔字迹在纸上是否会有洇散的感觉，若有则不能使用，否则字迹的粗细、润枯、虚实无法掌控，需要再选别的纸张染旧。复制用纸经染色仿旧，晾干压平后方可使用。

第二，封面书签的制作。打开扫描软件后将扫描类型设为灰阶模式、分辨率为 300dpi、缩放比例为 100%；文件夹命名为封面书签、存储格式确定为 JPG 后进行扫描，获取书签 1：1 的电子图像。用 Photoshop 打开文件电子图标后，选择橡皮擦、多边形套索等工具删除毛笔墨迹，并将书签上的文字、图案修饰清晰后，将墨稿填充为与原件字迹墨色相同的蓝颜色，通过调整不透明度、饱和度等比对打印效果，确定书签图案、字迹的打印方案后，用着色仿旧的书签复制用纸进行打印。然后在拷贝工作台上描摹书签上的墨笔字迹。待整个假本装订制作完成后，再依据原件书签形状剪切下来，粘贴在封面上。

第三，内容对开页用纸背面字迹浸透痕迹的制作。内容对开页用纸虽然没有线格，但是纸张背面字迹的浸透痕迹，在纸的正面依稀可见。为了做出这种效果，可将该页背面的文字扫描成电子文件，用 Photoshop 打开图像图标，通过图像→旋转画布→水平翻转，获得该文件的反转图像，将此文件填充与钢笔墨迹相近的颜色，打印在纸的正面，作为一种背景图案。因为是隐约可见，所以打印时将对比度、不透明度要调得非常低，墨迹似有似无，方有纸张背面字迹浸透的感觉。

第四，钢笔字迹的描摹拓写。钢笔字迹的描摹关键在于笔具的选择和墨水的配置，要根据原件字迹笔道粗细与字迹墨色选用描摹笔具，调配墨水。陈嘉庚《南侨回忆录》（一）钢笔字迹有两种颜色，大部分是蓝中泛青字迹，这种墨迹可在蓝黑钢笔水的基础上滴入少许黑色水溶性颜料调配描摹墨水；还有少量的修改、标点墨迹是赭石色，可用国画色调配。钢笔与墨水都准备妥当后，要在描摹用纸上检验一下笔尖的选择与调配的墨水是否符合复制要求，找一找描摹书写的感觉。摹写时将复制用纸与复印件叠放平铺在拷贝工作台上，在灯光下追随原件字迹笔画的行走方向。拓写行笔时要注意原件字迹的笔序、笔顺，用笔的提按顿挫，模拟陈嘉庚字迹的书写特征与字迹墨色的整体变化。

第五，装订成册。《南侨回忆录》（一）的装订形式是标准的三眼订的装订方法。由于手稿撰写时的环境非常艰苦，原件的用纸剪切得不是十分整齐，整本回忆录的每页纸张的右边都有一块拼接的纸条用于装订。为了再现原件的这种历史沧桑感，在装订时要根据原件的尺寸、纸色、粘连拼接形式，对制作假本用纸逐页进行染色、拼粘、剪切。最后，将描摹临写的两张内容页，插放在假本的相应位置，连同已制作完成的封面、封底装订成册。

【例 21】《文化新介绍（文学）》的复制

100 年前中国的社会状况，人的思想处于混沌状态。陈独秀、李大钊、鲁迅、胡适等一批有

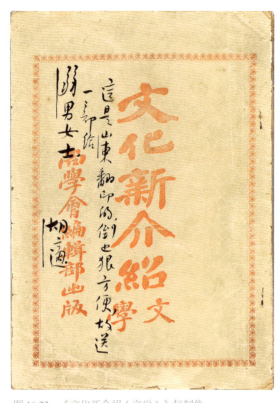

图 10.23 　《文化新介绍（文学）》复制件。

识之士，发动领导了影响中国历史的新文化运动。1917 年夏，胡适从美国留学回国后任北京大学教授、文学院院长，随后加入《新青年》编辑部，积极投身新文化运动和文学革命运动，是文学革命和初期新文化运动的重要代表人物。五四运动后，新文化运动的影响扩展到全国各地。山东进步教育家王祝晨非常支持学生爱国运动，是山东新文化运动的一面旗帜，当时被青年学生誉为"山东的胡适之"，为新文化运动在山东的开展，以及对山东共产主义思想的传播起到很大作用。他将各地新刊物中的文章，选取其精粹，分为文学、教育、哲学、伦理、社会五种，辑印成书，名为《文化新介绍》，风行各地。这本《文化新介绍（文学）》是胡适送给吴弱男的，书纵 24.8cm、横 17.7cm、厚 1.2cm，封面有胡适亲笔题识（图 10.23）。复制要求是：复制封面，制作假本。

复制制作的基本步骤是：

第一，数字扫描获取电子文件。将《文化新介绍（文学）》封面向下平放在扫描仪稿台上，打开扫描软件后根据制作要求进行各项设置。扫描类型设为 RGB 或 CMYK 彩色印刷模式；分辨率设为 300dpi；缩放比例设为 100%。然后确定图像存储位置、命名文件名，将存储格式设置为 TIF 或 JPG 后，单击保存确认上述设置。按照操作提示进行扫描，获取《文化新介绍（文学）》封面的 1∶1 彩色电子图像。

第二，制作封面墨稿。用 Photoshop 打开文件图标，用工具栏中的多边形套索工具、橡皮擦等工具删除封面上胡适题写的毛笔墨迹。在剔除毛笔字迹与橘红色印刷墨迹相互重叠的毛笔墨迹时，一定要注意印刷字迹笔画的完整，保障字体笔画准确复原。然后用多边形套索工具、画笔工具等对封面上印刷得不清楚的字迹、装饰图案进行适当修整，使之恢复原状。选择 Photoshop 存储格式进行保存。

第三，封面墨稿填充颜色。数字图像在填充颜色，实施打印之前要将彩色图像变为黑白墨稿形式。在工具栏图像→调整中点击去色选项，呈现底灰与印刷字迹、周边纹饰交融在一起的黑白图像，然后应用色阶或曲线功能进行调整。在工具栏图像→调整中点击曲线选项，用鼠标箭头调整曲线对话框中的曲线，调整完成后点击确定，保存调整好的图像，使封面的字迹、图案与背景形成黑白分明的墨稿。墨稿填充颜色的方法是：点击设置前景色工具，出现拾色器对话框，在长方形颜色板上，选取点击与原件印刷墨迹相同的橘红色颜色区域，使方形颜色框中出现橘红色的不同色阶，单击最接近原件印刷墨色的区域，点击确定，使设置前景色工具处显示所选取的橘红色。在编辑栏中选择填充选项，点击填充对话框中的确定，完成颜色填充。

第四，彩色激光打印封面墨迹。《文化新介绍（文学）》封面是用 100g 道林纸印制的。需要选择与原件封面纸张薄厚、粗糙度相同或近似的机制纸进行打印，上机印制前要根据原件旧色旧气，用藤黄、赭石、墨等国画色调配染色仿旧颜色水，进行刷染着色仿旧，晾干压平后实施打印。《文化新介绍（文学）》封面墨迹有些发虚，墨色较浅，打印时要依据原件印制的颜色、明暗、虚实等实际情况，通过对饱和度、对比度、不透明度等打印参数的调整，调试打印清样，使印刷墨色、效果趋近于《文化新介绍（文学）》原件封面印制特征。这本书是平装左开本，文字图案的印制位置要安排在 A3 幅画复制用纸的左半部分。

第五，描摹毛笔字迹与装订成册。将印制好的封面与原件复印稿叠放在拷贝工作台上，用毛笔描摹胡适封面题识。然后，用白纸装订成厚为 1.2cm、横、宽略大于原书尺寸、平装左开本的册子，将封面沿书脊粘贴，压干后根据原件尺寸进行剪切。最后用染旧颜色水把书口染色仿旧，晾干压平后略作残旧处理。

【例 22】张学良致堂弟张学文信札的复制

张学文是张学良二伯张作孚的次子。幼年时被张作霖接进帅府抚养，受教于家中私塾馆。成年后被张作霖送到日本留学。1928 年，"皇姑屯事件"发生后，张学文毅然中断学业从日本回国。张学良随后送其到法国巴黎继续学习军事。毕业回国后在东北军任职。1935 年调至张学良卫队 105 师任第 3 旅第 9 团团长，同年 10 月张学良调任陕西后，张学文因东北军内部问题萌生去意，致信堂兄表明自己的想法。随后张学良复信对张学文进行劝勉，希望他安心军旅，努力做事。信札写在 5 页"国民政府军事委员会委员长行营用笺"上，纵 31cm、横 21cm。纸质为宣纸。毛笔墨书（图 10.24）。复制要求：原样复制。

复制制作的基本步骤是：

第一，制作印制行营用笺墨稿。选用一张信札用笺抬头字迹清楚，毛笔墨迹与信笺纸栏线相互叠压少一些的原件进行扫描，用于制作印制信札用笺墨稿。打开扫描软件，将模式设为灰阶、分辨率设为 300dpi、缩放比例设为 100%，选择存储位置、命名文件夹，确定 JPG 存储格式后，根据操作提示进行扫描，获得信札原件 1：1 的电子图像。用 Photoshop 打开文件图标，用工具栏中的多边形套索工具、橡皮擦等工具删除信件中毛笔墨迹。用多边形套索工具、画笔工具等对信纸上的"国民政府军事委员会委员长行营用笺"字迹、栏线进行适当修整，然后用激光打印机或喷墨打印机，打印制作印版用的阳图胶片墨稿。

第二，晒制印版、印刷信札用笺。将阳图胶片墨稿覆盖在 PS 版上，平放到晒版机里，打开碘镓灯紫外光源曝光晒版。晒版时间与晒版光源强度、印版幅面大小，以及印件图文种类有关。

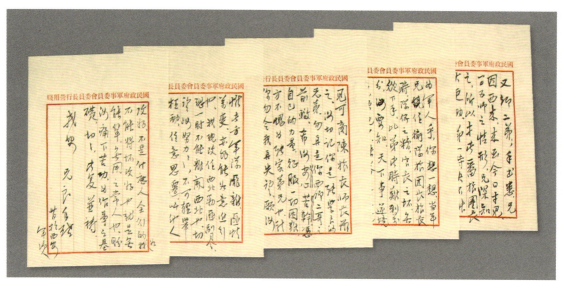

图 10.24　张学良致堂弟张学文信札复制件

线条文字版、实地色块版、网线版(包括: 平网版、渐变版、有层次的版等)的曝光时间也有所不同，一般在 120 至 250 秒之间。此行营用笺印版属线条文字版，采用 120 秒的曝光量，既能保证文字线条的完整，又能充分显影。经过显影、定影、修版等工序，完成 PS 印版的制作。然后，选用与原件薄厚、纹理相同或相近的宣纸，用平版胶印打样机或石印机，调配朱红色胶印油墨印制复制用信笺纸。

第三，复制用信笺纸的染色仿旧。原件旧色旧气的仿制一般是用红茶水或黄、红、黑等国画颜料调配染色仿旧用液。宣纸比较绵软，强度小，潮湿后强度更小，染色时极易撕裂破损。为了避免染色过程中对宣纸的损毁，保障复制用信笺纸正面光滑，不起纸球，没有刷痕，染色仿旧宣纸需将信笺纸正面向下平放在桌案上，用排笔蘸上少许染色用液，将纸润湿，平吸在桌案上，然后用排笔蘸足染色用液，将复制用信笺纸刷染均匀。为了使染色均匀，待染色仿旧的宣纸在桌案上晾至三、四成干的时候，需将其起台，挂晾风干。在挂晾到九成干的时候，收起压平。因为晾得十分干的时候则不易压平。

第四，描摹拓写。张学良致堂弟信札笔道较细，墨色轻淡，但字里行间洋溢着手足情谊，包含着殷切希望。不同的宣纸对墨的润润渗化的程度有很大差异，用宣纸描摹拓写毛笔字迹对笔墨的掌握控制难度很大。为了便于笔墨的掌控，可在纸张染色仿旧的同时，在染旧液体中加入少量的豆浆汁或糯米汁，使宣纸具有微小的抗水性，纸面润墨性介于生熟之间，润墨缓慢，有渗化性又能控制。这种半生半熟加工纸非常适用于毛笔墨迹的描摹复制。也可以在描摹的过程中局部擦拭酒精或煤油，待其挥发到三、四成干的时候再下笔描摹。墨分五色，字迹的墨色变化，一是在行笔运笔中进行掌控，二是在水、墨之间的调兑。张学良信札轻淡的墨色需要悉心体会与实践。

第五，剪切、作残仿旧。根据原件尺寸进行剪裁后，首先将复制件按照原件折痕进行折叠，并用细砂纸打磨折口，使之呈现出常年叠放磨损的外观特征；然后参照原件的残缺破损形状，用砂纸、裁刀、针锥等工具，经过剔挖、打磨，在复制件上再现原件的残旧破损现状。

【例 23】王弼特别通行证的复制

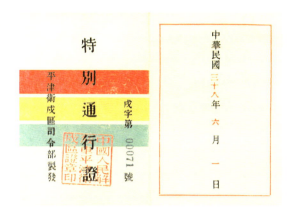

图 10.25　王弼特别通行证复制件

王弼是我国现代航空事业的先驱，中国人民解放军空军创始人之一。1925 年 6 月加入中国共产党，同年 11 月赴苏联学习航空工程。1938 年回国后，历任新疆航空训练班理论教员、延安机械工程学校校长、军委作战部空军组组长、晋察冀军区航空站站长、东北民主联军航空学校政治委员。1949 年 3 月 8 日，毛泽东等中央领导听取了常乾坤、王弼的工作汇报和有关成立航空领导机构的建议。17 日，中央军委决定成立军委作战部航空局，常乾坤任局长，王弼任政治委员。平津卫戍区司令部 6 月 1 日发给王弼的特别通行证，纵 11.2cm、横 15.4cm，系卡片纸印制而成，封面有红色方形"平津卫戍区证章印"，内页免冠照片上压有"平津卫戍区司令部"圆形骑缝钢印（图 10.25）。复制要求：原样复制。

复制制作的基本步骤是：

第一，数字扫描获取电子图像。打开扫描软件，将扫描类型设为 CMYK 彩色印刷模式；分辨率设为 300dpi；缩放比例设为 100%。确定图像存储位置、命名文件名，存储格式设置为 JPG 后，单击保存确认上述设置，并按照操作提示扫描通行证正反两面，获取封面与封底、内容对开页两个彩色电子图像。

第二，制作分色图层墨稿。用 Photoshop 打开封面与封底电子图像。①在图层、通道、路径界面内点击创建新图层选项，创建五个新图层，加上电子文件原始图层共有六个图层。②编辑重命名六个图层：图层 1，黑色字迹；图层 2，深蓝色编号；图层 3，大红色方章与日期；图层 4，橘红色色块与封底方框水线；图层 5，明黄色色块；图层 6，灰蓝色色块。③将文件图像分别复制粘贴到五个新建图层中。④用橡皮擦、剪裁、多边形套索等工具分别去除与该图层无关的内容。内容对开页，分为两个图层。图层 1，删除照片与墨笔填写字迹，只保留印刷墨迹；应用去色、曲线功能使之黑白分明，直接用于打印。图层 2，裁去其他墨迹，仅保留照片；照片上

图 10.26　平津卫戍区司令部钢印墨稿

的钢印痕迹，要用仿制图章工具吸附印章周边的颜色进行覆盖，使之恢复原始状态后，洗印成黑白照片。

第三，封面墨稿填充颜色。打开封面与封底电子图像后，先用去色、曲线功能分别将 6 个图层的彩色稿变为黑白墨稿。然后再分别打开每个图层，根据原件印刷的墨色填充颜色。墨稿填充颜色的方法是：点击设置前景色工具，出现拾色器对话框，在长方形颜色板上，选取点击与原件该图层印刷墨迹相同的颜色区域，使方形颜色框中出现该颜色的不同色阶，单击最接近原件印刷墨色的部位，点击确定，使设置前景色工具处显示所选择的颜色。在编辑栏中选择填充选项，点击填充对话框中的确定完成颜色填充。分别将黑色、深蓝色、大红色、橘红色、明黄色、灰蓝色填充进相应的图层中。

第四，激光彩色打印。用 Photoshop 打开封面图标，分别在每个图层中，通过色相、色度、饱和度、不透明度等选项调试打印效果，直至整体趋近原件印制墨色。通行证原件是用卡片纸印制而成。如果用卡片纸直接双面打印，纸质厚硬的卡片纸与打印机硒鼓不能很好地结合在一起，会造成颜色还原失真，出现打印结果与颜色设置出现较大的偏差。因此需要用普通机制纸，染旧压平后，将其封面、内容页分别打印出来。然后，在拷贝台上用毛笔描摹拓写内容页中姓名、部门、职别等墨笔书写字迹。封面、内容页打印、描摹工作完成后，对准页上的方框水线，将它们背靠背地黏合在一起压平晾干，使其达到原件卡片纸的厚度与硬度。把经过高锰酸钾溶液浸泡仿旧过的黑白照片粘贴后，再加盖钢印。

第五，钢印印痕的制作。原件钢印印痕直径为 3.5cm，且字迹模糊。为了制作出比较清晰的印迹，需将原件印痕放大若干倍，并在此基础上手工绘制复原"平津卫戍区司令部"印章墨稿，再将其扫描成电子文件，通过计算机制成阳图、阴图两张印稿；阴图稿还原成直径为 3.5cm，阳图的直径要略小于阴图。然后制作阴阳两块凹凸印模，经过外力的挤压在照片上完成骑缝钢印印痕的制作。（图 10.26）

【例 24】中央军委主席团关于红军改编命令的复制

1937 年 7 月 7 日夜，日本侵略军发动了卢沟桥事变，中国守军奋起抵抗，揭开了全国抗日战争的序幕。7 月 8 日，中国共产党通电全国，号召组成抗日民族统一战线，实行全民族抗战。9 日，中国工农红军全体将领通电全国，请缨杀敌，愿做抗日先锋。14 日，中央军委主席团在延安向彭德怀、任弼时、林彪等红军将士发布命令，要求红军以军为单位改组为国民革命军编制，并在十天内准备完毕，待命奔赴抗日前线。这件当时军委主席团发给红军后方政治部主任谭政的改编命令，系浅黄色毛边纸纸质，油印。盖有圆形、方形两枚印章，圆形印章字迹模糊不清，方印为"毛泽东印"。另有蓝黑色钢笔书写字迹"此令谭主任"。纵 37cm、横 26cm。（图 10.27）

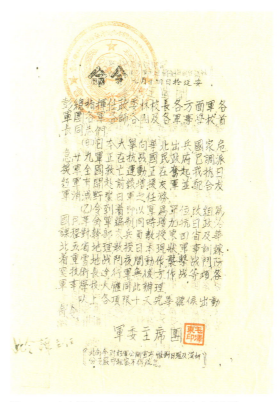

图 10.27　中央军委主席团关于红军改编命令复制件

复制制作的基本步骤是：

第一，手工描写字迹墨稿。用数码复印机复印描写墨稿。在复印时应用复印机背景淡化功能，尽量去除复印件底灰使黑色油印字迹突显。用一张透明度较好的白纸与复印件叠放在拷贝工作台上，通过灯光的照射使复印件上的字迹清晰地映现到白纸上。由于命令的字迹笔道比较细，因而选用线宽 0.2mm 的针管笔描摹拓写黑色油印字迹。使命令上的字迹原原本本地誊写在新的载体上。

第二，两枚印稿的描摹拓写。"毛泽东印"印痕与周边字迹没有叠压，比较好处理。用复印机将印迹放大若干倍，用钛白粉将印痕字迹笔画溢出的印油墨迹盖住，或用刀尖剔刮字迹笔道溢出的墨色，恢复印章原始状态。然后，再用复印机将印稿缩小复原。印稿的修饰非常重要，若不加修整，直接用于制作印版，印痕会整体变大，笔道也会变粗，有些字迹会更加模糊不清。但修稿也要适度，不能失去印章原有的味道。左上角钤盖的圆形印章，由于盖印时印面上墨不匀、压力不均或衬垫不平，导致印痕线条不实，字迹缺失。此件印迹的四周轮廓，印内麦穗、五星、镰刀斧头图案比较清楚，但印痕的字迹却是模糊不清。其墨稿的描摹拓写与上述字迹墨稿的制作方法基本相同。将印痕放大若干倍，参照原件尽量辨认模糊字迹，用相应的笔具在复印稿上描摹印痕墨迹，使模糊的字迹图案较为完整地显现。然后以此为蓝本，在拷贝台上将圆形印章的字迹与图形描摹誊写在新的载体上。最后用复印机缩小复原，完成印章墨稿的制作。

第三，誊影印版的制作。光电誊影机采用滚筒式扫描，将右边墨稿上的图文黑白变化通过光电转换器变成电信号，经过电路调制，使誊影针尖上产生相应变化的脉冲电压，在左边滚筒的誊影纸上放电产生火花，击穿击透字迹笔道形成网状微孔，制成与墨稿图文一样的油印塑胶印版。按照上述方法制成三块油印印版，即字迹印版、方形印章印版、圆形印章印版。

第四，油印复制。手推油印机结构简单，操作方便，是文献复制常用的印刷设备。油印就是利用墨辊的压力，将油墨从印版上的笔画缝隙中，挤出并黏附在新的载体上。在上印版之前，先用墨辊在纱绢篦子上轻轻走一层墨，然后将印版正面向上平展地铺在纱绢框下，并将其上部边缘卡于框槽内，铺垫废纸，蘸油墨滚动墨辊试印，待墨色均匀，定好规矩，换上与原件纸质相近的纸张印制复制件。推动墨辊时，左右着力要均匀，行进速度要平稳一致，以保证印刷字迹墨色的均匀。这件复制品的印刷复制需三种颜色套版印制。先印黑色字迹，待其晾干后再印大红色圆形印章，此枚印迹不重，可少蘸些油墨，轻轻推动墨辊印制；方形印章为橘红色，可在印制圆形印章的墨中加入少许黄色油墨，印制“毛泽东印”。

第五，染色仿旧。用毛边纸印制的复制件会有新的感觉，要根据原件旧色旧气，用红茶水或藤黄、赭石、墨等国画色调配染色仿旧颜色水，刷染着色仿旧。晾干压平后在拷贝工作台上描摹拓写钢笔字迹。原件钢笔字迹经过长年氧化墨色有些发黑，可在蓝黑钢笔水内加入一点黑色后再描摹钢笔字迹。

【例 25】《中共中央关于讨论和试行国营工业企业管理工作条例（草案）的指示》的复制

1961 年 9 月，中共中央将庐山工作会议上通过的我国第一个工业企业管理条例——《国营工业企业工作条例（草案）》（简称《工业 70 条》），发给各地各部门讨论和试行。条例草案的颁布，对于总结过去三年大跃进中国营工业企业管理工作的经验，巩固已经取得的成绩，改正工作中的缺点；对于贯彻执行调整、巩固、充实、提高的方针；对于我国工业的今后发展，都具有很重要的意义。这件《中共中央关于讨论和试行国营工业企业管理工作条例（草案）的指示》，是文件印发前的审阅稿，有毛泽东、周恩来、彭真等人的亲笔修改批示字迹。原件纵 26cm、横 19cm，左侧骑马钉装订成册（图 10.28）。复制要求：复制第 1 页，制作假本。

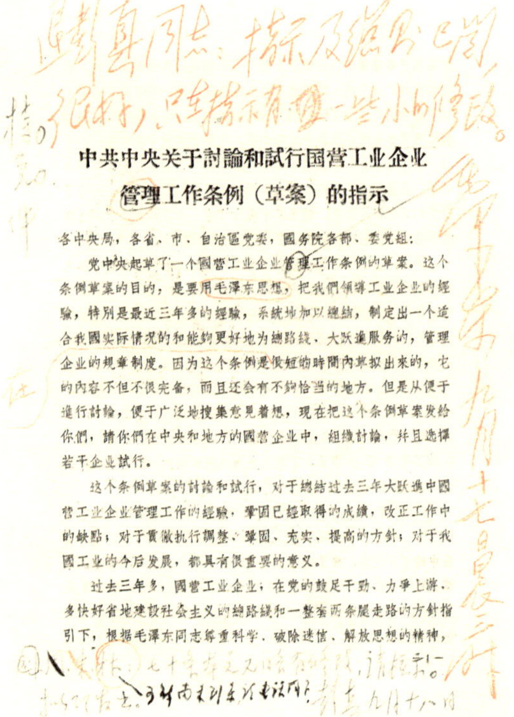
中共中央关于討論和試行国营工业企业管理工作条例（草案）的指示

各中央局，各省、市、自治區党委，國务院各部、委党組：

党中央起草了一个國營工业企业管理工作条例的草案。这个条例草案的目的，是要用毛澤东思想，把我們領導工业企业的經驗，特別是最近三年多的經驗，系統地加以總結，制定出一个适合我國实际情况的和能夠更好地为總路綫、大跃進服务的，管理企业的規章制度。因为这个条例是很短的時間內草拟出來的，它的內容不但不很完备，而且还会有不夠恰当的地方。但是从便于進行討論，便于广泛地搜集意見着想，現在把这个条例草案发給你們，請你們在中央和地方的國營企业中，組織討論，并且选擇若干企业試行。

这个条例草案的討論和試行，对于總結过去三年大跃進中國营工业企业管理工作的經驗，鞏固已經取得的成績，改正工作中的缺點；对于貫徹执行調整、鞏固、充实、提高的方針；对于我國工业的今后发展，都具有很重要的意义。

过去三年多，國营工业企业，在党的鼓足干勁、力爭上游、多快好省地建設社会主义的總路綫和一整套两条腿走路的方針指引下，根据毛澤东同志尊重科学、破除迷信、解放思想的精神，

—1—

图 10.28 《中共中央关于讨论和试行国营工业企业管理工作条例（草案）的指示》复制件。

复制制作的基本步骤是：

第一，数字扫描获取电子文件。打开扫描软件，将扫描类型设置为灰阶模式，分辨率设定为 300dpi，缩放比例选择 100%。选择图像存储位置，命名文件名，存储为 TIF 格式，单击保存确认上述操作。然后根据操作提示扫描，分别获取第 1 页、第 2 页的数字图像。

第二，打印墨稿的制作。用 Photoshop 打开第 1 页电子图标，用剪切、橡皮擦、多边形套索等工具修去图像中所有手写墨迹，只保留图像中黑色印刷墨迹。应用曲线功能去除图像

中的底灰，并使字迹墨色变重。在调整的过程中，一些印刷墨迹较浅的字迹笔画可能会出现缺失，需要用画笔工具修补缺损的字迹笔道使之完整。在修复缺失字迹笔画时，先用吸管工具吸附字迹墨色，点击画笔工具后按右键，在出现的对话框中调整画笔直径与笔触硬度。字迹笔道修复过程中，画笔直径可根据字迹笔道粗细而定，笔触硬度需要硬一些。第 2 页图像中的字迹，只是印在第 1 页的背面，起衬托辅助作用，因此用曲线功能去除图像中的底灰后就可用于打印。最后将文件保存为 PSD 格式。

第三，打印用纸的制备。在复制工作中最好选用与原件纸质、纸色相同或相近的陈年旧纸进行制作，做出的复制品有一种自然陈旧的感觉。若没有合适的旧纸可用，要根据原件纸质、纸的旧色旧气，用红茶水、藤黄、赭石、墨等调配颜色水，刷染新纸染色仿旧，晾干压平后，用于打印。复制件的打印，需要 A3 幅面的制式纸张。染旧用纸要略大于 A3，以便裁去刷染挂晾时沉积在纸边的色斑，保障染色的均匀。

第四，彩色激光打印。激光打印技术能够满足原件字迹墨色发亮，字口墨迹没有洇散的印制特征。根据原件的开本大小、装订形式，将染旧压平的复制用纸裁成 A3 规格的尺寸，放入打印机纸盒。用 Photoshop 打开第 1 页电子图标。打印方向设为横向，纸张类型设为普通纸。由于原件是用骑马钉，在左边装订成册，打印时要依据原件文字版心的位置以及装订形式，输入文字距顶、距左的相应数值，使文字图像打印在 A3 纸的右半面，装订时再将左半面折到册子后边用作封底。打印时运用饱和度、亮度 / 对比度、不透明度等功能调整印制效果，使复制件无限趋近于原件的墨色、虚实、明暗等印制特点，达到与原件相近的印刷效果。完成第 1 页的打印后，将此页文字向下再次放入打印机纸盒。然后，用 Photoshop 打开第 2 页电子图标，通过设置图像位置，将第 2 页的文字图像打印在第 1 页文字的背面，使两页文字的版心相对，相互映衬，从第 1 页中隐约能感到第 2 页的文字。装订成书后，使人感觉这是一本内容完整的册子。

第五，描摹手写字迹。原件上有红色铅笔、黑色铅笔、毛笔三种手写字迹。毛泽东手写签批的红色铅笔字迹占的比重较大。铅笔字迹经过多年的磨蚀有的已经不是很清楚，如果将打印稿直接覆盖在复印件上，通过拷贝工作台去描摹手写字迹非常困难，因为此时拷贝工作台的灯光不能将复印件上的手写字迹清晰地映现在打印稿上，也就无法顺利地完成复制件的描摹拓写工作。因此需要在描摹之前，用签字笔将复印件上的手写字迹描深加重，使之在拷贝灯的照射下，将手写字迹的笔道，能够清晰完整地映现在打印稿上。铅笔字迹笔道虚而不实，深浅不一，粗细不均，描摹时要随时观察原件笔道粗细、虚实变化，参看原件上手写字迹的轻重、浓淡变化，行笔运笔，完成铅笔字迹的描摹工作。红蓝铅笔的红色批注与毛笔字迹的拓写按照通用方法进行描摹复制。

第六，根据原件纵、横、厚尺寸，以及装订形式，将复制件装订成册，压实剪切。然后，用粗布沾上颜色粉末或尘土，擦拭复制件书口、书脊，以及原件上旧色旧气较重的部位，用干染着色的方法进行深度仿旧处理，以求达到最佳的复制效果。

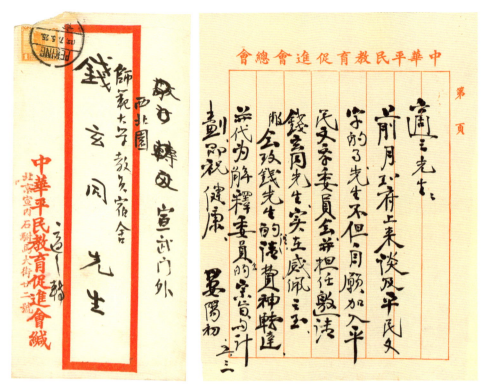

图 10.29　晏阳初请胡适帮助邀请钱玄同任平民文学委员会委员信札复制件

【例 26】晏阳初请胡适帮助邀请钱玄同任平民文学委员会委员信札的复制

晏阳初是我国平民教育家和乡村建设家。1913 年就读于香港圣保罗书院，后转入美国耶鲁大学主修政治经济；1919 年入普林斯顿大学研究院攻读历史学，获硕士学位。晏阳初立志献身平民教育事业；1923 年至 1949 年长期担任中华平民教育促进会总干事。他主张通过办平民学校对民众进行教育，从而达到强国救国的目的，被誉为"世界平民教育运动之父"。1925 年 5 月 7 日，胡适转寄了晏阳初请其帮助邀请钱玄同任平民文学委员会委员的便笺，以及中华平民教育促进会总会致钱玄同函。晏阳初致胡适便笺为黄色毛边纸，毛笔墨书，纵 26cm、横 20cm；信封系宣纸内衬黄色毛边纸，竖式木版水印的中华平民教育促进会用封，纵 19.1cm、横 9.5cm（图 10.29）。复制要求：复制晏阳初致胡适函、胡适转钱玄同实寄信封。

复制制作的基本步骤是：

第一，数字扫描获取电子文件。打开扫描软件，将扫描类型设为 RGB 或 CMYK 彩色印刷模式，分辨率设定为 300dpi，缩放比例选择 100%，选择图像存储位置、命名文件名、存储为 TIF 格式，单击保存确认上述操作。然后根据操作提示，对信纸、信封分别进行数字扫描，获取信纸、信封 1：1 的数字图像。

第二，制作打印墨稿。用 Photoshop 打开信纸电子图标，用剪切、橡皮擦、多边形套索等工具剔除图像中手写毛笔字迹，在信笺纸图像中只保留栏框边线与抬头橘红色墨迹。应用去色功能使彩色文稿变为黑白墨稿，运用曲线功能去除墨稿中的底灰，使字迹、线条墨色加重，成为黑白分明的墨稿，完成信笺稿纸墨稿的制作。信封打印墨稿需要制作分图层墨稿。用 Photoshop 打开信封电子图标。①在图层、通道、路径界面内点击创建新图层选项，创建两个新图层，加上电子文件原始图层共有三个图层。②编辑重命名图层：图层 1，大红色单位名称字迹；图层 2，橘红色单位地址戳迹；图层 3，黑色邮戳。③将原始图像分别复制粘贴到两个新建图层中。④用橡皮擦等工具分别去除与该图层无关的内容。图层 1，只保留大红色单位名称与栏框墨迹；图层 2，只保留橘红色单位地址戳迹；图层 3，只保留黑色邮戳墨迹。然后应用去色、曲线功能分别使三个图层的图像变为黑白分明的墨稿。确定保存为 PSD 格式。

第三，信纸、信封墨稿的填充颜色。打开信纸墨稿电子图标，根据原件信笺纸印制墨色填充颜色。方法是：点击设置前景色工具，出现拾色器对话框，在长方形颜色板上，选取点击与原件印刷墨迹相同的橘红色区域，使方形颜色框中出现该颜色的不同色阶，用鼠标选取最接近原件印刷墨色的部位，点击确定，使设置前景色工具处显示所选择的颜色，并在编辑栏中选择填充选项，单击填充对话框中的确定，完成打印信笺纸橘红色墨迹的填充。信封墨稿颜色的填充与上述方法基本一致，只是在各个图层中分别进行不同颜色的填充。图层 1，栏框与单位名称落款为大红色墨迹；图层 2，单位地址戳迹为橘红色墨迹；图层 3，黑色邮戳墨迹不需要填充颜色。

第四，彩色喷墨打印。原件信纸、信封均为木版水印而成，字迹与线格笔道线条墨迹都有一种向外润散的感觉。彩色喷墨打印使用的是水溶性染料，打印在宣纸、毛边纸等手工纸上，字迹、线格就会产生非常自然的墨迹润散，能够很好地还原木版水印的印制效果。将宣纸、毛边纸根据原件旧色旧气染旧，晾干压平后，裁成 B4 纸的尺寸，四周黏附在复印纸上实施打印。手工纸强度较弱，直接用于打印极易撕裂或卡在机器里，将其四周固定在复印纸上可以增加纸的硬度，方便打印。①信笺纸的打印。打开信纸电子图标，打印方向设为纵向，打印位置选择图像居中，原稿尺寸为 B4、纸张类型为普通纸。打印时需要运用饱和度、不透明度、亮度 / 对比度等功能调整印制效果，使复制的信笺纸无限趋近于原件的墨色、虚实、明暗等印制特点，达到与原件相近的印制特征。然后用准备好的毛边纸进行打印。②信封的打印。双击解锁信封电子图标。打开图层 1、图层 2，关闭图层 3，完成相关设置后，应用饱和度、不透明度等功能调试打印效果，然后合并两个图层，用染好的宣纸实施打印。③邮戳墨稿的打印。在信封电子图像中有邮戳图层。关闭图层 1、图层 2，打开图层 3，直接打印纸质邮戳墨稿，用于制作邮戳印版。

第五，描摹手写字迹。信函的内容页为毛笔墨书，而毛边纸有一些机制纸的性质，描摹手写墨迹时笔墨比较容易掌控。原件信封是托裱过一层淡黄色毛边纸后糊制而成。复制件的制作信封要先描摹字迹，再托裱糊制；若先托裱，纸张加厚，则不利于字迹的描摹拓写。信封是用水溶性染料打印，托裱时要采用干法托裱的方法进行处理，避免打印或手写墨迹遇湿的掉色跑墨。托裱上墙蹭平，下墙后根据原件信封形制、尺寸糊制信封。

第六，邮票、邮戳的制作。①原件邮票残缺，需要查阅资料，手工绘制放大 10 倍的邮票墨稿，扫描成电子版。设置扫描类型为灰阶、分辨率为 1000dpi、缩放比例为 10%。用 Photoshop 打开

图 10.30　邮票墨稿与填充颜色稿

后，填充橘黄色，调试打印效果，然后使用与邮票纸质相似的纸张进行打印，并根据原件旧色、邮票齿孔，染色仿旧，打孔剪切。②用打印纸质邮戳墨稿可以加工成铜版或树脂版邮戳印版，蘸油墨钤盖邮戳；也可以制成油印塑胶印版，通过油印完成邮戳的制作。（图 10.30）

【例 27】李四光关于地热问题手迹的复制

　　李四光是我国著名的地质学家，中国地热研究的倡导者。1969 年 5 月 19 日，毛泽东主席与李四光亲切长谈，请他写一本关于天文、地质、古生物的书。这件关于地热问题的手迹，就夹在当时的笔记本里。1971 年 4 月 29 日李四光去世后，他的女儿李林给周恩来总理写了一封信，并把手迹上的内容抄录在信中。5 月 2 日，在李四光告别仪式上，周总理将李林的信作为悼词宣读，同时公开了李四光这个关于开发利用地热的建议。关于地热问题的手迹写在一张湖蓝色横线格稿纸上，纵 15.3cm、横 17cm，黑蓝色钢笔字迹；粘在一张极具时代特征的信纸上，信纸左上角方框内印有毛主席语录，下端朱红色的横线格上，隔行书写着三行，清秀工整的蓝黑色钢笔字迹。信纸纵 25.3cm、横 17cm。两页信纸纸质均为薄片页纸。（图 10.31）

　　复制制作的基本步骤是：

　　第一，数字扫描获取电子文件。打开扫描软件，将扫描类型设置为灰阶模式，分辨率设定为 300dpi，缩放比例选择 100%；然后选择图像存储位置、命名文件名、存储为 JPG 格式；单击保存确认以上设置后，根据操作提示扫描获取 1∶1 的数字图像。

　　第二，制作分图层墨稿。用 Photoshop 打开电子图标。①在图层、通道、路径界面内点击创建新图层选项，创建一个新图层，加上电子文件原始图层共有两个图层。②重新命名图层：图层 1，湖蓝色稿纸；图层 2，朱红色信纸。③将图层 1 中原始文件图像复制粘贴到新建图层中。④打开图层 1，关闭图层 2，运用选取工具选取图像中下端没有字迹的四行空白横线格，复制、粘贴，覆盖在图像的钢笔字迹上。用剪切、橡皮擦、画笔工具等，将稿纸左下角的"北京市电车公司印刷厂出品"等字迹修整清晰后，应用曲线功能去除图像中的底灰，制成用于描摹手写字迹的横线格信笺纸打印墨稿。⑤打开图层 2，关闭图层 1，先将信纸下端的三行蓝黑色钢笔字迹修掉，然后用同样的方法，复制三行空白横线格，通过复制、粘贴复原整张信纸的线格，同时将信纸上的所有印刷字迹和线条，修饰清晰，制成朱红色信纸的墨稿。最后将图像保存为 PSD 格式。

第三，墨稿的填充颜色。打开图层 1、关闭图层 2，点击设置前景色工具，出现拾色器对话框，在长方形颜色板上，选取点击与原件稿纸横线格印制墨色相同的湖蓝色区域，使方形颜色框中出现该颜色的不同色阶，单击最接近原件印刷墨色的部位，点击确定，使设置前

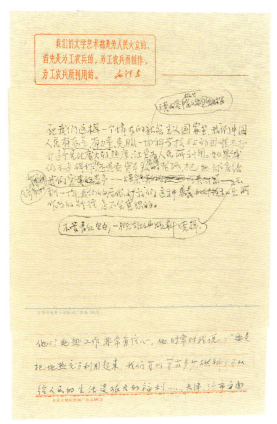

图 10.31　李四光关于地热问题手迹复制件

景色工具处显示所选择的湖蓝色。在编辑栏中选择填充选项，单击填充对话框中的确定完成颜色填充。打开图层 2、关闭图层 1，用同样方法将信纸墨稿填充为朱红色。

第四，彩色激光打印。选用与原件纸质相近的片页纸，裁成 A4 大小，用固体胶棒将其四周黏附在 A4 复印纸上，压平后用于打印。片页纸比较薄，而且脆弱，直接打印极易撕裂或卡在机器里。将其四周固定在复印纸上可以增加纸的硬度，方便打印。印制湖蓝色摹写稿纸时要打开图层 1，关闭图层 2 标志；印制朱红色信纸时要打开图层 2，关闭图层 1 标志。打印效果可以通过调整饱和度、不透明度、亮度 / 对比度等功能选项进行调试，使打印的湖蓝色稿纸、朱红色信纸无限趋近于原件的墨色、虚实、明暗等印制特点，形成与原件相似的印刷效果。

第五，描摹钢笔字迹。描摹用稿纸与粘贴用信纸打印完成后，要在描摹钢笔字迹前，根据原件旧色旧气，用红茶水、国画颜色调配染色用液，进行刷染仿旧，晾干压平后方能用于钢笔字迹的描摹拓写。将复制用稿纸与原件复印件叠放在一起，上下对准两纸的横线格，放在拷贝工作台上。打开灯光后，使复印件上的字迹清晰地映现在描摹用稿纸横格之间。钢笔字迹的描摹关键是墨水颜色的调配与笔具的选择。钢笔字迹使用的墨水一般都是水溶性染料配制的。李四光关于地热问题的手迹墨色黑蓝，可以在蓝黑墨水的基础上加入一些黑色的透明水色进行调配；粘贴手迹所用信纸，下端三行钢笔字迹则是普通的蓝黑钢笔水字迹。墨水颜色调配合适后，根据原件钢笔字迹笔道选用笔尖粗细相同的钢笔，进行描摹复制。在描摹复制工作中准备一些

笔尖粗细不同的钢笔，可以使工作得心应手。此件钢笔字迹的描摹选用一支笔尖粗细中等的钢笔即可。描摹时要注意观察字迹的笔墨变化，揣摩起笔落笔的用笔方法，使描摹拓写的笔墨字迹不仅形似更要神似。

第六，剪切、粘贴。根据原件尺寸、形制分别对手迹稿纸与粘贴用信纸进行剪裁，并将两张纸粘贴在一起。然后用砂纸摩擦，针锥划割等方法对复制品载体作残仿旧，努力再现文物流传过程中所保留的历史痕迹与沧桑。

【例28】国立中央研究院颁发给陈受颐聘书的复制

1928年4月，国民政府改中华民国大学院中央研究院为国立中央研究院，蔡元培为首任院长。6月9日，中央研究院第一次院务会议在上海召开，蔡元培宣告中央研究院正式成立。研究院隶属于国民政府，其任务是从事科学研究并指导、联络、奖励学术研究，是国民政府成立的最高学术研究机构。1933年12月，蔡元培先生聘请时任北京大学历史系主任的陈受颐先生为国立中央研究院历史语言研究所通信研究员。这件聘书通长69.7cm、高28.8cm，分为四折。宣纸质地，略有黄旧色（图10.32）。复制要求：原样复制。

复制制作的基本步骤是：

第一，数字扫描获取电子文件。打开扫描软件将扫描类型设置为RGB彩色印刷模式，分辨率设定为300dpi，缩放比例选择100%，选择图像存储位置、命名文件名、存储为JPG格式，单击保存确认上述操作，按操作提示进行扫描。聘书的长度超出A3幅面平板扫描仪的扫描范围，无法一次完成扫描，需要分两次扫描获得两个JPG文件图像。然后打开Photoshop，建一个PSD格式的新文件，将两个JPG图像拽入新建的PSD文件中进行拼接，合并图层，存储为PSD格式，完成聘书图像的拼接。

第二，分图层、制作分色胶片墨稿。打开聘书电子图像。①在图层、通道、路径界面内点

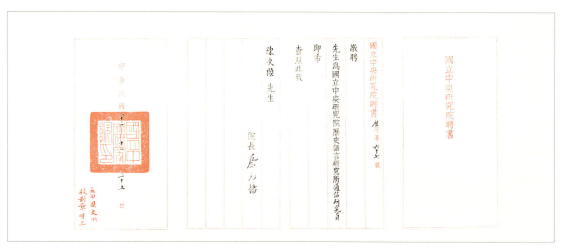

图10.32　国立中央研究院颁发给陈受颐聘书复制件

击创建新图层选项，创建三个新图层，加上文件原始图层共有四个图层。②重命名四个图层：图层 1，玫瑰红色印刷墨迹；图层 2，黑色印刷墨迹；图层 3，橘红色印章；图层 4，蔡元培灰紫色签名章。③将原始文件图像分别复制粘贴到三个新建图层中。④用橡皮擦、剪裁、多边形套索等工具分别去除与该图层无关的内容后，运用橡皮擦、画笔等工具对各个图层的图像进行修饰。有时需要剔除擦去一些，印制原件时字迹笔道溢出的墨迹，使之恢复原始印版状态；有时要用画笔工具对图像上的一些非常不清楚的字迹笔画描摹加重，使之在晒制 PS 版时，印版能够充分感光，为下一步的平版印刷创造好的条件。然后，应用去色、曲线功能使各个图层的文件变为没有底灰黑白分明的图像。⑤用喷墨或激光打印机，将专用打印胶片，按图层分别打印四张印制玫瑰红色印刷墨迹、黑色印刷墨迹、橘红色印章印痕、灰紫色签名章印迹的阳图胶片墨稿。

第三，晒制 PS 印版、分色套印。将胶片墨稿覆盖在 PS 版上，放到晒版机里曝光。一般 120 秒左右的曝光量，能够保证印版的充分显影，保障文字线条的完整清晰。经过显影、定影、修版等工序，完成 PS 印版的制作。选用与原件纸质厚薄、纹路相近的宣纸用胶印打样机或石印机等平版印刷机印制。平版印刷使用的纸张必须平整，因此需将宣纸用清水潮润，压平晾干后，再调配玫瑰红色、黑色、橘红色、灰紫色胶印油墨分色套印。分色套印时要待先印的墨迹彻底干透后再印下一个墨色，以免造成墨迹的损失或弄脏污染印件。在印制中央研究院方印和蔡元培签名章时，使用的油墨和印制的压力都不能太大。不宜印得太实，印得过于清晰将失去原件印章钤盖效果。印制时可在印版上墨后，用废纸将油墨撤掉一些，或在印制时减小印版与印件之间的压力，也可以在印版上完油墨后把宣纸覆盖在印版上，用手掌轻轻拍拓印章处，让墨迹不规则地黏附在宣纸上，使两枚印痕有钤盖的感觉。

第四，宣纸的染色仿旧。在描摹聘书手写墨迹前需先将印件，根据原件旧色旧气，用煎煮的红茶水、国画色调配的染旧用液染色仿旧。为保障染色的均匀，需用热水冲化少量骨胶水调入染液中。宣纸的染旧一般采用刷染或喷染的方法。刷染是将印件正面向下平放在桌案上，用排笔将染液轻轻搅匀后进行刷染。为方便晾晒，可使染件在桌案上干至三到五成时再用木杆挑起晾干；或刷染时在宣纸的一端留出 3cm—5cm 不刷染液，使之保持一定的强度，在此抹些糨糊，粘在木杆上，挑起晾干，压平后用于描摹手写墨迹。喷染是将印件放在毛毡上，把颜色水注入喷壶，直接喷洒在印件上。

第五，描摹聘书手写墨迹。将印制的聘书和原件复印稿，上下对准印刷字迹部分，叠放在拷贝工作台上，描摹聘书上的手写墨迹。在宣纸上描摹毛笔字迹时笔墨不易掌握。为了控制描摹字迹笔墨，可在宣纸染旧晾干后，淡淡地刷一遍胶矾水，压平晾干后用于描摹；或在染旧的同时在染旧用液中加一些煮熟晾凉的豆浆，使染旧、宣纸纤维空隙的封堵一次完成。再有，就是在描摹前用棉团蘸柴油或酒精涂抹描摹字迹的部位，待其似干未干的时候下笔描摹毛笔字迹。

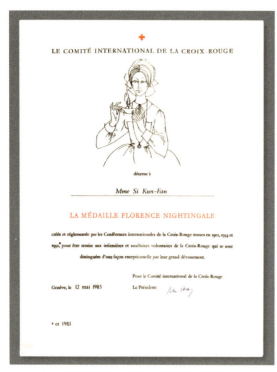

图 10.33　司堃范荣获的南丁格尔奖章证书复制件

【例29】司堃范荣获的南丁格尔奖章证书的复制

南丁格尔奖是国际医学护理界在 1912 年举行的第九届国际红十字大会上设立的最高荣誉奖，奖给在护理学和护理工作中做出杰出贡献的人士，表彰他们在战时或平时为伤、病、残疾人员忘我服务的献身精神。司堃范原是北京朝阳医院护士长，是我国第二位南丁格尔奖获得者。她曾在 20 岁时参加抗美援朝医疗队，被护理界称为"南丁格尔路上不停息的人"，由于卓越的护理技艺和耐心的服务态度，1985 年司堃范以出色的工作成绩，荣获红十字国际委员会颁发的第三十届国际红十字会"南丁格尔"奖章。国际奖项在颁发奖章的同时还有奖章证书。司堃范荣获的南丁格尔奖章证书，纵 42cm、横 31.5cm，纸质为 120g 羊皮纸，为黑、红两版套印。（图 10.33）

复制制作的基本步骤是：

第一，制作印版。南丁格尔奖章证书字迹、图案清晰，印刷的黑、红两色相互之间没有重叠，因此可直接用复印专用胶片通过数码复印机出胶片墨稿。用晒版机晒制 PS 印版时，先用厚纸遮挡住红色墨迹部分，制成黑色墨迹印版；再用厚纸遮挡住黑色墨迹部分，制成红色墨迹印版。经过曝光、显影、定影、修版等工序，完成黑、红两块墨迹 PS 印版的制作。

第二，复制用纸的制备。原件纸质光滑挺括，透过光照纸中似有片片云朵，纸色白中泛黄，自然柔和。这种羊皮纸目前国内难以找到。根据原件纸质的外观特征，选用 30g 左右的半透明硫酸纸与纸中似有片片云朵的棉皮纸托裱黏合在一起，用作复制件新的载体。方法是：用两张硫酸纸将皮纸夹在中间进行托裱，然后四周刷稠糨糊上墙蹭平。托裱浆水中略加藤黄、墨等颜料，在托裱的同时进行着色仿旧处理，使复制用纸的外观特征与原件纸质相似。

第三，印制与摹写。用胶印打样机或石印机，套印黑、红两版字迹图案墨迹后，在拷贝工作台上用钢笔描摹红十字国际委员会主席蓝黑色钢笔字迹，完成复制件上所有墨迹的制作。最后根据原件现状进行剪切，并做一些仿旧处理。

【例30】黄埔军校第一期卒业证书的复制

为适应国民革命形势的发展，中国国民党改组后孙中山先生在苏联和中国共产党的协助下，

图 10.34　黄埔军校第一期卒业证书复制件

决定建立中国国民党陆军军官学校，因校址位于广东黄埔又称黄埔军校。学校于 1924 年 6 月 16 日正式开学，直属于国民党中央执行委员会，孙中山兼任总理，蒋中正为校长，廖仲恺为党代表。这是黄埔军校签发给第一期学员贾伯涛的卒业证书。贾伯涛 1924 年进入黄埔军校第一期学习；1926 年 4 月任黄埔军校入伍生部政治部代理主任；1943 年 8 月被授予陆军少将军衔；1946 年起任武汉行辕政务处中将处长。1949 年辞职，同年 9 月在香港通电起义。1978 年 7 月 12 日病逝于美国纽约，骨灰安放在北京八宝山公墓。贾伯涛先生在香港、台湾和美国期间，曾为统一祖国做出了积极的努力。证书纵 40.7cm、横 54.7cm，为纸质、彩色套版石印印制、毛笔填写，并有蒋中正、廖仲恺、陆军军官学校关防三枚印章（图 10.34）。

这件复制件是 20 世纪 80 年代初期制作完成的。当时应用的技术比较传统。方法是：①用大型印刷专用照相机，通过加装不同颜色的滤色镜片，拍摄 1：1 胶片版，经过显影、定影、冲洗、晾干等工序洗印出若干张分色胶片阳图墨稿，然后用毛笔涂墨或小刀剔刮胶片药膜的方法修整胶片墨稿，用于晒制铅锌印版。②过去用的铅锌版可以反复使用，但是每次都要用球磨机加金刚砂磨版，然后配制感光药液，涂布药液，上烘干机烘干后才能用作晒制印版。③将胶片墨稿覆盖在铅锌版上，经过曝光晒版、显影、定影、冲洗等工序完成若干块印版的制作。④选用与原件纸质近似的纸张，上胶印打样机分色套版印制。⑤调配着色染旧颜色水刷染仿旧。⑥描摹卒业证书上的毛笔字迹。完成整个复制工作。经过 30 多年的发展，特别是近年来数字技术的快速发展，所引发的印刷技术革命，使一些传统印刷技术、材料设备逐步被淘汰，被新的数码技术替代。如果现在还要用当时的复制方法去做，会有很大困难。上述介绍也只是展示一下文献复制工作所经历的一个比较漫长的技术阶段。社会发展，技术进步势不可挡，应用现有技术手段，依然能够比较好地完成黄埔军校卒业证书的复制工作。

复制制作的基本步骤是：

第一，数字获取文件图像。卒业证书的尺寸大于 A3 幅面平板扫描仪的扫描范围，无法通过一次扫描获取完整的数字图像。可以采用分段扫描拼接的方法获得完整的数字图像；也可用大幅面台式顶置扫描头非接触高端扫描仪进行扫描获取完整的电子图像。如果现场没有大幅面扫描仪可供使用，只能用数码拍照的方法获得文件的数字图像。数码相机相当于一部便携移动式扫描仪。把相机固定在三脚架或翻拍工作台上，用快门线撤动快门进行拍照。为使电子图像不变形、层次分明清晰、色彩还原准确，拍照时要做到布光均匀、文献平整、相机镜头与被拍照文献保持在同一平面内。数码拍照不仅要拍文件的整体图像，也要拍若干张局部细节的特写。但不论是拍整体图像还是拍局部细节，拍照时相机的焦点都要对准被拍图像的中心。数码拍照也有一些局限性，受相机技术参数、拍摄环境等因素的影响，被摄文献幅面稍大，图像的边缘部分就会出现一些变形或是发虚，但这些不足有的可以在 Photoshop 程序内进行修整纠正。卒业证书起码要拍摄十几幅数字图像，把每个细节都拍摄清楚。分别在这些图像中进行细致的修整，然后将它们在 Photoshop 格式下，拼装成完整的分色墨稿图像，这样可以避免文件周边细节图像的变形，也方便修版制作。1. 整体图像；2. 孙中山头像与两侧旗帜图像；3. 蒋中正印章图像；4. 廖仲恺印章图像；5. 陆军军官学校关防图像；6 至 9. 证书四角的"三民主义"四个字分别拍四个图像；10. 拍一段土黄色边饰图案，修整后用于拼版时复制粘贴。

第二，分图层，制作分色胶片墨稿。证书印制的颜色比较丰富，大致可分为 5 种颜色套印完成。第 1 种颜色为熟褐色，包括孙中山先生头像、证书正文、中黄底色与湖蓝色边框之间纹饰的印刷墨迹；第 2 种颜色为湖蓝色，包括旗帜、外框，以及头像与旗帜、长枪、镰刀、斧头组合图案旁的装饰色印刷墨迹；第 3 种颜色为中黄色，包括证书中间部位底色，长枪、镰刀、斧头图案旁的装饰色；第 4 种颜色为中黄底色边缘上的土黄色纹饰印刷墨迹；第 5 种颜色为朱红色，包括旗帜上的墨迹，"三民主义"四个字的印刷字迹，"革命尚未成功　同志仍须努力"字迹线条墨迹，以及长枪、镰刀、斧头组合图案上的装饰线等。

用 Photoshop 打开证书整体图像的电子文件，根据原件大小调整图像尺寸。①在图层、通道、路径界面内点击创建新图层选项，创建四个新图层，加上文件原始图层共有五个图层。②重新命名图层：图层 1，熟褐色印刷墨迹；图层 2，湖蓝色印刷墨迹；图层 3，中黄底色墨迹；图层 4，土黄色纹饰；图层 5，朱红色印刷墨迹。③将原始文件图像分别复制粘贴到四个新建图层中。④用橡皮擦、剪裁、多边形套索等工具分别去除与该图层无关的内容后，运用橡皮擦、画笔等工具对各个图层的图像进行修整。如若整体图像某一局部有变形或是不很清晰，不便处理，可用事先拍摄的局部特写图像进行修整，然后，复制粘贴到整体图像中，完成图像的修整处理。

⑤应用去色、曲线功能使各个图层的文件变为没有底灰、黑白分明的图像。⑥用专用打印胶片，按图层分别打印五张阳图胶片墨稿，若A3幅面打印不下，可分段打印后进行拼接。⑦陆军军官学校关防印、蒋中正名章、廖仲恺名章，这三枚印章可在局部特写电子文件中进行修整，然后，打印纸质或胶片墨稿，制作铜锌版或树脂版印模，待复制件整体完成后蘸印泥钤盖印痕。

第三，晒制PS印版。将胶片墨稿覆盖在PS版上，放到晒版机里曝光。一般色块版要比文字线条版的曝光量大一些。120至150秒之间的曝光量，基本上可以保证印版的充分显影，使文字线条、图形色块完整清楚。经过显影、定影、修版等工序，完成PS印版的制作。

第四，套版印刷。选用与原件纸质相近的120g胶版纸，用胶印打样机套色印制。印刷的基本程序是先印主要颜色后印次要颜色，先印浅颜色后印深颜色。用煤油调墨使油墨稀稠适度，颜色准确。此件的印制可按湖蓝色、中黄色、土黄色、朱红色、熟褐色的顺序依次进行。胶印打样机是单色、手工续纸的机器，套印时要待上一版墨迹干透后再印下一个颜色，以免造成印件的污染。

第五，染色仿旧。根据原件旧色旧气用煎煮的红茶水、国画色调兑染旧用液。为保障染色的均匀，染液中加入少量骨胶液。在刷染前可用与染件纸质相同的纸条试染，自然晾干后，与原件进行比对，调整染液颜色，缺什么补什么。机制纸的染旧要层层罩染，"三矾九染"可使旧色自然沉稳。晾干压平后，描摹手写毛笔墨迹。

第六，描摹手写墨迹。将复制品和原件复印稿，上下叠放在拷贝工作台上，拷贝灯光的照射使复印稿上的字迹映现在复制件上。根据原件墨色，毛笔字迹的笔画、笔序描摹手写墨迹。

一件文物复制的方法多种多样，不同时代也有不同的技术优势，探索实践一种复原效果好、制作便捷的复制技术方法，也是工作中的一种追求。复制黄埔军校卒业证书还可以采用数字印刷技术与传统手工描摹相结合的方法进行制作。①用台式顶置扫描头，A2幅画扫描仪进行扫描。为了使卒业证书打印还原效果更加逼真，画面色彩更加丰富、细腻。扫描类型要设置为CMYK彩色印刷模式，分辨率设为600dpi—800dpi，缩放比例选择100%，通过扫描获取1:1的彩色数字图像。分辨率的设定要根据原件的情况而定，不必一味地追求高分辨率、高端扫描仪。有时原件纸质的纹路扫描得过于清楚并不便于制作。②喷绘打印。在打印前先将证书上的手写毛笔字迹修去，然后用画笔吸附周边的颜色，对毛笔字迹留下的空白处进行修补，待打印完成后再将毛笔字迹填写上去。③实施打印。打印前的案头工作要做足，要根据原件一些细节进行局部调整与设置，做出卒业证书上的各种肌理特征。然后选用与原件纸质相近的纸张用高端喷绘打印机进行打印。由于不同纸张对颜色的吸附能力不一样，打印出来的颜色会与在屏幕上调整设置的颜色有差异，因此要比对原件校对颜色，进行再次调整设置，直至整体打印效果趋近于原件。④描摹手写毛笔墨迹。⑤作残仿旧。根据原件折痕、残缺破损现状，通过刀、针剔刮，砂纸打磨的方法作残仿旧。喷绘打印件的旧色在打印时已经做上了，若有不足可在作残仿旧后用干染擦旧的方法进一步加工处理。

参阅著述

1. 陆广达编著：《制版光学》，上海出版印刷公司七·二一大学，1979 年 12 月第 1 版初稿试用本。

2. 顾新民执笔编写：《平版印刷工艺学》，上海出版印刷公司七二一大学，1979 年 12 月教学试用本。

3. 丁之行 郭海根 李载新 沈鹤松合编：《印刷概论》，上海出版印刷公司职工大学，1980 年 6 月新版第 1 版第 1 次印刷。

4. 故宫博物院修复厂裱画组：《书画的装裱与修复》，文物出版社，1980 年 7 月第 1 版第 1 次印刷。

5. 杨德生 周金生编写：《凸版图版印刷工艺》，上海出版印刷公司职工大学出版，1980 年 12 月第 1 版第 1 次印刷。

6. 上海打字誊印社编：《打字誊印》，上海文化出版社，1981 年 5 月第 1 版第 1 次印刷。

7. 潘伯鹰著：《中国书法简论》，上海人民美术出版社，1981 年 6 月第 2 版，1983 年 8 月第 3 次印刷。

8. 徐志放编著：《胶印照相制版》，上海出版印刷公司职工大学出版，1981 年 8 月第 1 版第 1 次印刷。

9. 毕国亮 俞永年编写：《平版晒版》，上海出版印刷公司职工大学出版，1981 年 9 月第 1 版第 1 次印刷。

10. 翁乔福 王宝芳编写：《铜锌版照相制版》，上海出版印刷公司职工大学出版，1981 年 11 月第 1 版第 1 次印刷。

11. 文化部文物局主编：《中国博物馆学概论》，文物出版社，1985 年 12 月第 1 版第 1 次印刷。

12. 王淮珠编：《书刊装订工艺》，印刷工业出版社，1988 年 12 月第 1 版第 1 次印刷。

13. 阎宝光 何宝珠编：《摄影技术问答》，印刷工业出版社，1989 年 4 月第 1 版第次印刷。

14. 黄志超 许栋强主编：《精细化工应用配方之一——3000 例》，广东科技出版社，1990 年 3 月第 1 版第 1 次印刷。

15. 纪宏章：《传拓技法》，紫禁城出版社，1991 年 5 月第 2 版第 2 次印刷。

16. 国家文物局：《博物馆藏品保管工作手册》，群众出版社，1992 年 10 月第 1 版第 1 次印刷。

17. 董明达 王城编著：《纸张油墨的印刷适性》，印刷工业出版社，1993 年 8 月第 1 版第 1 次印刷。

18. 杜秉庄 杜子熊：《书画装裱技艺辑释》，上海书画出版社，1993 年 8 月第 1 版第 1 次印刷。

19. 郑德海 郑军明 沈青编著：《丝网印刷工艺》，印刷工业出版社，1994 年 3 月第 1 版，2000 年 11 月第 7 次印刷。

20. 袁朴 岳德茂 朱廷凯 谈庆华编著：《PS 版技术及应用》，印刷工业出版社，1994 年 6 月第 1 版，1996 年 12 月第 2 次印刷。

21. 贾平静主编：《实用化工小商品生产技术》，湖南大学出版社，1994 年 8 月第 1 版第 1 次印刷。

22. 黄志超 许栋强主编：《精细化工应用配方之二——2600 例》，广东科技出版社，1995 年 2 月第 1 版第 1 次印刷。

23. 周连芳编著：《印刷基础及管理》，辽宁教育出版社，1997 年 8 月第 1 版第 1 次印刷。

24. 曹天生著：《中国宣纸》（第二版），中国轻工业出版社，2000 年 9 月第 2 版第 1 次印刷。

25. 周震 贾静儒 袁朴等编著：《印刷材料》，化学工业出版社，2001 年 9 月第 1 版第 1 次印刷。

26. 王宏均主编：《中国博物馆学基础》，上海古籍出版社，2001 年 12 月第 1 版第 1 次印刷。

27. 国家文物局编：《中华人民共和国文物博物馆事业纪事》，文物出版社，2002 年 9 月第 1 版第 1 次印刷。

28. 沈晓辉编著：《实用印刷配方大全》，印刷工业出版社，2002 年 11 月第 1 版第 4 次印刷。

29. 刘仁庆 黄秀珠编著：《纸张指南》（第二版），中国轻工业出版社，2004 年 6 月第 2 版第 1 次印刷。

30. 文琼菊编：《常用纸张品种简明手册》，化学工业出版社，2005 年 1 月第 1 版第 1 次印刷。

31. 董川 温建辉 张俊编著：《笔墨材料化学》，科学出版社，2005 年 3 月第 1 版第 1 次印刷。

32. 王欣夫撰：《文献学讲义》，上海古籍出版社，2005 年 4 月第 1 版第 1 次印刷。

33. 杨宝育编著：《晒版与打样工艺》，印刷工业出版社，2005 年 8 月第 2 版，2009 年 2 月第 8 次印刷。

34. 王尚义 柴承文编著：《纸张 1000 问》，印刷工业出版社，2006 年 2 月第 1 版，2008 年 8 月第 2 次印刷。

35. 周奕华编著：《数字印刷》，武汉大学出版社，2007 年 5 月第 1 版第 1 次印刷。

36. 董川等著：《墨水化学原理及应用》，科学出版社，2007 年 9 月第 1 版第 1 次印刷。

37. 顾桓 范彩霞编著：《彩色数字印前技术》（第二版），印刷工业出版社，2008 年 3 月第 2 版第 6 次印刷。

38. 岳德茂主编：《印刷科技实用手册》，印刷工业出版社，2008 年 5 月第 1 版第 1 次印刷。

39. Penny K.Bennett/Harvey Robert Levenson/Frank J.Romano 编著，王强翻译：《数字印刷和可变数据印刷——技术及应用》，印刷工业出版社，2008 年 5 月第 1 版第 1 次印刷。

40. 刘武辉等编著：《数字印前技术》，化学工业出版社，2009 年 1 月北京第 2 版第 1 次印刷。

41. 华杰编著：《印刷油墨生产问答》，化学工业出版社，2009 年 4 月第 1 版第 1 次印刷。

42. 刘仁庆著：《中国古纸谱》，知识产权出版社，2009 年 4 月第 1 版第 1 次印刷。

43. 孙晓云著：《书法有法》，江苏凤凰美术出版社，2010 年 9 月第 1 版第 1 次印刷。

44. 刘全香编著：《数字印刷技术及应用》，印刷工业出版社，2011 年 7 月第 1 版第 1 次印刷。

45. 陈刚著：《中国手工竹纸制作技艺》，科学出版社，2014 年 12 月第 1 版第 1 次印刷。

后 记

　　1950年3月，在国立革命博物馆筹备处组建初期，为了陈列展览与珍贵革命文物的保护、征集。在新中国文物博物馆事业奠定人之一——王冶秋先生的倡议下，筹备组建革命文物复制机构。经过近70年的发展，革命文物复制工作逐渐演变为近现代文献复制专业。

　　复原复制一般特指满足博物馆、纪念馆陈列展览需要的文献复制。要求复制品达到文献本体的现存状态，满足一切固有特征。不仅要与原历史文献功效相同，而且内部结构成分与外观体现也应基本一致。文献的复原复制主要通过描摹拓写、印刷、仿旧、装潢等传统技术手段来完成。经过手工描摹，照相制版、石印、胶印、油印、铅印、木刻雕版等传统印刷技术手段单一或交替使用，将文献上的文字图饰等内容形象原本地重新映现在相应的新载体上。然后经过仿旧作残等技术处理，再现文献流转过程中所产生的诸多历史痕迹，使复制品在载体质地、字迹图案、笔触风格、颜色饱和度、形状构造、残旧破损状况等与历史文献原件不存在明显区别。文献复原复制就是重塑文献原件上的一切历史烙印，使之从图文内容、外观形态酷似原物，无限趋近原件，以满足广大受众视觉、触觉等感觉器官与心理方面的需求，满足博物馆、纪念馆陈列展览的需要。

　　历经近70年的发展，博物馆近现代文献的复原复制工作自成体系。通过印刷、描摹、仿旧、装潢等一系列技术手段，在新的载体上再现文献上的一切图文信息和历史痕迹。文献复制恪守运用原工艺、原材料、原工序的基本制作原则，全面、准确地复原文献原件上的色、形、质感成为文献复制工作的最大难点。目前在文献原件原有形成工艺大多已经被淘汰，无法运用原工艺进行复原复制的情况下，数字技术等现代科学技术的运用应运而生。激光打印技术、电脑喷绘技术、树脂版制版印刷技术、激光雕刻技术在我们的工作中有着非常广泛的应用，同时随着科学技术的不断发展进步，传统的文献复制技术与现代科学技术的契合点将会更加丰富多样。

　　在写这本书的同时，也促使我们对近现代文献复原复制工作今后的发展进行一些思考。如何使传统技术得到有序的传承，如何吸收引进成熟的技术设备用于文献复制制作。思考一：紫外光老化试验箱的应用。紫外光耐候试验箱，是采用以荧光紫外灯作为发光源，模拟自然太阳光中的紫外线对材料进行紫外光辐射老化。通过紫外线对纸质复制件照射，进行仿旧处理工作目前进入试验阶段，力求通过不断的实践与探索整理出光照强度、光照时间、温湿度环境，对手工纸或机制纸等不同复制件载体纸质，以及不同图文墨迹颜色的褪色、变化关系，为文献复制仿旧工作提供科学依据。思考二：分光测色仪的使用。应用分光测色技术对原件与复制件印制的墨色、复制仿旧颜色进行数据分析，使复制工作更加精细化。思考三：纸张测厚仪的运用。在文献复制工作中复制品载体纸质的选配非常重要，用纸的薄厚直接影响复制件的外观形象。过去用手捻的方法感觉纸张的薄厚，确定复制用纸。如果用纸张测厚仪对复制用纸进行测试，通过数据选择用纸会使复制品质得到提升。思考四：书页纸浆修补机的应用。随着社会的快速发展，复制用纸的选配越来越困难，特别是 20 世纪初的各种手工纸载体文献的复制用纸现已很难寻觅。借用古籍修复中纸浆书页修补机的工作原理，通过粉碎机研磨纸浆，书页修补机负压渗漏成型的方法，制作一些小幅面手工纸用于文献复制。纸浆可用宣纸、皮纸、毛边纸等手工纸撕碎后研磨成纸绒，并在纸浆中也可加入适当颜料与固色材料，在制作复制用纸的同时也做到了着色仿旧。待纸张晾干后用轧纸机碾压舒展，增强纸的密度与光洁度，然后用于文献复制制作。

2011 年，我们承担了中国国家博物馆自主科研课题项目《近现代文献复制技术研究》，开展了资料收集、样本采集、模拟实验、分析检测等一系列工作，并形成《近现代文献复原复制技术》文稿作为课题成果体现。这部书稿的框架设计与编写体例由马海鹏、肖贵洞共同拟定；撰稿分工为：肖贵洞 1 章至 5 章，孟硕 6、7、10 章，马海鹏 8、9 章；马海鹏负责全书的统稿、编辑与配图工作。书稿在拟定提纲与撰写过程中，得到了陈成军、潘路、周靖程、王秋仲、崔雪祯、贾治安等领导与同事的大力支持，大家就框架结构、章节设置、文字表述等方面提出中肯的意见或建议，使之不断充实与完善。为了增加书稿的可读性，在选配图版与资料查找核实时也得到了刘罡、陈禹、成小林、安莉、纪远新、吕雪菲、刘剑辉、陈红燕、张玉兰、黄微微等同仁的热情帮助，特别是张拓为本书拍摄了近百张文献复制品与机器设备照片，在此一并表示衷心的感谢。文稿的合作伙伴肖贵洞先生是中国国家博物馆近现代文物保护、文献修复与复制领域的前辈，在博物馆文献复制工作发展进展中，起到了非常重要的承前启后作用，是笔者从事近现代文献修复与复制工作的领路人，也是多年的师长与领导，可谓亦师亦友，能够与肖先生合作完成这项工作本身就是与有荣焉；孟硕毕业于北京印刷学院平面设计专业，2008 年入职后从事文献修复复制工作，与之共同完成课题研究，并形成这本课题成果，也是我们对博物馆近现代文献修复复制工作的传承与发展所做的实践梳理与理论探究。

在博物馆陈列展览中恰当合理地使用无限趋近于文物原件的复制品，同样能够取得良好的展示功能和视觉效果，也是保护文物原件最好最有效的方法之一。优秀的复制作品不论是外观感觉，还是内在细节，与文物原件相比较都是经得起严格的审视和技术上的推敲，高品质的文物复制品同样能够给观众带来启迪、感染与震撼。

近现代文献复原复制技术研究，就是要使传统文献复制技术与现代科学技术有机地结合起来，使之理论化、系统化、规范化、科学化，为文献复制工作的发展提供理论支持和技术保障。让文献复制传统工艺在继承中有发展、有创新，填补传统的文献复制技艺没有系统理论阐述的空白，为文物博物馆事业的可持续发展做出积极的贡献。

囿于学识与写作技术不够精到，失宜之处敬请教正。

马海鹏 执笔

2019.3

图书在版编目（ＣＩＰ）数据

近现代文献复原复制技术 / 王春法主编. -- 北京：
北京时代华文书局, 2018.3
ISBN 978-7-5699-2021-5

Ⅰ.①近… Ⅱ.①王… Ⅲ.①文献—修复—研究—中
国—近现代②文献复制—研究—中国—近现代 Ⅳ.
①G253.6

中国版本图书馆CIP数据核字(2017)第297462号

近现代文献复原复制技术

主　　编：王春法
作　　者：马海鹏　肖贵洞　孟　硕
出 版 人：王训海
责任编辑：徐敏峰　周海燕
出版发行：北京时代华文书局 (http://www.bjsdsj.com.cn)
地　　址：北京市东城区安定门外大街138号皇城国际A座8层
邮　　编：100011
发 行 部：010－64267120　010－64267397
印　　制：北京雅昌艺术印刷有限公司
开　　本：635×965　1/16　印张：16.75　印数：1000册
版　　次：2019年4月第1版　2019年4月第1次印刷
书　　号：ISBN 978-7-5699-2021-5
定　　价：390.00元